SWEDISH

A New Basic Course

by INGRID BEACH, ANNE-MARIE CARNEMARK, MARGARETA FELLER, MARGARETA WEYL, *with editorial assistance of* ALLEN I. WEINSTEIN

FOREIGN SERVICE INSTITUTE
DEPARTMENT OF STATE

WASHINGTON, D.C.

1982

This printing produced by **AUDIO·FORUM**® On-the-Green, Guilford, Ct. 06437

Preface

FSI Swedish Basic Course developed from a need to provide a more comprehensive and up to date curriculum than had been afforded by an earlier work, *Spoken Swedish*. The latter had been produced during the 1950's by William R. Van Buskirk and Fritz Frauchiger of the FSI linguistic staff, with the assistance of members of the staff of the Post Language Program of the American Embassy in Stockholm.

FSI Swedish Basic Course is intended primarily for use as the foundation for intensive classroom use with a qualified instructor, but it has also been designed so that the student who does not have the benefit of an instructor may use the text and its accompanying tapes with profit.

This book was developed entirely at the Foreign Service Institute in Washington. Under the general editorship of Allen I. Weinstein, the text was conceived and executed by the Swedish instructional staff, headed by Ingrid S. Beach and including Margareta Weyl, Margareta Feller, and Anne-Marie Carnemark. Illustrations were conceived and drawn by Peter Weyl. Layout for the text and the cover design were executed by John McClelland of the FSI Audio-Visual Staff. The tape recordings accompanying this text were voiced by Peter Ling-Vannerus, Niklas Lund, Claes Röhl, Ingrid Beach, Anne-Marie Carnemark, and Margareta Weyl, and were made at the FSI studios under the direction of recording engineer Jose Ramirez.

The authors wish to express their gratitude to the Foreign Service Institute students who used the field-test editions of the book in Washington and who contributed many helpful ideas and criticisms. A special debt of gratitude is due Marianne L. Adams who, as FSI Publications Officer, provided the initial stimulus for the creation of this book and whose encouragement along the way was of great importance.

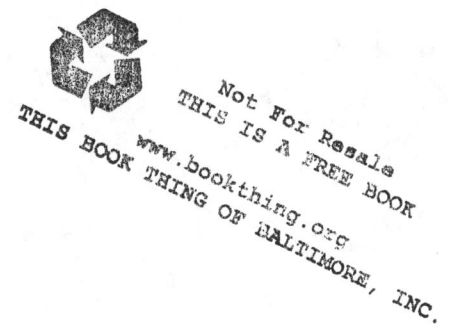

Welcome to the world of Sweden, Swedes, and Swedish!

You have obtained this book as a way to help you learn the Swedish language, and to help you prepare for life and work in Sweden. We hope that both these experiences will be enjoyable for you, but before you begin we would like you to know some facts about language study in general, and this book in particular.

The new FSI Swedish Basic Course has been written especially for the future U.S. diplomat in Sweden. It is meant to serve as a textbook as well as a source of cultural information and it is accompanied by a complete set of tapes.

We all know that the ability to speak a foreign language and to live in a new culture is not learned through books and tapes alone. These are only aids in a learning process which begins in the classroom, where the instructor is the primary source of information and your main conversation partner, and which later expands to the whole country of Sweden, where a nation becomes your teacher. However, the book has taken into account the student who may not have a teacher available. It was designed in such a way that, together with extensive use of the tapes, it may be used profitably by the self-study student. A self-study course, however, cannot provide sufficient opportunities to practice speaking and understanding Swedish.

The primary goal of language learning is to communicate with the native speakers in a natural and productive way. A secondary goal is to learn to read and translate Swedish, since this is an important skill you will need in your work.

The first twelve Units consist of dialogs which cover a range of situations relevant to your life and work in Sweden. The last few Units are written in a narrative form and constitute a transition to further reading.

Each Unit includes "Notes on Basic Sentences," which clarify certain grammar points, cultural information and idiomatic expressions that we think are particularly important.

Following "Notes on Basic Sentences" is a section called "Points to Practice." This section deals with the grammar, which is first explained as clearly and simply as possible, and then put to use in Practices. Here you can cover up the correct responses with a piece of heavy paper or cardboard and then slide the paper down the page to confirm the correctness of your response or correct any error you may have made. Be sure you do the Practices aloud.

Grammatical explanation should be thought of only as a tool when learning a foreign language. But it is the key to understanding a structure and a system which might otherwise seem confusing. Even though Swedish grammar and vocabulary are related to their English counterparts, a word-by-word translation from either language into the other does not necessarily produce good sense. Because of important differences in ways we have of expressing the same thoughts, speakers of English and Swedish see each other as using different patterns of language. It is therefore invaluable to learn Swedish patterns to the point where they become a real part of your speech, so that the difference between English and Swedish becomes natural to you.

Over many years of teaching Swedish to English speaking students the teachers at FSI have noted consistent patterns of difficulty that an English speaker has in learning Swedish. We have tried to draw on this experience in explaining the grammar and in pointing out the pitfalls. Our happy Vikings are used to draw attention to some of the grammar points, and to make the task of learning Swedish grammar a little less serious. A dragon appears in places where we discuss something that may be unusually tricky.

To the Student

SWEDISH

How to Use the Tapes
The tapes provide the correct pronunciation of the dialogs, narrative texts and grammar practices. On the tapes each Unit begins with the dialog "For Listening Only" to give you the chance to understand as much as possible unaided. Remember that it is just as important to understand what is being said as to produce your own sentences. Following "For Listening Only" there is a section called "For Learning." It contains the same dialog, but this time each new word is given with a pause, during which you are to repeat the word before the correct pronunciation is confirmed. The same pattern is then used for longer utterances. Try to mimic the native speakers as closely as possible, paying close attention to stress and intonation. When an utterance is very long it will be divided into two or more sentences, and then given in its entirety.

The grammar practices have also been taped, in order for you to hear the pronunciation of the correct response given in the practices. We advise that you keep your book open when doing the grammar practices with the tape, since you will always have to read the instructions for each individual practice in order to know which cue words you are supposed to use. However, you will find that some practices can be done orally using only the tape. In those instances, try to rely on what you hear on the tape and don't look at the book.

Studying a Swedish textbook and listening to the accompanying tapes does not guarantee mastery of the Swedish language. We hope that this book will serve as one of many aids in your endeavor and that you will find numerous opportunities to practice your Swedish. The best way of doing that is to <u>close</u> your book and put your vocabulary and grammar to use in real situations. This is when you have to transfer your book-learning into something productive and meaningful. When you speak, understand and read outside the classroom environment you have truly learned to communicate in your new language.

Good luck in your Swedish enterprise!

Till Läraren

Följande är ett förslag till hur Swedish Basic Course kan användas i svenskundervisningen:

Uttal

Ett utförligt kapitel med medföljande band inleder boken. Läraren bör naturligtvis gå igenom alla viktiga punkter och hjälpa eleverna att få ett bra uttal från början.

Dialog

a. <u>Genomgång av ny läxa.</u>

Läraren läser de nya orden och låter eleverna upprepa dem i korus. Sedan läser läraren en mening i taget och låter varje elev upprepa den. Här har läraren ett bra tillfälle att rätta och förklara uttalet. Det är väsentligt att vara mycket noggrann med uttalet i början så att eleverna inte grundlägger dåliga vanor. Vi beräknar att två eller tre sidor per dag är lagom för hemarbete. I början kan det vara fördelaktigt för eleverna att lära sig dialogen utantill så att de automatiskt tillgodogör sig rytmen, ordföljden och språkmönstret.

b. <u>Förhör av läxa.</u>

Nästa dag kan man börja med att låta eleverna gå igenom dialogen med den svenska texten övertäckt och med den engelska texten som minnesstöd. Man kan sedan låta eleverna ersätta en del ord i dialogen med andra ord som de lärt sig tidigare och öva olika former samtidigt som det grammatiska mönstret bibehålls. Till sist slår eleverna igen böckerna och använder dialogen i rollspel. Spontant rollspel passar inte för alla elever. Det kan för en del vara svårare att hitta på något att säga än att använda det nya språket korrekt. I sådana fall är det lämpligt att använda s.k. "directed dialog," d.v.s. läraren talar om för eleven på svenska (eller möjligtvis på engelska) i indirekt form vad han/hon ska säga. Läraren kan också själv ställa frågor till eleverna med användande av ordförrådet i texten.

Läraren går igenom de grammatiska punkter som tas upp i varje kapitel och eleverna arbetar självständigt hemma på övningarna med banden till hjälp. Grammatikavsnitten innehåller ett stort antal övningar i förhoppningen att eleven kan lära sig språkstrukturen genom att öva den och höra den så mycket som möjligt. För att vara säker på att övningarna verkligen görs bör läraren då och då, utan varning, gå igenom dem i klassen.

Efter kapitel 12 har vi frångått formatet med enbart dialog. Kapitel 13-16 utgör en övergång till tidningsläsning. Svårighetsgraden stegras avsevärt i dessa stycken. Texterna kan med fördel användas till läsning, översättning och diskussion. Diskussionen kan till exempel röra sig om olika seder och bruk, olika åsikter, politiska förhållanden, etc. Den kan också göras livligare om läraren eller någon av eleverna intar en impopulär ståndpunkt. Med hjälp av banden kan eleverna också öva upp förmågan att lyssna och förstå.

Kapitel 6 är avsett som ett prov på vad eleven lärt sig i kapitel 1-5. Vi rekommenderar att eleven delar upp kapitel 6 i minst två sektioner för att nå bästa möjliga resultat.

Det är lämpligt att då och då under kursen gå tillbaka och repetera och att inte ta för givet att eleverna har tillgodogjort sig allt som tidigare förekommit i boken eller diskuterats i klassen.

Detta är endast vårt förslag till hur Swedish Basic Course kan användas. Vår förhoppning är att boken kan inspirera och uppmuntra läraren att använda sin egen fantasi på ett sätt som bäst passar de individuella eleverna i hans/hennes klass, och även klassens storlek. Låt fantasi och kreativitet komma till nytta. Tänk på möjligheten att använda "props" och att stimulera undervisningen genom att företa något fysiskt aktivt. Utflykter, restaurangbesök, simulerad guidning på svenska, etc., kan erbjuda bra tillfällen att använda svenskan i realistiska situationer.

Låt boken vara en hjälp i undervisningen och låt den inte diktera hur undervisningen ska gå till. Målet är att lära engelskspråkiga elever att förstå och uttrycka sig på svenska och den metod som når det resultatet är den rätta metoden. Lycka till!

Table of Contents SWEDISH vii

Table of Contents

Preface, iii

To the Student, iv

To the Teacher, vi

Explanation of Grammatical Terms, x

A Guide to Endings and Symbols, xvi

A Guide to Swedish Pronunciation, 1

Unit 1 - Getting Around, 17
    Numbers, 21
    Notes on Basic Sentences, 22
    Points to Practice, 23
        Point I - En-Ett, 23
        Point II - Present Tense, 25
        Point III - Word Order, 26
        Point IV - Auxiliaries (helping verbs), 29

Unit 2 - Meeting People, 31
    Notes on Basic Sentences, 35
    Points to Practice, 38
        Point I - The Definite Article (singular), 38
        Point II - Personal Pronouns, 42
        Point III - Telling Time, 44

Unit 3 - Family and Occupation, 46
    Notes on Basic Sentences, 51
    Points to Practice, 53
        Point I - Indefinite Plural Endings, 53
        Point II - The Relative Pronoun Som, 59
        Point III - Placement of Adverbs, 61

Unit 4 - Seeing the Sights, 64
    Notes on Basic Sentences, 67
    Points to Practice, 67
        Point I - Adjectives in the Indefinite Form (noun-adjective agreement), 68
        Point II - Demonstrative Expressions, 70
        Point III - Personal Pronouns Den, Det, De, 72

Unit 5 - A Place to Live, 76
    Notes on Basic Sentences, 80
    Points to Practice, 81
        Point I - Possessives Preceding a Noun, 81
        Point II - Verbs of the First Conjugation, 86
        Point III - Word Order, 90

Unit 6 - True and False, 93

Unit 7 - At the Office, 98
    Notes on Basic Sentences, 100
    Points to Practice, 101
        Point I - Definite Form Plural, 101
        Point II - Definite Form of the Noun with Adjectives, 103
        Point III - Det är det, 107
        Point IV - Ligga-Lägga, Sitta-Sätta, etc., 109
        Point V - Ordinal Numbers, 111

Unit 8 - Shopping for Clothes, 112
   Notes on Basic Sentences, 116
   Points to Practice, 118
      Point I - Interrogative Pronoun Vilken (Vilket, Vilka), 118
      Point II - Indefinite Pronouns and Ajdectives, 120
      Point III - Adverbs of Place Indicating Rest and Motion, 127
      Point IV - Verbs of the Second Conjugation, 131
      Point V - Verbs of the Third Conjugation, 136

Unit 9 - Eating in a Restaurant, 138
   Notes on Basic Sentences, 142
   Points to Practice, 143
      Point I - Comparison of Adjectives, 144
      Point II - Formation and Comparison of Adverbs, 152
      Point III - Adjectives Before Nouns, 156

Unit 10 - Getting Ready for an Evening Out, 161
   Notes on Basic Sentences, 164
   Points to Practice, 165
      Point I - Reflexive Verbs, 165
      Point II - Auxiliary (Helping) Verbs, 168
      Point III - Imperative Form, 172
      Point IV - Då-Sedan, both meaning "then", 174
      Point V - Före-Innan, both meaning "before", 175

Unit 11 - Nations, Languages, and Nationalities, 177
   Notes on Basic Sentences, 181
   Points to Practice, 182
      Point I - The Swedish Pronoun Man, 183
      Point II - Time Adverbials, 184
      Point III - Nations, Nationalities, Languages, 192

Unit 12 - Social Gatherings, 195
   Part I - An Informal Invitation to Lunch, 195
   Part II - An Invitation to a Dinner, 197
   Part III - A Formal Dinner Party, 199
   Notes on Basic Sentences, 205
   Points to Practice, 208
      Point I - Prepositions of Place, 208
      Point II - Placement of the Roaming Adverb, 215
      Point III - Practice on Idiomatic and Useful Expressions, 220

Unit 13 - På Väg till Landet, 222
   Glossary, 224
   Notes on Basic Sentences, 226
   Points to Practice, 227
      Point I - The Fourth Conjugation (Irregular Verbs), 228
        List of Irregular Verbs, 228
      Point II - Tycka, Tänka, Tro, 239
      Point III - Där-Dit as Relative Adverbs, 240

Unit 14 - På Ön, 242
   Glossary, 244
   Notes on Basic Sentences, 246
   Points to Practice, 247
      Point I - Past Participles, 247
      Point II - Passive Voice, 252
      Point III - Present Participle, 256

Unit 15 (introduction), 257
Unit 15 - Helger och Traditioner, 257
   Midsommar, 257
   Julen, 257
   Fastan, 258
   Påsken, 259
   Valborgsmässoafton, 260
   Första Maj, 260
   Glossary, 261
   Notes on Basic Sentences, 263
   Points to Practice, 264
      Point I - Compound Nouns, 264
      Point II - Compound Verbs, 265

Unit 16 (introduction), 270
Unit 16 - Glimtar från Sverige av idag, 271
   Geografi, 271
      Glossary, 272
   Näringsliv och Ekonomi, 273
      Glossary, 274
   Statsskick och Politik, 276
      Glossary, 276
   Neutralitet och Försvar, 277
      Glossary, 278
   Socialpolitik, 279
      Glossary, 279
   Religion, 280
      Glossary, 280
   Skolor och Utbildning, 280
      Glossary, 281
   Massmedia, 281
      Glossary, 282
   Notes on Basic Sentences, 283

Word List, 287

Grammar Index, 358

Bibliography, 366

A Brief Explanation of English Grammatical Terms Used in this Book

Accent — as in "accent 1 and 2,: is equivalent to stress or loudness.

Active Voice — See "Voice."

Adjective — a word used to describe or qualify a noun.

 Examples: A _good_ cup of coffee.
 Roses are _red_.

 Most adjectives can have three forms: positive, comparative, and superlative (tall, taller, tallest).

Adverb — a word used to qualify:
a verb - Peter spoke _softly_.
an adjective - She is _very_ pretty.
another adverb - Tom speaks _unusually_ slowly.

Article — a word used with a noun to modify or limit its meaning.

 Indefinite article - _a_ dog, _an_ apple
 Definite article - _the_ boy, _the_ boys

Auxiliary verb — verb used with another verb often to form compound tenses.

 Examples: He _will_ come tomorrow.
 I _have_ seen that film.

Cardinal number — the basic, or "counting" form of a number - one, two, three, etc.

Clause — a group of words containing at least a verb

 Example: The baby cried.

 Clauses may be _main_ (independent) or _subordinate_ (dependent).

 A _main clause_ is able to stand alone and constitutes a full sentence.

 Example: Peter was reading the paper.

 A _subordinate clause_ acts like a modifier (adjective or adverb), and is linked to a main clause by a subordinating conjunction.

 Example: Peter was reading the paper _when the door bell rang_.

Comparative — See "Adjective."

Compound — made up of two or more elements.

 Compound nouns - a lexical noun phrase (i.e. a noun phrase which is considered one unit of meaning).

 Examples: coat hanger, blackboard, airplane

 Compound verbs - a lexical verb phrase (i.e. a verb phrase which is considered one unit of meaning).

Examples: give up, find out, give in

<u>Compound tenses</u> - *a combination of an auxiliary and a main verb. See "auxiliary verb."*

<u>Conditional clause</u>	*a clause expressing a condition, usually introduced by "if," "in the event of," "unless."*
	Examples: If I see him, I'll tell him that you called. *In the event (that) we must cancel our plans, I'll let you know.* *Unless it rains, we'll go swimming this afternoon.*
<u>Conjugation</u>	*a group of verbs which follow the same inflectional pattern.*
<u>Conjunction</u>	*an uninflected word used to link together words or sentence parts, such as <u>and</u>, <u>while</u>, <u>because</u>, <u>since</u>, etc.*
<u>Declension</u>	*a group of nouns with the same plural ending.*
<u>Definite article</u>	*See "Article."*
<u>Definite form</u>	*form of a Swedish noun or adjective used when the definite article is prsent.*
<u>Demonstrative</u>	*words such as <u>this</u>, <u>that</u>, <u>these</u>, <u>those</u> to point out or indicate specific persons or things.*
<u>Determinative adjective or pronoun</u>	*a pronominal word referring to a following phrase.*
	Examples: <u>The</u> (<u>those</u>) students who had taken the course during the summer were excused.
	<u>Those</u> who waited patiently in line finally got to see the famous movie star.
<u>Gerund</u>	*an English verb with an -ing ending and with the function of a noun.*
	Examples: <u>Swimming</u> is my favorite sport. *I'm tired of <u>running</u>.*
<u>Idiomatic expression</u>	*a group of words which has a special connotation not usually equal to the meanings of the individual words, and which usually cannot be translated into another language without the special meaning being lost.*
	Examples: This is not my cup of tea. *That's the way the cookie crumbles.*
<u>Imperative</u>	*a sentence or a verb form which commands, requires or forbids an action to be carried out.*
	Examples: Stand up! *Don't cry!*
<u>Indefinite adjective</u>	*a determiner in a noun phrase expressing generality, such as <u>some</u>, <u>any</u>, <u>every</u>, etc.*

Indefinite article	See "Article."
Indefinite form	form of a Swedish noun or adjective used either when the indefinite article is present or when no article is present.
Indefinite pronoun	a pronoun which does not refer to a definite person or thing, e.g. *anybody*, *anything*, *somebody*, *nothing*, etc.
Infinitive	a verb form not limited by person, number, or tense; the form given in the vocabulary lists. It may stand alone (I must *go*) or it may be preceded by "to" (I want *to go*).
Interrogative word	a word used at the beginning of a clause or sentence to mark it as a question.
Intransitive verb	a verb which cannot be followed by an object. Example: The baby slept. Cf. transitive verb.

Irregular noun
      adjective
      verb
      adverb
	exhibits certain forms which do not coincide with a particular pattern considered to be the norm for that particular noun (adjective, verb, adverb).
	
	Examples: child - children
	              good, better, best
	              run, ran, run
	              much, more, most

Non-count noun	a noun which does not usually form a plural, as opposed to nouns which can be counted, e.g. sugar, sand, coffee.
Noun	word denoting or naming a person, thing or concept.
Noun phrase	a word or group of words with a noun or pronoun as its head and functioning as the subject, object or "complement" of a sentence. Examples: *The cat* caught *the mouse*. He is *a policeman*.
Object	word or phrase forming the "complement" of a verb. *Direct object* is the person or thing which is affected by the action of the verb in a sentence Example: The man read *the newspaper*. *Indirect object* is the person or thing for whom or on whose behalf an action is carried out. Example: John read the newspaper to *his wife*.
Objective pronoun	a form of a pronoun which is governed by a verb or a preposition. Examples: Peter saw *her*. Peter gave *us* the book.

Ordinal number	a number used as an adjective to indicate order, e.g. first, second, third, etc.
Participle	English has two participial forms: the *present participle* which ends in -ing and the *past participle* which ends in -ed, or sometimes in -en, -n, etc. These are used in forming complex verb phrases, such as I *am working*; I *have worked*.
	Apart from their use in forming complex verb phrases, participles are also used as adjectives.
	Examples: A *crying* baby. A *closed* door.
Particle	a non-inflected word which, used with another word (usually a verb) changes the meaning of that word, e.g. *off* in "turn it *off*."
Passive voice	See "Voice."
Past tense	a tense form of a verb referring to an action which took place prior to the time of the utterance. Cf. "perfect tense."
Perfect tense	*Present perfect* - have (has) + participle (I *have closed* the door.)
	Past perfect - had + participle (I *had closed* the door.)
Preposition	a non-inflected word used before a noun or noun phrase, which indicates a spatial or temporal relationship between the noun and some other reference.
	Examples: Arthur is driving *into* the city. Fran won't get here *until* Tuesday.
Reflexive pronoun	an object pronoun which refers back to the subject.
	Example: You can see for *yourself*.
Reflexive verb	a verb used usually with a reflexive pronoun.
	Example: John cut *himself* while shaving.
	Some verbs have reflexive connotations without a reflexive pronoun.
	Example: John cut himself while shaving (i.e. *himself*).
Relative Adverb	an adverb which acts as a conjunction in introducing a subordinate clause
	Example: This is the place *where* we met.
Relative clause	a subordinate clause introduced by a relative pronoun or adverb.
	Examples: This is the boy *whom I was supposed to meet*. That was the time *when I got lost*.
Relative pronoun	a pronoun such as *who*, *whose*, *whom*, *which*, *that* which refers back to a previous word or group of words in a sentence.

Stem	*that which is left of a word when all prefixes and suffixes have been removed.*
	Examples: teach*er*, un*usual*ly, *dis*enchant*ed*.
Subject	*grammaticially, that part of a sentence which constitutes the reference for the verb; the agent performing the action expressed by the verb in an active sentence, or the person, thing or concept on which the action of a passive sentence is performed.*
	Examples: The cat *caught the mouse.* The mouse *was caught by the cat.*
Subordinate clause	*See "Clause."*
Superlative	*See "Adjective."*
Supine	*the name in Swedish for the verb form used together with forms of* att ha *(to have). It corresponds in English to the past participle form of the verb. However, the supine form is never declined and cannot be used as an adjective. Thus in Swedish* there is a distinction between the supine form and the past participle form. *The former is* only *used with the forms of the verb* att ha. *The latter is used and declined as an adjective.*

Examples:

Supine	*Participle*
Jag har lånat en bil. *I have borrowed a car.*	En lånad bil. *A borrowed car.*
Jag har lånat ett bord. *I have borrowed a table.*	Ett lånat bord. *A borrowed table.*
Jag har lånat två böcker. *I have borrowed two books.*	Två lånade böcker. *Two borrowed books.*

Tense	*grammatical category of the verb expressing the time relationship between the action referred to in the sentence and the time of the utterance.*
Transitive verb	*a verb which can have a direct object.*
	Example: The boy kicked the ball.
	Cf. intransitive verb.
Verb	*expresses an act, occurrence, or mode of being.*
	Examples: The boy left *the room.* *I* am *cold.*

Voice   a verb construction indicating certain relationships between the subject and object of a verb.

The *active voice* occurs in a sentence where the grammatical subject of a verb carries out some activity or process, e.g. The cat caught the mouse.

The *passive voice* occurs in a sentence in which the grammatical subject of the verb is the recipient of the action, e.g. The mouse was caught by the cat.

Word order   *Straight word order* places the *subject before the verb* in a clause.
Reversed word order places the *verb before the subject* in a clause.

A Guide to Endings and Symbols Used in Basic Sentences and in Notes on Basic Sentences

In the Basic Sentences, each paragraph will be numbered and preceded by a list of new vocabulary. Some of the Swedish words will be presented in their different forms as follows:

1. *Nouns*

    Indefinite form, singular; definite form ending, singular; indefinite form ending, plural.

    Example: dag -en -ar   day, the day, days

    If the plural form is irregular the entire word form is given.

    Example: natt -en, nätter   night, the night, nights

    The word stem to which the endings are added is indicated by a slash if the stem is different from the indefinite form singular.

    Example: gat/a -an -or   street, the street, streets

    -Ø *This symbol indicates that the indefinite plural form is the same as the indefinite singular form.*

    Example: par -et -Ø   couple, the couple, couples

    Ø *The same symbol without the dash (-) indicates that the word does not occur in the plural.*

    Example: mjölk -n Ø   milk, the milk, Ø

2. *Pronouns (Possessive, Demonstrative, Indefinite Pronouns, and the Interrogative Pronoun vilken)*

    Form referring to en *words; form referring to* ett *words; form referring to* plural *words.*

    Example: min, mitt, mina   mine

3. *Adjectives*

    Basic form (used with en *words in the singular); ending used with* ett *words in the singular; ending used with* plural *words.*

    Example: snäll -t -a   kind

    If the adjective is irregular the whole form will be given.

    Example: liten, litet, små   small

4. *Comparison of Adjectives and Adverbs*

    Only the irregular comparative and superlative forms are indicated in addition to the basic forms. However, these forms will not be given until Unit 9, where the comparison of the adjective is introduced.

    Basic form (used with en *words in the singular); ending used with* ett *words in the singular); ending used with* plural *words; comparative form; superlative form.*

    Example: lång -t -a; längre, längst   long, longer, longest

5. *Verbs*

   Verbs are always given in the infinitive form with the infinitive marker att (except for certain auxiliary verbs which are not used in the infinitive form).

   The infinitive form with a slash to indicate the stem; present tense ending; past tense ending; supine ending

   Example: att tal/a -ar -ade -at   *to speak, speak(s), spoke, (have, had) spoken*

   If the verb is irregular all forms are written out.

   Example: att stå, står, stod, stått   *to stand, stand(s), stood, (have, had) stood*

   Starting with Unit 10 the first three conjugations will be indicated by numbers only.

   Example: att tala, 1   *to speak*
   att köra, 2a   *to drive*
   att tycka, 2b   *to think*
   att tro, 3   *to believe*

   The fourth conjugation verbs, which are all more or less irregular, will have the irregular forms indicated as well as a number 4 to indicate the conjugation.

   Examples: att få, får, fick, fått, 4   *to get, to receive*
   att hålla med om; håller, höll, hållit, 4   *to agree with*

6. * *This asterisk is found in the Basic Sentences. It indicates that there is an explanatory note on a certain item in that particular paragraph. The note is listed by paragraph number in the Notes on Basic Sentences section immediately following each dialog.*

A Guide to Swedish Pronunciation

This chapter is intended especially for the student who is learning Swedish on his or her own. The accompanying tape is an integral part of this Unit, and hence must be used in conjunction with the following pages.

We have avoided using phonetic symbols in the book. Instead we feel that the combination of the tape and the accompanying brief descriptions of how the sounds are produced will provide an appropriate basis for Swedish pronunciation.

We also hope that the student who studies with a teacher will find both chapter and tape helpful.

We naturally tend to concentrate on those sounds that exist in Swedish and not in English, rather than on sounds that are common to the two languages. Spending a little extra time in the beginning to get the Swedish sounds right is better than learning them incorrectly and then trying to compensate later.

WELCOME TO SWEDISH

Many sounds in the Swedish language are similar to sounds used in English. A few sounds used in Swedish do not exist in English. We will be more concerned with <u>sounds</u> than with spelling, although sometimes the latter has to come in.

Let's begin by looking at and listening to the Swedish alphabet, which has 29 letters:

     A B C D E F G H I J K L M N O P Q R S T U V W X Y Z Å Ä Ö

When we discuss Swedish sounds in this chapter we refer to the sounds in this alphabet. Remember this order of letters, especially when you are looking up a name in the phone book or a word in a dictionary: Å Ä Ö are last.

Swedish Vowels

Let's begin by taking a look at and listening to the Swedish vowels. Repeat them after the tape:

A O U Å   E I Y Ä Ö

Learn them in these groups: A O U Å   E I Y Ä Ö

A O U Å are called <u>hard vowels</u>, E I Y Ä Ö <u>soft vowels</u>.

These vowels can be pronounced <u>long</u> or <u>short</u>. For example, listen to the different lengths of the vowel sound in these Swedish word pairs:

<u>Long vowels</u>	<u>Short vowels</u>
dag (day)	dagg (dew)
väg (road)	vägg (wall)
vila (to rest)	villa (house)
för (for)	förr (before)

Can you hear the difference in the vowel length? When Swedish vowels are long they are <u>very long</u>. No matter how much you think you exaggerate their length, they can not be too long.

There are no diphthongs in Swedish. If one vowel letter follows another, each one is pronounced separately. (This happens in certain English words too, e.g. c<u>oo</u>peration, r<u>ei</u>terate, etc.) All vowel letters are pronounced, there are no silent vowel letters.

Let's learn and practice long-short vowel differences in Swedish words. The purpose here is to learn to pronounce Swedish, not to learn to spell and not to learn vocabulary. The translation furnished is just for your information. Listen to the tape and read the words. Close your mind to everything around you and pay close attention to the way the voice on the tape pronounces the words. Try to imitate the speaker. If you are studying alone, have a mirror handy. We'll tell you when you need it.

"Hard" Vowels A O U Å

<u>A</u>

The long A in Swedish resembles the long A in (American) English, e.g. "father," "hard," "barn," (Boston pronunciation discouraged). Just make it longer.

Long A

glas (glass)	stad (city)
dag (day)	vad (what)
mat (food)	ta (to take)
tak (roof, ceiling)	lat (lazy)
ska (will)	har (have, has)

The short Swedish A is somewhat similar to the vowel in the English words "cot," "not." Listen carefully to the pronunciation of short Swedish A on the tape and repeat after it.

Short A

glass (icecream)	vatten (water)
dagg (dew)	kaffe (coffee)
matt (weak)	han (he)
tack (thank you)	kan (can)
hade (had)	hall (hall)

Guide to Swedish Pronunciation

Now we will give you one word with a long A and one with a short A. Listen to the difference in the vowel and imitate it.

Long A	Short A
glas	glass
dag	dagg
mat	matt
tak	tack
hal (slippery)	hall
tal (speech)	tall (pine tree)

O

The long O is close to the English vowel in "troop" and "tomb." Here are some words with long O. Try to make them _very long_.

Long O

krona (crown)	sol (sun)
bo (to live)	stor (big)
bok (book)	fot (foot)
bror (brother)	god (good)
ro (to row)	mot (against)

The short Swedish O has the same quality as the long O but it is shorter. Listen to the words with a short O and repeat after the tape.

Short O

hon (she)	moster (mat. aunt)
ost (cheese)	hotell (hotel)
ond (evil)	bomull (cotton)
fort (fast)	bonde (farmer)
tom (empty)	kort (card)

Now we will practice a long and a short O so you can hear and learn the difference.

Long O	Short O
krona	hon
bok	ost
bror	fort
god	tom
ro	kort

U

The Swedish long U does not exist in English. Now you can get out your mirror and use it while you do the following. Listen to the English word "yew." Now say it very slowly and watch what your lips do at the end of it. Keep your lips in this position.

Now we'll make a little change, by dropping the "y" and emphasizing the "w":

U U U

Now we'll practice words with a long U.

Long U

fru *(wife)*	kul *(fun)*
ut *(out)*	sur *(sour)*
nu *(now)*	mus *(mouse)*
hur *(how)*	tur *(luck)*
hus *(house)*	brun *(brown)*

The short U sound has a different quality. This time you don't need your mirror. Say the English word "sugar" after the tape.

sugar sugar sugar

If you say it quickly the "U" will be very close to the Swedish short U. Now listen to this Swedish word: uggla (owl). Now we'll practice some other Swedish words with short U.

Short U

frukt *(fruit)*	upp *(up)*
brunn *(well)*	lunch *(lunch)*
under *(under)*	buss *(bus)*
luft *(air)*	tunn *(thin)*
rum *(room)*	mun *(mouth)*

Now we'll say a word with a long U and one with a short U. Look in the mirror and see what your mouth does.

Long U	Short U
fru	frukt
brun	brunn
ut	upp
nu	under
hus	buss

Å

Long Å is similar to the English vowel sound in "four," "soar," "more," but much longer. Here are some words with a long Å.

Long Å

år *(year)*	måne *(moon)*
stå *(to stand)*	mål *(goal)*
gå *(to go)*	tråd *(thread)*
båt *(boat)*	tåg *(train)*
hål *(hole)*	våt *(wet)*

The short Å is very similar to the vowel sound in the English words "song," "long," and "wrong," but shorter.

Short Å

gång *(time)*	mått *(measure)*
lång *(long)*	måste *(must)*
sång *(song)*	ånga *(steam)*
hålla *(to hold)*	ålder *(age)*
många *(many)*	ångra *(to regret)*

Now we'll say one word with a long Å and then one with a short Å. Listen and try to hear the difference in length.

Long Å	Short Å
gå	gång
år	sång
hål	hålla
måne	många
båt	mått

Remember that the Swedish name of this letter is "Å".

The same sounds -- both the long Å and the short Å sound -- are sometimes spelled with an "O". The long Å sound spelled with an "O" is unusual, but the short Å sound spelled with an "O" is rather common.

Long Å sound spelled with an "O"

son *(son)*
kol *(coal)*
telefon *(telephone)*
mikrofon *(microphone)*

Short Å sound spelled with an "O"

om *(if)*
som *(who, which)*
kopp *(cup)*
komma *(to come)*
kosta *(to cost)*

The vowels you have just practiced, A O U Å are the "hard" vowels. We will now continue with the other group of vowels, the "soft" vowels.

"Soft" Vowels E I Y Ä Ö

E

Long E is a pure vowel. It is <u>not</u> the same as the vowel sound in "say," "day," "gray," etc. Listen to the tape:

E E E E E

Now we'll practice the long E sound in some words. Be sure to make it very long.

Long E

se *(to see)*	ben *(bone, leg)*
mer *(more)*	sen *(late)*
te *(tea)*	ren *(clean)*
paket *(package)*	brev *(letter)*
heta *(to be called)*	det *(it, the)*

The short E sound is almost the same as the vowel sound in the English words "rest," "best," "rent," "send," but shorter. Let's listen to and repeat this short vowel sound in some Swedish words.

Short E

en (a, an)	hem (home)
fem (five)	men (but)
ett (a, an)	hetta (heat)
vem (who)	den (it, the)
mest (most)	igen (again)

Now we'll say one word with a long E and one word with a short E.

Long E	Short E
det	den
mer	men
ben	en
sen	hem
heta	hetta

I

The Swedish I is similar to the vowel sound in the English words "teak," "seed," "leave," etc. Listen:

I (eeyh)   I (eeyh)   I (eeyh)

For the long I be sure to make it _very long_.

Long I

i (in)	tiga (to be silent)
vin (wine)	hit (here)
fin (fine)	vila (to rest)
vis (wise)	dit (there)
bil (car)	bit (piece)

The short Swedish I sound is similar in quality to long I, but much, much shorter. Listen to the short I sound in some Swedish words and repeat them.

Short I

vinn (win!)	hitta (to find)
finn (find!)	flicka (girl)
viss (certain)	min (my, mine)
tigga (to beg)	din (your, yours,)
villa (house)	timme (hour)

Now let's listen to one word with a long I and then one word with a short I.

Long I	Short I
vin	vinn
fin	finn
vis	viss
tiga	tigga
vila	villa

Y

The Swedish "Y" is always a vowel. It is most easily produced if you whisper a long Swedish I (remember, eeyh), push out your lips, making a "square" mouth, and use your voice. Look in the mirror and try it. Exaggerate all you want in the beginning.

Y   Y   Y   Y

Guide to Swedish Pronunciation — SWEDISH

Now we'll practice the long Y in some words.

Long Y

sy (to sew)	ny (new)
tyg (fabric)	yta (surface)
fyra (four)	by (village)
hyra (to rent)	flyta (to float)
byta (to change)	frysa (to freeze)

The short Y sound is very similar to the long one except for being much shorter.

Short Y

synd (pity)	nyss (recently)
trygg (secure)	flytta (to move)
bytta (jar)	mycket (much, very)
tycka (to think)	syster (sister)
lyssna (to listen)	lyfta (to lift)

Now we'll alternate long and short Y sounds.

Long Y	Short Y
sy	synd
ny	nyss
tyg	trygg
byta	bytta
flyta	flytta

Ä

The long vowel "Ä" before "R" is similar to the vowel sound in the English words "fair," "bear," "hair," "care," etc. Be sure to open your mouth when you say Ä. Always refer to this letter as Ä.

If the long Ä is not followed by an "R" it sounds like the vowel sound in the English words "well," "bet," "wet," etc. But remember to make it <u>very long</u>.

Listen carefully to the words with the long Ä and you will hear how the "Ä" followed by an "R" differs from other situations.

Long Ä

här (here)	väg (road)
där (there)	väl (well)
bär (berry)	läsa (to read)
järn (iron)	näsa (nose)
lära (to teach)	tävla (to compete)

You can hear how much broader and more open the Ä sound is if it is followed by an "R". Take the word järnväg (railroad) where you have an example of both types of long Ä. Say it: järn-väg, järn-väg, järn-väg.

The short Ä is also broad and open before an "R". It is similar to the first vowel sound in the English words "carry," "marry," etc. Before other consonants it sounds just like the short Swedish E sound (ett, mest, hem). Now listen to the short Ä sound and note the difference between the Ä followed by an "R" and the Ä followed by other consonants.

Short Ä

ärr (scar)	vägg (wall)
färja (ferry)	kväll (evening)
värre (worse)	vän (friend)
märka (to notice)	bäst (best)
ärm (sleeve)	nästa (next)

Now we'll read the words with long Ä and alternate with words with short Ä. Try to work on the long Ä that is not followed by an "R", since you are not used to making this sound long in English.

Long Ä	Short Ä
här	ärr
järn	ärm
näsa	nästa
väg	vägg
väl	kväll

Ö

The last Swedish vowel, and also the last letter in the Swedish alphabet, is "Ö". To pronounce this sound you can use your mirror again. First whisper a long E. Hold this for a long time, and then round your lips. When your lips are rounded (you're almost ready to kiss someone!) start using your voice, and you will hear a nice Swedish Ö, like this: Ö Ö Ö Ö

As was the case with the "Ä" before "R", the Ö sound is broader and more open before an "R". It is very similar to the English sound in "fur," "purr," "burn." Elsewhere it is rather tense, very much like the name of the letter "Ö".

Let's practice the long ö sound in some words.

Long ö

för (for)	söt (sweet)
höra (to hear)	bröd (bread)
köra (to drive)	nöt (nut)
störa (to disturb)	öga (eye)
öra (ear)	lön (salary)

The short ö before "R" sounds like the long ö before "R", only shorter. When not followed by "R" it is similar to, but shorter than its long counterpart.

Listen to the words with the short ö sound.

Short ö

förr (before)	lönn (maple tree)
börja (to begin)	nött (worn)
dörr (door)	mjölk (milk)
större (bigger)	fönster (window)
mörk (dark)	höst (fall, autumn)

Now we'll alternate words with long ö and short ö.

Long ö	Short ö
för	förr
störa	större
nöt	nött
lön	lönn
öga	höst

You may have noticed from all the words listed in the foregoing practices that vowel letters are usually pronounced short when followed by two consonant letters, and long when followed by one consonant letter. One-syllable words ending in -m and -n are often exceptions.

Examples:
- man (man)
- han (he)
- hon (she)
- kan (can)
- fem (five)
- hem (home)
- som (that, which)

To sum up the most important things you need to know about Swedish vowels:

1. Long vowels are <u>very long</u>;
2. U requires your lips in a "w" position;
3. Y -- start whispering a long I and make a "square" mouth, and only then use your voice;
4. Ö -- start whispering a long E, round your lips and only then use your voice.

Swedish Consonants

Swedish consonants are fairly similar to English ones with a few exceptions, which we will deal with in this section.

In Swedish, a consonant following a long vowel tends to be short, a consonant following a short vowel tends to be long. Listen to these examples: In English we say "mama" -- the Swedes say mamma; we say "papa" -- the Swedes say pappa; mamma, pappa. The distinction between short and long consonants is usually shown in the writing system by the doubling of the consonant letter. However, you only hear this distinction when the consonant occurs between two vowels like in the following examples:

Short consonants

- vägen (the road)
- fina (fine; decl. form)
- dagen (the day)
- mata (to feed)
- lila (purple)

Long consonants

- väggen (the wall)
- finna (to find)
- daggen (the dew)
- matta (rug)
- lilla (little; decl. form)

The most important thing, however, is to make the long vowels long, otherwise there can easily be misunderstandings. Remember: a long vowel can never be too long.

J

"J" is the Swedish symbol for a sound similar to "y" at the beginning of an English word, as in "yes," "yard." It never corresponds in its pronunciation to the English letter "j". It is the consonant letter that sometimes gives away the origin of a Swede speaking English when he or she says: "Yump for yoy."

Let's listen to some Swedish words with J. Practice especially the words where J comes after another consonant.

- ja (yes)
- jul (Christmas)
- just (just)
- jobb (job)
- John (John)

- färja (ferry)
- börja (to begin)
- nej (no)
- sälja (to sell)
- mjölk (milk)

In some words "borrowed" from French "J" is pronounced like English SH. Listen:

> journalist (journalist)
> jargong   (jargon)
> jourhavande (on duty)

The letter "J" is sometimes preceded by another consonant in the writing system. In such cases the other letter is always "silent."

> Examples: GJ gjorde (did)
>   DJ djur   (animal)
>   HJ hjälp   (help)
>   LJ ljus   (light)

The J sound is also sometimes spelled with a "G".

> Examples: ge   (to give)
>   gärna (gladly)
>   färg (color)
>   berg (mountain)

We'll discuss this in more detail later under "G".

L

Listen carefully to the pronunciation of the English word "little." Swedish L is more like the first "l" than the second "l." The second "l" sounds very foreign to Swedes.

Now we'll practice the L in some Swedish words:

> väl   (well)   bil   (automobile)
> mjölk   (milk)   kalender (calendar)
> lunch   (lunch)   klar   (clear)
> telefon (telephone)   hall   (hall)
> tills   (until)   klocka (clock)

-NG-

This sound is similar to English, i.e. "ring," "song," "long," etc., but no g-sound is heard at the end, as some English speakers have. This is true in Swedish even if the -NG is followed by a vowel.

This is the way it sounds in Swedish:

> lång   (long)   ung   (young)
> långa   (long; decl. form) unga   (young; decl. form)
> sång   (song)   ring   (ring)
> sången (the song)   ringa   (to telephone)

As you notice there is only the -NG sound. Let's say those words again. No additional g-sound should be heard.

If you have difficulty with this, an easy way to eliminate the g-sound is to say the two syllables separately, then s-l-o-w-l-y bring them together, sång -en, sången.

Guide to Swedish Pronunciation — **SWEDISH**

Note: The sound -NG is frequently followed by an "N" at the end of a word. This combination is spelled "-GN".

Examples:

lugn	(calm)	ugn	(oven)
lugna	(to calm)	ugnen	(the oven)
regn	(rain)	vagn	(wagon)
regnet	(the rain)	vagnen	(the wagon)

"GN" and "KN"

If "GN" stands at the beginning of a word both sounds are pronounced as in gnista *(spark),* gnida *(to rub). The same is true for "KN" in Swedish. The Swedes say* knapp *(button),* knyta *(to tie).*

Listen and repeat the Swedish words:

GN		KN	
gnista	(spark)	knyta	(to tie)
gnida	(to rub)	knäppa	(to button)
gnata	(to nag)	knappast	(hardly)
gnola	(to hum)	knut	(knot)
gnägga	(to neigh)	knacka	(to knock)

R

The Swedish "R" is slightly trilled. If you can make a Spanish "R", use that but trill it less:

rum	(room)	bröd	(bread)
bror	(brother)	har	(have, has)
morgon	(morning)	krona	(crown)

In some combinations of "R" + another consonant the two sounds are "pulled together." The result is very similar to what happens in English words like "bar - barn," "bore - bored."

Let's practice some of these combinations in Swedish words:

-RN	järn	(iron)	-RT	förort	(suburb)
	barn	(child)		svart	(black)
	torn	(tower)		sport	(sports)
-RD	bord	(table)			
	gård	(farm)			
	vård	(care)			

RSH

The -RSH sound is produced when the letter "S" follows an "R", as in the words orsak *(reason),* kors *(cross) and* Lars. *You make the -RSH sound in normal speech also if one word ends in "R" and the next word starts with "S." Listen to these three words:* Var satt du? *(Where did you sit?). This is how you will hear it when a Swede speaks normally:* Var s(h)att du? *If you pronounce the three words carefully without the SH sound (var/ satt/ du?) you will, of course, be understood, but it won't sound like natural Swedish. Let's try some examples:*

mors	(mother's)	värst	(worst)
orsak		färsk	(fresh)
kors		norsk	(Norwegian)
Lars		försök	(attempt)

SH

The Swedish SH sound is very similar to the English SH sound in "shoe," "sheep," "shout," etc. There is another variation of the SH sound in Swedish which you do not need to learn now, but which you should be prepared to recognize. The spelling of the SH sound may vary, but don't let the spelling influence your pronunciation. Here is a list of words containing the SH sound, all with different spelling. On the tape you'll hear both versions of the SH sound.

"SJ"	sjuk	(sick)
"SK"	skida	(ski)
"SKJ"	skjorta	(shirt)
"STJ"	stjärna	(star)
"SCH"	schism	(schism)
"-sion"	vision	(vision)
"-tion"	station	(station)
"CH"	champagne	(champagne) ⎫
"J"	journalist	(journalist) ⎬ words borrowed from French
"G"	generös	(generous) ⎭

Note that "CH" in the word och (and) is pronounced K.

"G" "K" "SK"

We will now explain the reason for learning the vowels in two groups, the hard vowels A O U Å and the soft vowels E I Y Ä Ö. Say them once more in groups. If you don't remember them learn them now.

A O U Å   E I Y Ä Ö

The two consonant letters "G" and "K" and the combination "SK" are pronounced differently, depending on whether they precede a hard vowel or a soft vowel.

Before the hard vowels A O U Å, "G", "K", and "SK" are pronounced as they sound in the alphabet. Listen to these Swedish words:

gata	(street)	kan	(can)	ska	(shall)
god	(good)	kopp	(cup)	sko	(shoe)
gul	(yellow)	kultur	(culture)	skulle	(should)
gå	(to walk)	kår	(corps)	skål	(cheers)

Let's say them again, just to practice the Swedish vowels as well. Make your long vowels very l-o-n-g.

In front of the soft vowels E I Y Ä Ö, "G", "K", and "SK" become "soft":

"G" is pronounced like a Swedish "J" (as the "Y" in English "yes," "year," etc.). Listen to these examples:

ge	(to give)
gilla	(to like)
gymnastik	(gymnastics)
gärna	(gladly)
göra	(to do)

"G" is also pronounced like a Swedish "J" after "L" and "R" in the same syllable. Look at the following words, listen and imitate:

älg	(moose)	berg	(mountain)
helg	(holiday)	färg	(color)
svalg	(pharynx)	torg	(square)
		arg	(angry)

"K" is pronounced like a "light" "CH," a sound similar to the sound in English "birch," "inch," etc. Listen to the examples:

        kedja   (chain)
        kines   (Chinese)
        kyss   (kiss)
        kärlek   (love)
        köra   (to drive)

The CH sound is also spelled "TJ" and "KJ" in some words, for example:

"TJ"   tjugo   (twenty)
      tjuv   (thief)
      tjata   (to nag)
      tjock   (thick)
      tjänstgöra (to serve)

"KJ"   kjol   (skirt)

"SK" before a soft vowel is pronounced like a SH sound in English (shoe, shine, etc.). Listen to these examples:

        sked   (spoon)
        skina   (to shine)
        skydda   (to protect)
        skära   (to cut)
        skön   (comfortable)

Note: There are other spellings of the SH sound which we discussed under the SH sound.

Now let's put "G," "K," and "SK" alternately in front of a hard and a soft vowel. Look at the words and repeat after the tape.

	Before hard vowel	Before soft vowel
"G"	gata god gul gå	ge gilla gymnastik gärna göra
"K"	kan kopp kultur kår	kedja kines kyss kärlek köra
"SK"	ska sko skulle skål	sked skina skydda skära skön

The following consonant letters occur only infrequently in Swedish:

"C" *is mostly found in the combination* "CK". *Alone it is usually found in foreign words, in which case it is pronounced like* "K" *in front of hard vowels. Before soft vowels it is pronounced like* "S." *Examples:*

K	cancer	(cancer)	S	cell	(cell)
	campa	(to camp)		citron	(lemon)
	cape	(cape)		cykel	(bicycle)

"Q" *is found mostly in proper names. Examples:* Holmquist, Almquist. "KV" *has been replacing* "QU" *in modern Swedish, for example:* Akvavit *(aquavit).*

"W" *is pronounced like a* "V" *in Swedish. You will only find it in names. Examples:* Wilma, Winblad.

"Z" *is pronounced like* "S". *You will find it only in a very few words of foreign derivation. Examples:*

zigenare	(gypsy)
zon	(zone)
zenit	(zenith)
zebra	(zebra)

Note: There is no *Z sound in Swedish!*

Summary of the Pronunciation of Swedish Consonants

1. *Consonant sounds tend to be l-o-n-g after short vowels.*
2. "J" *is pronounced like English* "Y" *before vowels.*
3. "L" *is always like the first* "l" *in the English word* "little."
4. "-NG-" *No G is heard before vowels.*
5. "GN-" *Both the* "G" *and the* "N" *are pronounced at the beginning of a word.*
6. "KN-" *Both the* "K" *and the* "N" *are pronounced in this combination at the beginning of a word.*
7. "R" *is slightly trilled.*
8. "RS" *is pronounced like* -RSH
9. SH - *This sound sound is very similar to the English SH sound.*
10. "G,K,SK" *before soft vowels are pronounced like* J, CH, *and* SH.
11. "W" *is pronounced like* "V."
12. "Z" *is always pronounced S; there is no Z sound in Swedish.*

When individual words are pronounced in isolation, the separate sounds tend to stand out clearly. When one talks in phrases or sentences, however, many of these sounds become less distinct, and some of them may change or disappear. You will hear this on the tapes of the dialogs. Of course this is the way you should learn to speak Swedish, not word by word. This is one reason it is important for you to memorize the dialogs.

Some very common words are pronounced differently from the way they are spelled. Refer to this list as you learn Units 1-4 to make sure you are pronouncing these words right.

Write	Say			Write	Say		
jag	JA	(I)		någon	NÅN	(someone)	
det	DE	(it)		någonting	NÅNTING	(something)	
dag	DA	(day)		sedan	SEN	(then)	
vad	VA	(what)		säga	SÄJA	(to say)	
och	Å	(and)		mig	MEJ	(me)	
de	DOM	(they)		dig	DEJ	(you)	
dem	DOM	(them)		sig	SEJ	(himself, etc.)	
är	E	(am, are, is)		sådan	SÅN	(such)	
med	ME	(with)		staden	STAN	(the city)	
morgon	MORRON	(morning)					

SWEDISH
Guide to Swedish Pronunciation

Americans listening to Swedes talking sometimes say the Swedes "sing." They hear the Swedish intonation which is different from English. They also hear Swedish accent which is equally different from English. Let's learn about that now.

Swedish has two accents, usually referred to as Accent 1 and Accent 2.

<u>Accent 1</u>. Words with Accent 1 have the stress on the first syllable. This is also most common in English two-syllable words. Examples: coming, harness, mother, fracture, neighbor.

<u>Accent 2</u> is very characteristic of Swedish; it occurs mostly in words of two or more syllables. In Accent 2 words the second syllable is almost as loud as the first. In English this occurs only in phrases where, for example, an ordinary adjective comes before an ordinary noun. Compare the following English items as you say them:

<u>First syllable accent</u>	<u>Second syllable accent</u>
blackboard	black board
blueberry	blue berry
White House	white house
loudspeaker	loud speaker

Notice that you pronounce the second syllable in the right-column items louder and clearer than the same syllable in the left-column items. Now, imagine that the following Swedish words are pronounced as though they had two parts, the second almost as loud as the first:

```
hus-tru
lång-samt
nå-gon
smör-gås
```

These words are written as hustru, långsamt, någon, and smörgås, but pronounced (using Accent 2) with the second syllable almost as loud as the first. Try saying them one more time to make sure both syllables are coming out clearly and loud, then practice the following list of Accent 2 words:

gata	(street)	komma	(to come)
flicka	(girl)	fråga	(to ask)
båtar	(boats)	svenska	(Swedish)
pojkar	(boys)	smörgås	(sandwich)
krona	(crown)	kostar	(cost/s)
kyrka	(church)	långsamt	(slowly)
någon	(someone)	ingen	(no one)
dotter	(daughter)	hustru	(wife)
papper	(paper)	varje	(every)

Let's say them again. Try to get the typical Swedish stress.

We will now give you some Accent 2 words and contrast them with Accent 1 words. Listen carefully to the tape and imitate.

Accent 2		Accent 1	
komma	(to come)	kommer	(come/s)
ringar	(rings)	ringer	(ring/s)
svenska	(Swedish)	enkel	(sinple)
smörgås	(sandwich)	gåsen	(the goose)
kostar	(cost/s)	typisk	(typical)
långsamt	(slowly)	längre	(longer)
ingen	(no one)	finger	(finger)
pojken	(the boy)	boken	(the book)
varje	(every)	vargen	(the wolf)
klockan	(the clock)	rocken	(the coat)

When you listen to the tapes, try from the beginning to pick up Accent 1 and Accent 2, as well as the typical Swedish intonation. As a result the dialogs that you memorize will sound much more Swedish.

SWEDISH

UNIT 1

GETTING AROUND

Basic Sentences

Useful Words and Phrases

```
          good                              god, gott, goda
          day                               dag -en -ar
 1.  Hello (how do you do?).                Goddag.
     Hi.                                    Hej.  *

          morning                           morgon -en, mor(g)nar
 2.  Good morning.                          God morgon.

          night                             natt -en, nätter
 3.  Good night.                            God natt.

 4.  Good-bye.                              Adjö.

          Mr.                               Herr
          gentleman                         herr/e -en -ar
 5.  Mr. Berg.                              Herr Berg.

          Mrs., wife                        fru -n -ar
 6.  Mrs. Stromback.                        Fru Strömbäck.

          Miss (also to waitress or         fröken, fröken, fröknar
             salesgirl)
 7.  Miss Hansson.                          Fröken Hansson.

          how                               hur
          to stand                          att stå -r, stod, stått
          stand(s)                          står
          it                                det
          to                                till
 8.  How are you?                           Hur står det till?  *

          thank you                         tack
          fine, well                        bra
          to feel                           att må -r, mådde, mått
          feel(s)                           mår
          you (sing.)                       du
          self                              själv
 9.  Thanks, fine.  How are you?            Tack, bra.  Hur mår du själv?  *

          to speak                          att tal/a -ar -ade -at
          speak(s)                          talar
          Swedish (the language)            svenska -n ∅
10.  Do you speak Swedish?                  Talar du svenska?

          yes                               ja
          little                            lite
          bit                               grann
11.  Yes, a little bit.                     Ja, lite grann.
```

	no	nej
	not	inte
	at all	alls
12.	No, not at all.	Nej, inte alls.
	to understand	att förstå -r, förstod, förstått
	understand(s)	förstår
	me	mig
13.	Do you understand me?	Förstår du mig?
	I	jag
	you (obj. form)	dig
14.	No, I don't understand you.	Nej, jag förstår dig inte.
	to be	att vara, är, var, varit
	be (imperative)	var
	kind, good	snäll -t -a
	please	var snäll
	and	och
	speak (imperative)	tala
	slowly	långsamt
15.	Please speak slowly.	Var snäll och tala långsamt.
	now	nu
16.	Thanks, I understand now.	Tack, jag förstår nu.
17.	Excuse (me).	Ursäkta.
	where	var
	to be found, exist	att finnas, finns, fanns, funnits
	is (found)	finns
	there is (are)	det finns
	a, an	en, ett
	telephone	telefon -en -er
18.	Where is there a telephone?	Var finns det en telefon?
	restaurant?	en restaurang -en -er
	hotel?	ett hotell -et -Ø
	restroom?	en toalett -en -er
	room	ett rum -met -Ø
	bus	buss -en -ar
	stop	hållplats -en -er
	here	här
	in	i
	in the vicinity, nearby	i närheten
	subway	tunnelban/a -an -or
	station	station -en -er
19.	Is there a bus stop nearby?	Finns det en busshållplats här i närheten?
	a subway station?	en tunnelbanestation?
	a train station?	en järnvägsstation?
	there	där
	away	borta
20.	Yes, over there.	Ja, där borta.
	right	höger
21.	To the right.	Till höger.
	left	vänster
22.	To the left.	Till vänster.

23.	*straight* *ahead, forward* Straight ahead.	rakt fram Rakt fram.
24.	*to be able to* *can* *to help* Can I help you?	att kunna, kan, kunde, kunnat kan att hjälp/a -er -te -t Kan jag hjälpa dig?
25.	*to say, to tell* *one, you* *to walk, to go* *walk(s)* *to* *the American Embassy* Can you tell me how you get to the American Embassy?	att säg/a -er, sade, sagt man att gå -r, gick, gått går till amerikanska ambassaden Kan du säga mig hur man går till amerikanska ambassaden?
26.	*walk (imperative)* *just, only* *to see* *see(s)* Just walk straight ahead. You'll see the Embassy on your left.	gå bara att se -r, såg, sett ser Gå bara rakt fram. Du ser ambassaden till vänster.
27.	*so, very* *much* Thank you very much.	så mycket Tack så mycket.
28.	*no* *cause, reason* Don't mention it. (You're welcome.)	ingen, inget, 'nga orsak -en -er Ingen orsak.
29.	*to be allowed (to); to receive* *may* *to buy* *some, a few, any* *postcard* I would like (to buy) some postcards.	att få -r, fick, fått får att köp/a -er -te -t någon, något, några vykort -et -Ø Kan jag få köpa några vykort? *
30.	*many* *to want* *want(s)* *you (polite form, and plur.)* *to have* How many do you want?	många att vilja, vill, ville, velat vill ni att ha -r, hade, haft Hur många vill ni ha? *
31.	*what* *to cost* *cost(s)* How much does it cost?	vad att kost/a -ar -ade -at kostar Vad kostar det?
32.	*crown* *fifty* *ore* One crown and 50 ore.	kron/a -an -or femtio öre -t -n En krona och femtio öre (en och femtio). *

	to give	att ge -r, gav, gett
	give (imperative)	ge
	day	dag -en -ar
	news	nyhet -en -er
	too, also	också
33.	Please give me a Dagens Nyheter, too.	Var snäll och ge mig en Dagens Nyheter också. *
34.	Here you are. (Be so good.)	Var så god. *
	to become, to be	att bli -r, blev, blivit
	become(s), will be	blir
35.	How much will it be?	Hur mycket blir det? *
	four	fyra
36.	It will be four crowns, please.	Det blir fyra kronor, tack.

Eating and Drinking in a Restaurant

	to eat	att ät/a -er, åt, ätit
	eat(s)	äter
	lunch	lunch -en -er
	dinner	middag -en -ar
	breakfast	frukost -en -ar
37.	We are having lunch.	Vi äter lunch.
	dinner.	middag.
	breakfast.	frukost.
	to look, to see	att se -r, såg, sett
	at, on	på
	menu	matsedel -n, matsedlar
38.	May I look at the menu?	Kan jag få se på matsedeln?
	a couple, pair	ett par -et -Ø
	cheese	ost -en -ar
	sandwich (open faced)	smörgås -en -ar
39.	May I have a couple of cheese sandwiches?	Kan jag få ett par ostsmörgåsar? *
	waitress	servitris -en -er
	to drink	att drick/a -er, drack, druckit
	coffee	kaffe -t Ø
40.	Waitress: What would you like to drink?	Servitrisen: Vad vill ni ha att dricka?
	Coffee?	Kaffe?
	glass	glas -et -Ø
	milk	mjölk -en Ø
41.	May I have a glass of milk, please.	Kan jag få ett glas mjölk?
	water	vatt/en -net Ø
	beer	öl -et Ø
	wine	vin -et -er
	cup	kopp -en -ar
	tea	te -et Ø
42.	A cup of coffee, please.	En kopp kaffe, tack.
	tea	te

	some, a little	lite
	butter	smör -et ∅
	bread	bröd -et ∅
43.	Some bread and butter.	Lite smör och bröd.

Numbers

0	noll		20	tjugo
1	en, ett		21	tjugoen, tjugoett
2	två		22	tjugotvå
3	tre		23	tjugotre
4	fyra		24	tjugofyra
5	fem		25	tjugofem
6	sex		26	tjugosex
7	sju		27	tjugosju
8	åtta		28	tjugoåtta
9	nio		29	tjugonio
10	tio		30	trettio
11	elva		31	trettioen, trettioett
12	tolv		32	trettiotvå
13	tretton		40	fyrtio
14	fjorton		41	fyrtioen, fyrtioett
15	femton		50	femtio
16	sexton		60	sextio
17	sjutton		70	sjuttio
18	arton		80	åttio
19	nitton		90	nittio

100	(ett)hundra
200	tvåhundra
1,000	(ett)tusen
2,000	tvåtusen
100,000	(ett)hundra tusen
200,000	tvåhundra tusen
1,000,000	en miljon
2,000,000	två miljoner
1,000,000,000	en miljard
2,000,000,000	två miljarder
one trillion	en biljon

UNIT 1

Notes on Basic Sentences

At this point we'd like to call your attention to some of the things you've been learning to say in the Basic Sentences. Sometimes it will be important for you to practice grammatical patterns from the Sentences; for this purpose we are including a Points to Practice section, where you will find explanations as well. However, there are some other points which you should understand now, even though you don't need to work with them intensively yet. Read through this section carefully, and then go back over the Basic Sentences once more to be sure you are fully aware of what we are pointing out.

The numbers preceding the items below refer to the Basic Sentence numbers.

1. Goddag, Hej. *While in English "Good day" is an expression used upon taking leave of someone,* Goddag *is used by Swedes as a greeting approximately corresponding to "Hello." The informal* Hej *is more widely used but it implies also the use of the informal* du. *See Note 9.*

8. & 9. Stå till, må. *Stå till is more formal than* må. *Hur står det till is therefore more appropriately asked of a person whom one does not call* du. *See the following Note.*

9. Du. *"You" can be translated with* du *(sing.) or* ni *(formal sing. and plural of* du/ni*) in Swedish. The use of the informal* du *is rapidly growing in Sweden and will most likely soon be the only form of addressing a person. Most young people nowadays call everyone* du *(however, eyebrows were raised when a young journalist interviewing the king called His Majesty* du*) and* du *is used between all employees and management in many factories and offices. However, with conservative and older Swedes it is wise for a newcomer to be cautious and let the Swede indicate how he or she prefers to be addressed.*

18. Var finns det ... *Det finns is the Swedish equivalent of English "there is" and "there are". The reversed word order used here is a result of the question pattern (compare English "Where is/are there ...?").*

29. Kan jag få ... *corresponds to the English "may I have". Example:* Kan jag få en kopp kaffe? *(May I have a cup of coffee?). Another infinitive may be added to* kan jag få. *In that case* få *loses its meaning of "have". The second infinitive becomes the key word and* kan jag få *takes on the meaning of "may I". Examples:* Kan jag få köpa ... *(May I buy ...);* Kan jag få se ... *(May I look ...). This is one of a number of Swedish equivalents of English "please". Another way of saying "please" is* var snäll och ... *See sentence 15.*

30. Vill. *In Swedish* vill = *"want" and should never be confused with "will" in English.*

32. Krona, öre. *The* krona *is the Swedish currency unit; there are 100* öre *per* krona.

33. Dagens Nyheter *is one of the two Stockholm morning newspapers.*

34. Var så god *has two different uses: 1. meaning "here you are" (a bit of graciousness) when handing over something; 2. Meaning "you are welcome" in answer to "thank you".*

35. Hur mycket blir det? *Note that the present tense of the verb* att bli (blir) *is used with the same meaning as the English "will be". Be sure to learn this expression now; a grammatical explanation will come later.*

39. Ett par ostsmörgåsar. *In English we express quantity with the preposition "of", for example "a glass of milk, a cup of coffee". In Swedish the quantifier simply precedes the noun directly, and no preposition is used.*
Examples: ett par ostsmörgåsar, ett glas mjölk, en kopp kaffe.

UNIT 1

Points to Practice

Point I.   *Indefinite article (singular)*

Point II.   *Present tense*

Point III.   *Word order -- straight and questions*

Point IV.   *Auxiliaries (helping verbs)*

Grammar means different things in different contexts. In this book we use the word to describe the mechanics of the Swedish language. Practical knowledge of the grammar provides the method for building sentences. By using real sentences repeatedly you will become familiar with the grammar rules.

In each of the Units there will be some Points to Practice. In working on these you will also acquire vocabulary and learn useful Swedish idioms.

Point I.   EN   ETT

Swedish nouns come in two varieties, those for which the indefinite article (English "a" or "an") is EN *and those for which it is* ETT. *Most of the time there is no way of telling the difference. You'll just have to learn which nouns go with which article. The exercises below will help you learn the* EN *and* ETT *nouns we've already used.*

Practice A. This is a substitution practice where you substitute a series of similar words or phrases in a single sentence, producing a variety of meanings. We'll give you the sentence to start out with, showing you the item to be substituted by underlining it. At the extreme RIGHT of the page you'll see the word or phrase you're supposed to substitute. If you use a blank sheet of paper or a card to cover the line below the one you're reading, you can check your answers as you go along by moving the paper down one line at a time. At first we'll give you help with translations, but as these become more and more obvious we'll gradually take them away and let you speak Swedish on your own.

			CUE
Det finns <u>en restaurang</u> här.	There's a restaurant here.		en buss
Det finns <u>en buss</u> här.	There's a bus here.		en krona
Det finns <u>en krona</u> här.	There's a crown here.		en telefon
Det finns <u>en telefon</u> här.	There's a telephone here.		en smörgås
Det finns <u>en smörgås</u> här.	There's a sandwich here.		en hållplats
Det finns <u>en hållplats</u> här.	There's a (bus) stop here.		

Practice B. Now that you've learned some EN words, let's try some ETT words.

			CUE
Det finns <u>ett vykort</u> där.	There's a postcard there.		ett glas
Det finns <u>ett glas</u> där.	There's a glass there.		ett par
Det finns <u>ett par</u> där.	There's a couple there.		ett hotell
Det finns <u>ett hotell</u> där.	There's a hotel there.		

Practice C. Time to see how well you remember. We're going to mix up our nouns now, doing the same kind of practice. But not only are we going to give you EN and ETT words together, we're not going to tell you which is which until you see the answers.

		CUE
Det finns <u>en telefon</u> här.	There's a telephone here.	glas
<u>ett glas</u>	a glass	hotell
<u>ett hotell</u>	a hotel	krona
<u>en krona</u>	a crown	telefon
<u>en telefon</u>	a telephone	par
<u>ett par</u>	a couple	smörgås
<u>en smörgås</u>	a sandwich	kopp
<u>en kopp</u>	a cup	buss
<u>en buss</u>	a bus	

Practice D. *Let's try the same thing as a question:*

		CUE
Finns det en telefon här?	*Is there a telephone here?*	glas
		hotell
		etc.

Practice the phrase Finns det ...? *with all the words in Practice C and others that you know. Then answer the questions:* Ja, det finns ... *or* Nej, det finns inte ...

Notice that inte *comes after the verb.*

Now let's use it!

Try asking your teacher and fellow students about the availability of objects and places in your area. Have some Swedish conversation.

Point II.   *Present tense. When do we* -r*?*

The infinitive (basic form of the verb) and the present tense do not have the same form in Swedish.

Infinitive:	att tala	*to speak*
Present tense:	du talar	*you speak*
		you are speaking

All Swedish verbs in the infinitive end in -a *or in another vowel.*

Most Swedish verbs in the present tense end in -r.

jag tala<u>r</u> svenska

Herr Berg förstå<u>r</u> mig

en kopp kaffe kosta<u>r</u> en krona

*Present tense is used to express an action that a) is happening now (*Jag äter nu *- I'm eating now); b) happens repeatedly (*jag äter smörgåsar till lunch *- I eat sandwiches for lunch); and, c) sometimes, an action in the future (*han kommer imorgon *- he's coming tomorrow).*

Notice that Swedish does not have the equivalent of the English continuous verb form (to be + verb + -ing). Example: <u>I am speaking</u> *is simply* <u>jag talar</u>.

Examples:

Jag talar svenska.	1. *I speak Swedish.*
	2. *I'm speaking Swedish.*
Greta går till ambassaden.	1. *Greta walks to the Embassy.*
	2. *Greta is walking to the Embassy.*

There are a few verbs that do not take -r in the present tense, among them most auxiliaries (helping verbs):

du ska tala svenska	you will / are going to	speak Swedish
du kan förstå svenska	you can / are able to	understand Swedish

Point III. **Word Order. Declarative sentences and questions.**

Simple Swedish sentences usually begin with the subject, followed by the conjugated verb.

Examples:

Du talar svenska.	1. You speak Swedish. 2. You are speaking Swedish
Greta går till ambassaden.	1. Greta walks to the Embassy. 2. Greta is walking to the Embassy.
En kopp kaffe kostar en krona.	A cup of coffee costs one crown.
Det finns ett hotell här.	There is a hotel here.

In Swedish you make questions by just reversing the order of subject and verb.

Examples:

Talar ni svenska?	1. Do you speak Swedish? 2. Are you speaking Swedish?
Går Greta till ambassaden?	1. Does Greta walk to the Embassy? 2. Is Greta walking to the Embassy?
Kostar en kopp kaffe en krona?	Does a cup of coffee cost one crown?
Finns det ett hotell här?	Is there a hotel here?

Notice how simple Swedish is! Don't ever try to translate "do, does, did" when formulating a question in Swedish. Reversing the subject and verb is all you have to do.

Practice E. *This is a practice using the present tense in normal word order. Again, place a blank sheet of paper over the line below the one you're reading, and use the word(s) given at the extreme right in place of the underlined ones. Be sure to repeat the "new" sentence ALOUD before moving the paper to check if you were right.*

Unit 1   SWEDISH   27

                                                                                 CUE
Herr Berg hjälper dig.   Mr. Berg is helping you.   Fröken Hansson
Herr Berg hjälper Fröken Hansson.   mig

Herr Berg hjälper mig.   mig lite grann
        mig lite grann.   inte alls
        mig inte alls.   mycket
        mig mycket.

Du förstår svenska.   Herr Berg
Du förstår Herr Berg.   Fröken Hansson
        Fröken Hansson.   mig
        mig.   svenska
        svenska.

NJ är i Sverige.   på restaurangen
    på restaurangen.   på stationen
    på stationen.   här
    här.   i närheten
    i närheten.

You've probably noticed that we've started to leave out the English translations except in the examples. Hopefully you don't need them any more. If this is true, you're not only speaking Swedish, you're THINKING it.

Practice F.   *Now let's practice word order in questions. This time, however, we're going to give you TWO items at a time to substitute. Use the same familiar format to check as you go along.*

                                                                 CUE
Hjälper du fröken Hansson?   Are you helping Miss Hansson?   Talar ... svenska
Talar du svenska?   Förstår ... mig
Förstår du mig?   Är ... i Stockholm
Är du i Stockholm?   Går ... till ambassaden
Går du till ambassaden?

Practice G.   *This is a response practice where you simply answer the questions we ask. The cue on the right will indicate whether to answer the question in the affirmative or the negative. If you use your sheet of paper again you'll find that you can check your answers as before. You may have to change the pronoun in your response to fit the question.*

	CUE
Hjälper ni fröken Hansson?	ja
Ja, jag hjälper fröken Hansson.	
Förstår du svenska?	ja
Ja, jag förstår svenska.	
Går herr Berg till ambassaden?	ja
Ja, herr Berg går till ambassaden.	
Förstår du fröken Hansson?	ja
Ja, jag förstår fröken Hansson.	
Är du i Stockholm?	ja
Ja, jag är i Stockholm.	
Talar du svenska?	ja
Ja, jag talar svenska.	

Practice H. *Now let's do the same thing in the negative.*

	CUE
Hjälper du fröken Hansson?	nej
Nej, jag hjälper inte fröken Hansson.	
Talar du svenska?	nej
Nej, jag talar inte svenska.	
Förstår du svenska?	nej
Nej, jag förstår inte svenska.	
Är du i Stockholm?	nej
Nej, jag är inte i Stockholm.	
Går du till ambassaden?	nej
Nej, jag går inte till ambassaden.	

LÅT OSS TALA SVENSKA

(*Let's Talk Swedish*)

Use all of the preceding questions and answers with your teacher and fellow students to get the "feel" of your new language.

Point IV. *Auxiliaries (helping verbs)*.

Auxiliaries or helping verbs go together with one or more infinitives. Only the helping verb is conjugated.

du ska tala svenska	you are going to speak Swedish	future
du vill hjälpa mig	you want to help me	desire
du kan förstå svenska	you can understand Swedish	ability

Notice the use of ska and vill in Swedish. Ska in front of an infinitive indicates future time; vill indicates a wish or desire.

Practice I. This is a transformation practice, which is new for you. In it you change sentences from one form to another by adding, subtracting, or rearranging. The sentences, or "cues" that you start with are given on the right, and the answers, or "transforms", are given one line below on the left. In this way you can still use your sheet of paper to check your answers.

In this practice we're going to add ska to the cue sentences. As you do this, notice how you're changing the meaning of the sentences.

		CUE
	I help you. I'm helping you.	Jag hjälper dig.
Jag ska hjälpa dig.	I will help you.	Herr Berg talar svenska.
Herr Berg ska tala svenska.		Fru Strömbäck äter lunch här.
Fru Strömbäck ska äta lunch här.		Du går till ambassaden.
Du ska gå till ambassaden.		Jag säger det.
Jag ska säga det.		Jag ser på matsedeln.
Jag ska se på matsedeln.		Jag ger dig en kopp kaffe.
Jag ska ge dig en kopp kaffe.		

Now let's do the same thing with vill.

	I'm coming to the hotel.	Jag kommer till hotellet.
Jag vill komma till hotellet.	I want to come (get) to the hotel.	Jag ger dig en kopp kaffe.
Jag vill ge dig en kopp kaffe.		Herr Berg går till stationen.
Herr Berg vill gå till stationen.		Fröken Hansson hjälper mig.
Fröken Hansson vill hjälpa mig.		Jag ser på matsedeln.
Jag vill se på matsedeln.		Jag äter lunch.
Jag vill äta lunch.		

And now with the helping verb kan.

		CUE
	You help me. You are helping me.	Du hjälper mig.
Du kan hjälpa mig.	You can help me.	Herr Berg kommer till hotellet
Herr Berg kan komma till hotellet.		Jag går till ambassaden.
Jag kan gå till ambassaden.		Jag talar långsamt.
Jag kan tala långsamt.		Du förstår mig.
Du kan förstå mig.		Du äter middag här.
Du kan äta middag här.		

Practice J. *Let's practice the expression* kan jag få *as explained in Note 29. Substitute the cue phrase for the words that are underlined.*

		CUE
Kan jag få en kopp kaffe?	*May I have a cup of coffee?*	ett glas mjölk
Kan jag få ett glas mjölk?		en smörgås
en smörgås?		lite te
lite te?		lite kaffe
lite kaffe?		lite smör
lite smör?		se på matsedeln
se på matsedeln?		köpa lite bröd
köpa lite bröd?		ett glas öl
ett glas öl?		

UNIT 2

MEETING PEOPLE

Basic Sentences

An American, George Brown, arrives at Arlanda (Stockholm's international airport) and is met by Bo and Maja Dalgren.

		welcome Sweden	välkom/men -met -na Sverige
Bo:	1.	Hello George, and welcome to Sweden.	Hej George, och välkommen till Sverige. *
		how, so kind, nice, friendly of to come to meet	så vänlig -t -a av att komma, kommer, kom, kommit att möt/a -er -te -t
George:	2.	Hello Bo. How kind of you to come and meet me.	Goddag Bo. Så vänligt av dig att komma och möta mig.
		to introduce my friend wife	att presenter/a -ar -ade -at min, mitt, mina vän -nen -ner hustru -n -r
Bo:	3.	May I introduce you -- my friend George Brown -- my wife Maja.	Får jag presentera: min vän George Brown, min hustru Maja. *
		pardon to be name	förlåt att vara, är, var, varit namn -et -Ø
George:	4.	Pardon (me), what was the (your) name?	Förlåt, hur var namnet?
		to be named (my) name is trip	att heta, heter, hette, hetat heter res/a -an -or
Maja:	5.	Hi, my name is Maja. How was the (your) trip?	Hej, jag heter Maja. Hur var resan?
		direct flight, plane from	direkt -Ø -a flyg -et -Ø från
George:	6.	Very good. It was a direct flight from New York to Stockholm.	Mycket bra. Det var ett direkt flyg från New York till Stockholm.
		your still, remaining America	din, ditt, dina kvar Amerika
Maja:	7.	Is your wife still in America?	Är din fru kvar i Amerika?

			English	Swedish
			but she in, within month	men hon om månad -en -er
George:	8.		Yes, but she's coming in a couple of months.	Ja, men hon kommer om ett par månader. *
			our girl shall, should; will, would to finish, to end school June	vår -t -a flick/a -an -or ska(ll); skulle slut/a -ar -ade -at skol/a -an -or juni
George:	9.		Our girl will finish school in June.	Vår flicka ska sluta skolan i juni.
			oh such (a) big (grown-up) daughter	jaså en (ett) sådan(t), sådana stor -t -a dotter -n, döttrar
Maja:	10.		Oh, do you have such a grown-up daughter?	Jaså, har ni en sådan stor dotter?
			certainly, of course to fill year to become older in years will be (years old) fall, autumn this fall	javisst att fyll/a -er -de -t år -et -Ø att fyll/a år; -er -de -t fyller år höst -en -ar i höst
George:	11.		Certainly, she will be seventeen this fall.	Javisst, hon fyller sjutton år i höst. *
			here boat	hit båt -en -ar
	12.		They are coming (here) by boat.	De kommer hit med båt. *
			nice, pleasant to like, to enjoy like(s) to travel	trevlig -t -a att tyck/a om; -er -te -t tycker om att res/a -er -te -t
Maja:	13.		How nice! I like to travel by boat too.	Så trevligt! Jag tycker också om att resa med båt.
			if weather	om väder, vädret, Ø
Bo:	14.		If the weather is good.	Om vädret är bra.
			to agree agree(s) to take take(s) time	att hålla med om; håller, höll, hållit håller med om att ta, tar, tog, tagit tar tid -en -er
George:	15.		I agree (with that). But it takes time.	Det håller jag med om. Men det tar tid. *

Bo:	16.	when to expect; to wait expect(s); wait(s) When do you expect Bill?	när att vänt/a -ar -ade -at väntar När väntar du Bill?
Maja:	17.	who Who is that?	vem Vem är det?
Bo:	18.	brother to know know(s) him It's George's brother. I know him from Washington.	bror, brodern, bröder att␣kän/na -ner -de -t känner honom Det är Georges bror. Jag känner honom från Washington.
George:	19.	he other time, occasion to stay, to remain longer He's coming another time when he can stay longer.	han annan, annat, andra gång -en -er att stann/a -ar -ade -at längre Han kommer en annan gång när han kan stanna längre. *
Maja:	20.	long city, town this; these How long are you staying in town this time?	länge stad -en, städer den här, det här; de här Hur länge stannar du i stan den här gången?
George:	21.	unfortunately day Unfortunately only five days.	tyvärr dag -en -ar Tyvärr bara fem dagar.
Maja:	22.	pity that (conj.) to leave; to go, to travel leave(s) soon What a pity that you are leaving so soon.	synd att att fara, far, for, farit far snart Så synd att du far så snart.
George:	23.	back I'll be back in June.	tillbaka Jag kommer tillbaka i juni. *
Bo:	24.	to order, to reserve order(s) for Now I'll go and get (order) a room for you. I'll be back soon.	att beställ/a -er -de -t beställer åt Nu går jag och beställer ett rum åt dig. Jag är snart tillbaka. *
George:	25.	to wait wait(s) here suitcase Thank you. I'll wait here with the (my) suitcase.	att vänt/a -ar -ade -at väntar här väsk/a -an -or Tack ska du ha. Jag väntar här med väskan. *

			English	Swedish
			to get, to obtain get(s), obtain(s) taxi that, which, who to look like, to seem look(s) like, seem(s) free, available	att skaff/a -ar -ade -at skaffar taxi -n -Ø som att se ut; ser, såg, sett ser ut ledig -t -a
Maja:	26.		I'll get a taxi. There is one that seems to be free.	Jag skaffar en taxi. Där är en som ser ut att vara ledig.
			(Bo returns)	(Bo kommer tillbaka)
			we to follow with, along to go (come) along goe(s), come(s) along there car, taxi	vi att följ/a -er -de -t med att följ/a med; -er -de -t följer med dit bil -en -ar
Bo:	27.		You have a nice room at the Stora Hotellet. We'll go along in the taxi.	Du har ett bra rum på Stora Hotellet. Vi följer med dit i bilen. *
			to hope hope(s) will, to be going to is going to to be happy, comfortable	att hopp/as -as -ades -ats hoppas att komma att; kommer, kom, kommit kommer att att triv/as -s -des -ts
Maja:	28.		I hope that you'll be comfortable at the hotel.	Jag hoppas att du kommer att trivas på hotellet. *
			to do, to make do, does certainly, surely	att göra, gör, gjorde, gjort gör säkert
George:	29.		I'm sure I will. (I'll certainly do that.)	Ja, det gör jag säkert. *
			(At the hotel)	(På hotellet)
			to like, to feel like like(s) us evening this evening, tonight	att ha lust att; har, hade, haft har lust att oss kväll -en -ar ikväll
Maja:	30.		Would you like to come (to us) for dinner tonight?	Har du lust att komma till oss på middag ikväll? *
			gladly, with pleasure at what time	gärna hur dags
George:	31.		With pleasure. How nice. At what time?	Tack gärna. Så trevligt. Hur dags?
			clock to suit, to be convenient suit(s)	klock/a -an -or att pass/a -ar -ade -at passar
Maja:	32.		Seven o'clock, if that is convenient (for you).	Klockan sju, om det passar.

28b. Du kommer att trivas. *In Unit 1 you learned that future time is expressed with the auxiliary verb* ska. *However,* kommer att + *the infinitive form of the main verb is a very common way of expressing future time. There is a subtle difference between the two future expressions and they may at times be interchangeable, but in certain contexts only one of them is correct.* Ska *implies intention and the involvement of someone's will.* Kommer att *is strictly a prognosis without any intention or will involved.*

　　　Examples:　Jag ska resa till Amerika i höst.
　　　　　　　　　I'm going to America in the fall.

　　　　　　　　　Du kommer att tycka om min vän.
　　　　　　　　　You'll like my friend.

29. Det gör jag säkert. *See Note 15.*

30. Att ha lust att *must be followed by an infinitive.*

　　　Examples:　Har du lust att komma?

　　　　　　　　　Jag har lust att resa till Uppsala.
　　　　　　　　　I feel like going to Uppsala.

UNIT 2

Points to Practice

Point I.   Definite article (singular)
Point II.   Personal pronouns
Point III. Telling time

Point I.   *The Definite Article (singular)*

| a city | en stad | staden | the city |
| a year | ett år | året | the year |

As the illustration shows, Swedes form the definite article by taking the indefinite article and attaching it to the end of the noun. In the case of ett, one t is dropped. There are, of course, two definite articles in the singular: -en, -et.

Practice A.   Here is a list of nouns you have learned with their indefinite articles. Put them in their definite form, and practice until you can do it automatically.

		CUE
	a restaurant	en restaurang
Här är restaurangen.	Here is the restaurant.	en buss
bussen		en gata
gatan		ett namn
namnet		en stad
staden		en bil
Här är bilen.		ett rum
rummet		en frukost
frukosten		ett flyg
flyget		en telefon
telefonen		ett par
paret		en station
stationen		en smörgås
smörgåsen		en kopp

		CUE
koppen		ett hotell
hotellet		en flicka
flickan		en taxi
taxin		en klocka
klockan		en adress
adressen		en matsedel
matsedeln		en väska
väskan		

Practice B.   *We'll continue with more nouns from Units 1 and 2 to help you feel thoroughly at ease with this usage. Add the definite articles to the cue words.*

		CUE
		lunch
Tycker du om lunchen?	Do you like the lunch?	vin
vinet		kaffe
kaffet		öl
ölet		rum
rummet		smörgås
smörgåsen		mjölk
mjölken		hotell
hotellet		båt
båten		namn
namnet		flicka
flickan		stad
staden		väska
väskan		

Practice C. In this practice you'll have to use the nouns both with the indefinit and the definite articles.

			CUE
			hotell
Hotellet där är ett bra hotell.	*The hotel there is a good hotel.*		bil
Bilen	en	bil	båt
Båten	en	båt	restaurang
Restaurangen	en	restaurang	klocka
Klockan	en	klocka	vin
Vinet	ett	vin	adress
Adressen	en	adress	rum
Rummet	ett	rum	

Practice D. In this practice one student asks the question and another student gives the answer. Take turns. A self-study student can play both roles. Follow the same sentence pattern as in the first example.

CUE

telefon

Ursäkta, var finns det en telefon?   *Pardon me, where is there a telephone?*
   Telefonen är till vänster.   *The telephone is to the left.*   toalett

Ursäkta, var finns det en toalett?
   Toaletten är till vänster.   taxi

Ursäkta, var finns det en taxi?
   Taxin är till vänster.   restaurang

Ursäkta, var finns det en restaurang?
   Restaurangen är till vänster.   station

Ursäkta, var finns det en station?
   Stationen är till vänster.   hotell

Ursäkta, var finns det ett hotell?
   Hotellet är till vänster.   busshållplats

Ursäkta, var finns det en busshållplats?
   Busshållplatsen är till vänster.

Practice E. Continue with the questions below and give affirmative answers.

                    CUE

                    vin

Beställer han ett vin?   *Is he ordering a wine?*

   Ja, han beställer vinet.   *Yes, he is ordering the wine.*   hotellrum

Beställer han ett hotellrum?

   Ja, han beställer hotellrummet.   smörgås

Beställer han en smörgås?

   Ja, han beställer smörgåsen.   middag

Beställer han en middag?

   Ja, han beställer middagen.   frukost

Beställer han en frukost?

   Ja, han beställer frukosten.   kaffe

Beställer han kaffe?

   Ja, han beställer kaffet.   taxi

Beställer han en taxi?

   Ja, han beställer taxin.

Did you notice en *taxi, taxi*n; *et*t *kaffe, kaffe*t? *The* e *in the definite article* -en, -et *is dropped when the noun ends in a vowel.*

LÅT OSS TALA SVENSKA

Close your books and get information from each other using this material. You can also ask your teacher for names of objects in the classroom and outside the window.

   Example: Finns det en stol i rummet?
                (Is there a chair in the room?)

                Ja, stolen är där.
                (Yes, the chair is there.)

Var finns det en båt?

Båten är här.

Point II.   *Personal Pronouns*

Subjective Form			Objective Form	
jag	*I*		mig	*me*
du	*you*		dig	*you*
han	*he*		honom	*him*
hon	*she*		henne	*her*
den	*it, for en words*		den	*it, for en words*
det	*it, for ett words*		det	*it, for ett words*
vi	*we*		oss	*us*
ni	*you, plural and formal sing.*		er	*you, plural and formal sing.*
de	*they*		dem	*them*

Practice F.   Let's practice the Swedish personal pronouns, starting with the subjective forms. Substitute the subject pronoun for the name or names in the column on the right.

		CUE
<u>Maja</u> tycker om Karin.	*Maja likes Karin.*	Maja
Hon tycker om Karin.	*She likes Karin.*	Bo
Han tycker om Karin.		Bo och jag
Vi tycker om Karin.		Maja och Lena
De tycker om Karin.		Maja och du
Ni tycker om Karin.		George
Han tycker om Karin.		

Practice G.   Now let's practice the objective forms of the pronouns, this time in questions. Here you substitute the proper objective pronoun for the name, names or subjective pronouns in the right column.

		CUE
Känner Maja <u>Bo</u>?	*Does Maja know Bo?*	Bo
Känner Maja honom?	*Does Maja know him?*	Karin
Känner Maja henne?		Karin och jag
Känner Maja oss?		Bo och Karin
Känner Maja dem?		du och Karin

	CUE
Känner Maja er?	du
Känner Maja dig?	jag
Känner Maja mig?	han
Känner Maja honom?	

Practice H. Now we'll make it a little bit harder and use two pronouns in the answers, one as the subject, one as the object. Substitute pronouns for the names when you answer the questions in the affirmative. Be sure to read the questions aloud.

Känner Bo George? *Does Bo know George?*
  Ja, han känner honom. *Yes, he knows him.*

Förstår Karin Maja?
  Ja, hon förstår henne.

Presenterar Bo David?
  Ja, han presenterar honom.

Väntar herr Dalgren Karin?
  Ja, han väntar henne.

Beställer du ett rum åt mig?
  Ja, jag beställer ett rum åt dig.

                                                                                                           CUE

Hämtar Bo kaffe åt dig och mig?   Ja
  Ja, han hämtar kaffe åt oss.

Möter Karin George på stationen?   Ja
  Ja, hon möter honom på stationen.

Följer du med Maja i taxin?   Ja
  Ja, jag följer med henne i taxin.

LÅT OSS TALA SVENSKA

Let's be very personal. Tell about your family, or make up a fictitious one. Ask the others about their friends and family members. Put the personal pronouns to use.

Point III. *Telling time*

Vad är klockan i Stockholm?

Klockan är elva. Klockan är fem. Klockan är tolv.

Klockan är halv ett. Klockan är kvart i sju. Klockan är kvart över fyra.

This is how the Swedes answer the question Vad är klockan? *(What time is it?) Be sure to notice the expression for half hours.*

Klockan är fem (minuter) i halv ett. Klockan är fem (minuter) över halv tolv. Klockan är tjugo (minuter) över två.

This is how you ask "at what time?": Hur dags?

This is how you answer "(at) seven o'clock": Klockan sju.

Practice I. *Ask the question and answer it. Or in class, ask each other.*

		CUE
Vad är klockan? Klockan är <u>tre</u>. *What time is it? It's three o'clock.*		5
Vad är klockan? Klockan är fem.		8
åtta.		10
tio.		12
tolv.		1
ett.		11
elva.		4
fyra.		2
två.		3
tre.		9
nio.		6
sex.		7
sju.		8:30
halv nio.		3:30

Unit 2 SWEDISH

		CUE
Vad är klockan?	Klockan är halv fyra.	5:30
	halv sex.	12:30
	halv ett.	6:30
	halv sju.	2:30
	halv tre.	11:30
	halv tolv.	1:30
	halv två.	4:45
	kvart i fem.	8:45
	kvart i nio.	7:25
	fem i halv åtta.	3:35
	fem över halv fyra.	2:20
	tjugo över två.	3:40
	tjugo i fyra.	3:15
	kvart över tre.	12:15
	kvart över tolv.	3:45
	kvart i fyra.	5:30
	halv sex.	3:25
	fem i halv fyra.	

Practice J. Answer the questions with the time given in the cue.

		CUE
Hur dags ska han komma?	*At what time is he coming?*	8
Han ska komma klockan åtta.	*He's coming at eight o'clock.*	
Hur dags reser han?	*At what time is he leaving?*	11
Han reser klockan elva.		
Hur dags är hon ledig?	*At what time will she be free?*	4
Hon är ledig klockan fyra.		
Hur dags kan de möta båten?	*At what time can they meet the boat?*	2:30
De kan möta båten klockan halv tre.		
Hur dags ska vi skaffa en taxi?	*At what time shall we get a taxi?*	9:30
Vi ska skaffa en taxi klockan halv tio.		
Hur dags väntar han oss?	*At what time is he expecting us?*	5:45
Han väntar oss klockan kvart i sex.		
Hur dags tar han flyget?	*At what time will he get his flight?*	6:15
Han tar flyget klockan kvart över sex.		

UNIT 3

FAMILY AND OCCUPATION

Basic Sentences

George Brown meets an old friend, Captain Lars Holm, after 15 years.

		to go	att gå, går, gick, gått
		went	gick
		Norra Latin High School	Norra Latin
		ago	för ... sedan
George:	1.	Hello. Weren't you in Norra Latin (high school) 15 years ago? Aren't you Lars Holm?	Goddag. Gick du inte på Norra Latin för femton år sedan? Är det inte Lars Holm? *
		yes (in answer to a negative question)	jo
		to remember	att minnas, minns, mindes, mints
		remember(s)	minns
		true	sann, sant, sanna
		isn't that so	inte sant
Lars:	2.	Yes, I am. I remember you too. You are George Brown, aren't you?	Jo, det är det. Jag minns dig också. Du är George Brown, inte sant? *
		yes, indeed	javisst
		long time since	länge sedan (sen)
		last time	sist
George:	3.	Yes, indeed. It's been a long time since (we saw each other) last time.	Javisst. Det var länge sen sist.
		to come	att komma, kommer, kom, kommit
		came	kom
Lars:	4.	When did you come back to Sweden?	När kom du tillbaka till Sverige?
		several	flera
		week	veck/a -an -or
		time	tid -en -er
		now, these days	nu för tiden
George:	5.	Several weeks ago. What are you doing these days?	För flera veckor sedan. Vad gör du nu för tiden?

		sailor to lie (lay, lain) lie(s) harbor just now	sjöman -nen, sjömän att ligga, ligger, låg, legat ligger hamn -en -ar just nu
Lars:	6.	I'm a sailor. My ship is here in the Gothenburg harbor just now.	Jag är sjöman. Min båt ligger här i Göteborgs hamn just nu. *
		ever	någonsin
George:	7.	Were you ever in the U.S.?	Var du någonsin i Amerika?
		yes indeed to usually (do something), to be in the habit of used to to go, to travel between	jadå att bruk/a -ar -ade -at brukade att fara, far, for, farit mellan
Lars:	8.	Yes indeed, many times. We used to go between Gothenburg and New Orleans.	Jadå, många gånger. Vi brukade fara mellan Göteborg och New Orleans. *
		to serve, to be on duty served American ship	att tjänst/göra -gör -gjorde -gjort tjänstgjorde amerikansk -t -a fartyg -et -ø
George:	9.	Did you also serve on American ships?	Tjänstgjorde du också på amerikanska fartyg? *
		never Swedish (adj.) aboard	aldrig svensk -t -a ombord
Lars:	10.	No, never. Only on Swedish ships. Do you want to come aboard?	Nej, aldrig. Bara på svenska fartyg. Vill du komma ombord?
		time	tid -en -er
George:	11.	Yes, I'd love to. Do you have time?	Ja, gärna. Har du tid?
		They go to Captain Holm's cabin on the ship.	
		cigar	cigarr -en -er
Lars:	12.	Do you want a cigar?	Vill du ha en cigarr?
		cigarette	cigarrett -en -er
George:	13.	No thanks. I like Swedish cigarettes.	Nej tack. Jag tycker om svenska cigarretter.

		to smoke		att rök/a -er -te -t
		smoke(s)		röker
		often		ofta
		really, actually		egentligen
		best		bäst
		to prefer		att tyck/a bäst om; -er -te -t
		prefer(s)		tycker bäst om
		pipe		pip/a -an -or
Lars:	14.	I often smoke cigars, but I really prefer a pipe. And what are you doing these days?		Jag röker ofta cigarrer, men jag tycker egentligen bäst om pipa. Och vad gör du nu för tiden?

		journalist		journalist -en -er
		to work		att arbet/a -ar -ade -at
		work(s)		arbetar
		newspaper		tidning -en -ar
George:	15.	I'm a journalist. I work for a big American newspaper.		Jag är journalist. Jag arbetar på en stor amerikansk tidning. *

		to think, to plan		att tänk/a -er -te -t
		think(s), plan(s)		tänker
		whole, all		hel -t -a
		winter		vinter -n, vintrar
Lars:	16.	How long are you planning to stay here? All winter (long)?		Hur länge tänker du stanna här? Hela vintern? *

| | | about, approximately | | ungefär |
| George: | 17. | I'm staying in Sweden about five months. | | Jag stannar i Sverige ungefär fem månader. |

		to write		att skriva, skriver, skrev, skrivit
		book		bok -en, böcker
		about		om
Lars:	18.	Are you going to write a book about Sweden?		Ska du skriva en bok om Sverige?

| | | already | | redan |
| George: | 19. | Yes, I'm already working on a book about Swedish cities. | | Ja, jag arbetar redan på en bok om svenska städer. |

| | | interesting | | intressant -Ø -a |
| Lars: | 20. | How interesting. | | Det var intressant. * |

		to tell		att berätt/a -ar -ade -at
		tell (imperative)		berätta
		family		familj -en -er
		father		far, fadern, fäder
		to live		att lev/a -er -de -t
		live(s)		lever
		still, yet		än
George:	21.	But tell (me) about your family. What is your father doing? Is he still living?		Men berätta om din familj. Vad gör din far? Lever han än? *

Lars Holm takes out a photo album.

		to see photo	att se, ser, såg, sett fotografi -et -er
Lars:	22.	Sure, would you like to see some photos of the family?	Jadå, vill du se några fotografier av familjen?

		still engineer clear, obvious of course to begin begin(s) to become, to be old to get old	fortfarande ingenjör -en -er klar -t -a det är klart att börj/a -ar -ade -at börjar att bli, blir, blev, blivit gammal -t, gamla att bli gammal; blir, blev, blivit
Lars:	23.	Here is Dad. He is still an engineer. Of course he is beginning to get old.	Här är far. Han är fortfarande ingenjör. Det är klart att han börjar bli gammal. *

		sister nurse	syster -n, systrar sjuksköttersk/a -an -or
George:	24.	Don't you have a sister who is a nurse?	Har du inte en syster, som är sjuksköterska?

		brothers and sisters, siblings	syskon -et -Ø
Lars:	25.	Yes, I have. Here she is. Do you have any brothers and sisters?	Jo, det har jag. Här är hon. Har du några syskon?

		physician, doctor lawyer	läkare -n -Ø advokat -en -er
George:	26.	Yes, I have two brothers, one who is a doctor and one who is a lawyer.	Ja, jag har två bröder, en som är läkare och en som är advokat.

		secretary officer (only military) only (adjective)	sekreterare -n -Ø officer -n -are enda
Lars:	27.	I also have a sister who is a secretary. Here she is with my only brother. He is an officer.	Jag har också en syster som är sekreterare. Här är hon med min enda bror. Han är officer.

		uncle (paternal) aunt (paternal) dentist	farbror, -n, farbröder faster -n, fastrar tandläkare -n -Ø
George:	28.	I see. My uncle is also an officer, and my aunt is a dentist.	Jaså, min farbror är också officer, och min faster är tandläkare. *

		uncle (maternal) farm near	morbror -n, morbröder gård -en -ar nära
Lars:	29.	Here you see my uncle. He works on a big farm near Skovde.	Här ser du min morbror. Han arbetar på en stor gård nära Skövde.

George:	30.	Was he in Stockholm 15 years ago?	Var han i Stockholm för femton år sedan?

		to think, to believe think(s)	att tro -r -dde -tt tror
Lars:	31.	I think so.	Jag tror det.
		to remember remember(s) aunt (maternal) teacher (woman) to meet (each other) met (each other)	att komm/a ihåg; -er, kom, kommit kommer ihåg moster -n, mostrar lärarinn/a -an -or att träff/as -as -ades -ats träffades
George:	32.	I remember your aunt who was a teacher. We met many times.	Jag kommer ihåg din moster, som var lärarinna. Vi träffades många gånger. *
		son	son -en, söner
Lars:	33.	Here is my son who is twelve years (old). His name is Goran.	Här är min son som är tolv år (gammal) Han heter Göran.
		what (a, an) good-looking, handsome boy	vilken, vilket, vilka stilig -t -a pojk/e -en -ar
George:	34.	What a handsome boy!	Vilken stilig pojke!
		must, have (has) to company very, awfully nice, pleasant, fun again	måste, måste, Ø sällskap -et -Ø väldigt rolig -t -a igen
	35.	I have to run. Enjoyed your company. It was awfully nice to see you again.	Nej, nu måste jag gå. Tack för sällskapet. Det var väldigt roligt att se dig igen.
		always fun to see, to meet	alltid kul -Ø -Ø att träff/a -ar -ade -at
	36.	It's always fun to see old friends.	Det är alltid kul att träffa gamla vänner. *
		to have dinner together tomorrow or	att äta middag; äter, åt, ätit tillsammans imorgon eller
Lars:	37.	Shall we have dinner together tomorrow or Tuesday?	Ska vi äta middag tillsammans imorgon eller på tisdag? *
		to call (on the phone) call(s)	att ring/a -er -de -t ringer
George:	38.	Love to. Tomorrow is fine. I'll call you. So long.	Ja, gärna. Imorgon passar bra. Jag ringer dig. Hej så länge.
Lars:	39.	Bye.	Hej då.

UNIT 3

Notes on Basic Sentences

1. gick - past tense of att gå. *In this unit we introduce some verbs in the past tense. Most Swedish verbs form the past tense according to certain patterns called conjugations. A few very common verbs are irregular as in English.*

    Examples: att gå, går, gick, gått   to go, to walk
                 att vara, är, var, varit   to be
                 att komma, kommer, kom, kommit   to come
                 att fara, far, for, farit   to go (by vehicle)
                 att göra, gör, gjorde, gjort to do, to make

2. Det är det. *In Swedish several short sentences following "yes" or "no" begin with* det *and end with* det *or another personal pronoun (+* inte *when it's negative). This format corresponds to the English "yes, it is",* ja, det är det; *"yes, he can",* ja, det kan han; *"no, he doesn't",* nej, det gör han inte. *We will practice this in a later Unit.*

6a. Jag är sjöman. *Before professions and occupations the indefinite article is usually omitted in Swedish.*

6b. Göteborgs hamn. *For the possessive form of a noun or a name* -s *is added to the noun or the name without an apostrophe. If the word already ends in* s *nothing is added.*

8. många gånger. *Swedes make a distinction between "time" as*
    a. <u>duration</u> = <u>tid</u>
    b. <u>occasion</u> = <u>gång</u>

    Examples:

    a. <u>Tid</u> och rum. = <u>Time</u> *and space.*
       Har du <u>tid</u> för mig? = *Do you have* <u>time</u> *for me?*
       <u>Tiden</u> gick. = <u>Time</u> *passed.*
       Det var svåra <u>tider</u>. = *Those were difficult* <u>times</u>.

    b. en <u>gång</u> = *one* <u>time</u>, *once*
       två <u>gånger</u> = *two* <u>times</u>, *twice*
       tre <u>gånger</u> = *three* <u>times</u>
       många <u>gånger</u> = *many* <u>times</u>
       nästa <u>gång</u> = *next* <u>time</u>
       förra <u>gången</u> = *last* <u>time</u>
       Han for till Amerika <u>en gång</u>. = *He went to the United States* <u>once</u>.

    Warning!

    We had a good <u>time</u> = Vi hade trevligt

    Don't succumb to the temptation of translating English idiomatic expressions into Swedish. Learn what the Swedes say in a similar situation.

9. amerikanska fartyg. *Nationalities and languages are not capitalized in Swedish.*

15. Jag är journalist. *See Note 6a.*

16. Tänker *is used as a helping verb here, meaning "plan to".*

20. **Det var intressant.** *When Swedes exclaim about something, they are apt to put it in the past tense even though it is right in the present situation. Examples:* Det var dyrt. *(That is expensive.);* Å, vad det var vackert! *(Oh, how beautiful!) while they are looking at the view.*

21. **Lever.** *Att leva (to live, to be alive) is distinguished from* att bo *(to live, to reside.*

    Examples: Hon lever, men hon är mycket sjuk. *(She is alive but she's very sick.)*
    Hon bor i Stockholm. *(She lives in Stockholm.)*

23. **Det är klart.** *This idiomatic expression for "of course" is very commonly used.*

28. **Farbror, faster.** *The Swedes have a way of differentiating between maternal and paternal relatives.*

Mor *(mother)*		Far *(father)*
mormor	grandmother	farmor
morfar	grandfather	farfar
morbror	uncle	farbror
moster	aunt	faster

    föräldrar *(parents)*

32. **träffades.** *To express a reciprocal action an s can be added to certain verbs. The reciprocal action can also be expressed by the active form of the verb +* varandra *(each other).*

    Examples: att träffa - *active form, "to meet"*
    att träffas - *reciprocal form, "to meet each other"*
    Vi träffas på måndag. *(We'll see each other on Monday.)*
    Vi träffar varandra på måndag. *(We'll see each other on Monday.)*

36a. **kul** *(fun) - commonly used, but a bit slangy.*

36b. **att träffa** - *to meet. Note that* att möta *is to meet someone who is arriving at a train station, airport, bus stop, etc.*

37. **på tisdag.** *The days of the week are:* måndag, tisdag, onsdag, torsdag, fredag, lördag, söndag.

    Note a.: They are not capitalized.

    Note b.: English sometimes omits the preposition "on" before the names of the days of the week. In Swedish, however, the preposition på *may not be omitted.*

    Example: (On) Monday I'm going to the dentist.
    På måndag ska jag gå till tandläkaren.

SWEDISH

UNIT 3

Points to Practice

Point I.   Indefinite plural endings

Point II.   The relative pronoun SOM

Point III. Placement of adverbs

Point I.   *Indefinite Plural Endings*

        |-or| |-ar| |-er| |-n| |-∅|

The time has come to take a look at how the Swedes put their nouns in the plural. There are five ways of indicating plural. They are called <u>declensions</u>, and they are numbered 1 through 5, like this:

1. en vecka   två veck|or| EN *words only*
2. en middag   två middag|ar| EN *words only (except* ett finger - *a finger)*
3. en gång   två gång|er| Both EN *and* ETT *words*
4. ett äpple   två äppl|en| ETT *words only*
   (an apple)
5. ett glas   två glas| | Both EN *and* ETT *words, predominantly* ETT

There are also a few nouns with irregular plurals, some of which we have already seen: bror - bröder, stad - städer, bok - böcker, dotter - döttrar.

First Declension, |-or|

All EN *nouns ending in* -a *belong to the first declension and end in* -or *in the plural.*

Practice A. Let's go to work with the nouns we already know in this group. Answer the questions on the left negatively, putting the underlined noun into the plural and substituting personal pronouns for names.

		CUE
Har Karin en <u>krona</u>?	*Does Karin have one crown?*	10
Nej, hon har tio kronor.	*No, she has ten crowns.*	
Har Karin en <u>klocka</u>?		8
Nej, hon har åtta klockor.		
Har George en <u>pipa</u>?		2
Nej, han har två pipor.		
Har Karin en <u>vecka</u>?		5
Nej, hon har fem veckor.		
Har Karin en <u>flicka</u>?		3
Nej, hon har tre flickor.		
Har Karin en <u>sjuksköterska</u>?		2
Nej, hon har två sjuksköterskor.		

Second Declension, -ar

The nouns of the second declension have various singular endings, but they are all EN words. The only exception is ett finger - två fingrar.

Practice B. Answer the questions negatively changing the underlined nouns into the plural form and substituting personal pronouns for names.

		CUE
Har David en <u>kopp</u>?	*Does David have one cup?*	2
Nej, han har två koppar.	*No, he has two cups.*	
Har Lars en <u>tidning</u>?		3
Nej, han har tre tidningar.		
Har Karin en <u>smörgås</u>?		4
Nej, hon har fyra smörgåsar.		
Har fröken Strömbäck en <u>gård</u>?		2
Nej, hon har två gårdar.		
Har Sverige en <u>hamn</u>?		10
Nej, det har tio hamnar.		
Har en vecka en <u>dag</u>?		7
Nej, den har sju dagar.		

Third Declension, -er

There are both EN and ETT words in this declension with many different endings in the singular.

Practice C. Answer the questions negatively changing the underlined nouns into the plural form and substituting personal pronouns for names.

	CUE
Talar David om en restaurang? Is David talking about one restaurant?	2
Nej, han talar om två restauranger.	
Talar Karin om en station?	3
Nej hon talar om tre stationer.	
Talar David om ett vin?	många
Nej, han talar om många viner.	
Talar herr Dalgren om en advokat?	2
Nej han talar om två advokater.	
Talar John om en ingenjör?	4
Nej han talar om fyra ingenjörer.	
Talar Maja om en cigarrett?	många
Nej, hon talar om många cigarretter.	
Talar David och George om en nyhet?	många
Nej, de talar om många nyheter.	

Fourth Declension, -n

Most ETT words that end in a vowel belong to the fourth declension. So far we have not had any examples of nouns from this declension, where the plural form is -n. Just a few nouns belong to the fourth declension, but some are quite common. At this point we will only give you an example:

Hon äter ett äpple.   She is eating an apple.
Hon äter två äpplen.   She is eating two apples.

Fifth Declension, -Ø

This declension contains both ETT words and EN words. The ETT words of the fifth declension always end in a consonant. The EN words end in -are, -er (denoting nationality or profession), -ande or -ende (present participle referring only to people).

Examples:

ett hotell - två hotell

en läkare - två läkare

en belgier - två belgier (a Belgian)

en musiker - två musiker (a musician)

en ordförande - två ordförande (a chairman)

en gående - två gående (a pedestrian)

Practice D. In this practice we are using nouns familiar to you from the text, all from the fifth declension. We are varying the verbs. Again, answer the questions negatively putting the underlined nouns in the plural form and substituting personal pronouns for the names.

		CUE
Stannar George ett <u>år</u>?	Is George staying for one year?	3
Nej, han stannar tre år.		
Reser Dalgrens till ett <u>hotell</u>?		många
Nej, de reser till många hotell.		
Beställer Ingrid ett <u>rum</u>?		2
Nej, hon beställer två rum.		
Köper Bo ett <u>par</u>?		4
Nej, han köper fyra par.		
Har Bo en <u>sekreterare</u>?		2
Nej, han har två sekreterare.		
Ser Karin ett <u>fartyg</u>?		många
Nej, hon ser många fartyg.		
Går Bo till en <u>läkare</u>?		2
Nej, han går till två läkare.		

Irregular Nouns

```
sjöman  - sjömän
bror    - bröder
bok     - böcker
son     - söner
stad    - städer
dotter  - döttrar
```

In some of our basic sentences there have been words with irregular plural forms. The stems of these nouns change in the plural. They are 2nd, 3rd and 5th declension words, but it is easier to learn them as a separate group.

Practice E. Let's practice the irregular nouns following the same pattern as in the previous practices in this Unit.

		CUE
Har ni en <u>bok</u>	Do you have one book?	många
Nej, vi har många böcker.		
Har Ingrid en <u>bror</u>?		3
Nej, hon har tre bröder.		
Har fru Strömbäck en <u>morbror</u>?		2
Nej, hon har två morbröder.		

	CUE
Har Karin och Lisa en <u>farbror</u>?	3
Nej, de har tre farbröder.	
Finns det en <u>stad</u> i Sverige?	många
Nej, det finns många städer i Sverige.	
Finns det en <u>sjöman</u> på båten?	12
Nej, det finns tolv sjömän på båten.	
Har Lars en <u>dotter</u>?	3
Nej, han har tre döttrar.	
Har George en <u>son</u>	2
Nej, han har två söner.	

Practice F. In this practice we are using nouns from all five declensions. Read the question on the left aloud and answer it negatively, putting the underlined noun into the plural. Find out how much you've learned.

	CUE
Finns det en <u>klocka</u> i rummet? Is there one clock in the room?	2
Nej, det finns två klockor i rummet.	
Finns det en <u>kopp</u> i rummet?	2
Nej, det finns två koppar i rummet.	
Har Dalgrens en <u>flicka</u>?	2
Nej, de har två flickor.	
Finns det en <u>advokat</u> i stan?	8
Nej, det finns åtta advokater i stan.	
Har båten en <u>sjöman</u>?	12
Nej, den har tolv sjömän.	
Finns det en <u>hamn</u> i Sverige?	många
Nej, det finns många hamnar i Sverige.	
Finns det ett <u>vykort</u> på hotellet?	många
Nej, det finns många vykort på hotellet.	
Har George en <u>morbror</u>?	3
Nej, han har tre morbröder.	
Finns det en <u>läkare</u> i närheten?	3
Nej, det finns tre läkare i närheten.	

Finns det en <u>gård</u> där borta?

Nej, det finns två gårdar där borta.

CUE

2

Practice G. In the chart on the next page write the nouns on the left in each column with the proper endings. All combinations won't work, of course. In such a case mark the box with an X. There is an answer sheet following, but don't look at it until you have finished the chart.

Noun	många	10(tio)	några	en, ett	flera	lite	ett par
rum							
äpple							
klocka							
bil							
gång							
månad							
namn							
vin							
kopp							
läkare							
bröd							
kväll							
bror							
vecka							
flicka							
ost							
tidning							
dotter							

Noun	många	10 (tio)	några	en, ett	flera	lite	ett par
rum	rum	rum	rum	rum	rum	X	rum
äpple	äpplen	äpplen	äpplen	äpple	äpplen	X	äpplen
klocka	klockor	klockor	klockor	klocka	klockor	X	klockor
bil	bilar	bilar	bilar	bil	bilar	X	bilar
gång	gånger	gånger	gånger	gång	gånger	X	gånger
månad	månader	månader	månader	månad	månader	X	månader
namn	namn	namn	namn	namn	namn	X	namn
vin	viner	viner	viner	vin	viner	vin	viner
kopp	koppar	koppar	koppar	kopp	koppar	X	koppar
läkare	läkare	läkare	läkare	läkare	läkare	X	läkare
bröd	X	X	X	X	X	bröd	X
kväll	kvällar	kvällar	kvällar	kväll	kvällar	X	kvällar
bror	bröder	bröder	bröder	bror	bröder	X	bröder
vecka	veckor	veckor	veckor	vecka	veckor	X	veckor
flicka	flickor	flickor	flickor	flicka	flickor	X	flickor
ost	ostar	ostar	ostar	ost	ostar	ost	ostar
tidning	tidningar	tidningar	tidningar	tidning	tidningar	X	tidningar
dotter	döttrar	döttrar	döttrar	dotter	döttrar	X	döttrar

Point II. *The Relative Pronoun SOM*

The pronoun SOM in Swedish is a relative pronoun. It comes in the beginning of a clause referring to a noun that has just been mentioned. In the phrases: "the girl who ...," "the book which ...," "the newspaper that ..." WHO, WHOM, WHICH, and THAT can all be translated with SOM in Swedish. Since there is only this one word you will soon find yourself using it fluently and easily. This will help you form longer sentences in your conversation.

Practice H. To introduce SOM in this practice we simply ask you to read the sentences aloud adding SOM.

Restaurangen,	som	du tycker om, ligger i Gamla Stan.	The restaurant	which	you like is in Gamla Stan.
Tidningen,		han arbetar för, är Dagens Nyheter.	The newspaper	that	he works for is Dagens Nyheter.
Sjömannen,		vi träffade, är trevlig.	The sailor	whom	we met is nice.
Stan,		ligger där borta, är Skövde.	The city	that	is over there is Skovde.

Flickan,	fyller 17 år, är min syster.	The girl	who	is going to be 17 years old is my sister.
Rummet,	vi beställde, var inte ledigt.	The room	that	we reserved was not available.
Han,	kommer där borta, är min morbror.	He (the man)	who	is coming over there is my uncle.

Warning: Do not confuse the relative pronoun SOM with the conjunction ATT. Both are translated as "that" in English.

Examples: Flickan, som arbetar här, är ledig idag.

The girl *that* (*who*) works here is off today.

Han säger, att han kommer.

He says *that* he is coming.

Han tror att rummet, som vi beställde, är ledigt.

He thinks *that* the room *that* (*which*) we reserved is available.

Practice I. In this practice you make one sentence out of the two sentences given, using SOM.

Flickan står där. Hon är vår dotter.
The girl is standing there. She is our daughter.

Flickan, som står där, är vår dotter.
The girl (who's) standing there is our daughter.

Båten ligger i hamnen. Båten är gammal.

Båten, som ligger i hamnen, är gammal.

Stan ligger där borta. Stan är Skövde.

Stan, som ligger där borta, är Skövde.

Många klockor kostar 10 kronor. De är bra.

Många klockor, som kostar 10 kronor, är bra.

Läkaren tjänstgör på båten. Han är min bror.

Läkaren, som tjänstgör på båten, är min bror.

Karins böcker ligger där. De är bra.

Karins böcker, som ligger där, är bra.

Min sekreterare är gammal. Hon är bra.

Min sekreterare, som är gammal, är bra.

Jag har två pipor. De är bra.

Jag har två pipor, som är bra.

Det här är vår son. Han heter Erik.

Det här är vår son, som heter Erik.

LÅT OSS TALA SVENSKA

See how many questions you can ask and answer using noun plurals and SOM.

Point III. **Placement of Adverbs**

Swedes place the adverbs after the first verb in independent clauses with straight word order.

Examples: Lars dricker alltid vin.   *Lars always drinks wine.*

Bill vill aldrig dricka vin.   *Bill never wants to drink wine.*

Practice J.   *Here we give you a short sentence and provide an adverb to be inserted correctly.   Check your answers as usual.*

		CUE
David röker pipa.	*David smokes a pipe.*	ofta
David röker ofta pipa.	*David often smokes a pipe.*	
Karin dricker mjölk.		bara
Karin dricker bara mjölk.		
George är i Amerika.		fortfarande
George är fortfarande i Amerika.		
Bo är i Göteborg.		tyvärr
Bo är tyvärr i Göteborg.		
Han dricker öl.		gärna
Han dricker gärna öl.		
Dahlgrens tänker fara till Amerika.		inte
Dahlgrens tänker inte fara till Amerika.		
Fröken Berg beställer kaffe.		alltid
Fröken Berg beställer alltid kaffe.		
Sven reser med båt.		ofta

	CUE
Sven reser ofta med båt.	
Stockholm ligger i Amerika.	inte
Stockholm ligger inte i Amerika.	
Lars vill komma.	också
Lars vill också komma.	
Bo, som är Karins son, äter lunch.	aldrig
Bo, som är Karins son, äter aldrig lunch.	
Hotellet har en bra restaurang.	också
Hotellet har också en bra restaurang.	

In a question the noun and verb change places as you know from Unit I, Point III. The adverb remains where it was.

Examples:

| Karin talar | alltid svenska. |
| Talar Karin | alltid svenska? |

| Arne dricker | alltid öl. |
| Dricker Arne | alltid öl? |

Practice K. *Now we'll practice the use of adverbs in questions. We'll give you a short question and an adverb to be inserted correctly.*

CUE

Talar Bo långsamt?	*Does Bo speak slowly?*	alltid
Talar Bo alltid långsamt?	*Does Bo always speak slowly?*	
Kostar cigarretter nio kronor?		någonsin
Kostar cigarretter någonsin nio kronor?		
Finns det en ledig taxi?		aldrig
Finns det aldrig en ledig taxi?		
Är Karin i Göteborg?		fortfarande
Är Karin fortfarande i Göteborg?		
Har Gunnar en båt?		också
Har Gunnar också en båt?		
Stannar Ulla i Amerika?		länge
Stannar Ulla länge i Amerika?		

LÅT OSS TALA SVENSKA

Let's be very personal. Tell about your relatives and their occupations or make up fictitious ones. Ask your fellow students about their friends and family members. Let the teacher supply words for more family members.

UNIT 4

SEEING THE SIGHTS

Basic Sentences

Jack and Tom go sightseeing.

		first	först
Jack:	1.	I have to go to the station first,	Jag måste gå till stationen först,
		then, later, afterwards	sedan (sen)
		bank	bank -en -er
		(in order) to	för att
		to change	att växl/a -ar -ade -at
		money	pengar *(plural)*
	2.	and then to the bank to change some money.	och sedan till banken för att växla pengar.
		to know (to have knowledge about)	att veta, vet, visste, vetat
		know(s)	vet
		to lie, to be located	att ligga, ligger, låg, legat
		lie(s), is located	ligger
Tom:	3.	Do you know where the station is?	Vet du var stationen ligger? *
Jack:	4.	No, I don't (know).	Nej, det vet jag inte.
		to ask	att fråg/a -ar -ade -at
		ask(s)	frågar
		hotel clerk (at reception desk)	portier -n, portiéer
Tom:	5.	We'll ask the clerk.	Vi frågar portiern.
	6.	Pardon me, where's the station?	Förlåt, var ligger stationen?
		street	gat/a -an -or
Clerk:	7.	It is on Vasa Street.	Den ligger på Vasagatan.
		far, long	lång -t -a
		from here	härifrån
Tom:	8.	Is it far from here?	Är det långt härifrån?
		quite, rather	ganska
Clerk:	9.	Yes, it is quite far.	Ja, det är ganska långt.
		either ... or	antingen ... eller
	10.	You can either take a bus or the subway.	Ni kan antingen ta (en) buss eller tunnelbana(n).

		way down, stairs, entrance (the) other side	nedgång -en -ar andra sid/a -an -or
	11.	The entrance to the subway is on the other side of the street,	Nedgången till tunnelbanan ligger på andra sidan gatan,
		corner	hörn -et -Ø
	12.	and the bus stop is over there at the corner.	och busshållplatsen är där borta på hörnet.
		map of, over	kart/a -an -or över
	13.	Would you like (to have) a map of the city?	Vill ni ha en karta över staden?
Tom:	14.	Yes, please.	Ja tack, gärna.
Clerk:	15.	Here you are!	Var så god!
		walk through	promenad -en -er genom
Tom:	16.	Shall we take a walk through town?	Ska vi ta en promenad genom staden?
Jack:	17.	sight, point of interest What's there to see here?	sevärdhet -en -er Vad finns det för sevärdheter här? *
		palace museum famous	slott -et -Ø museum, muséet, muséer beröm/d -t -da
Tom:	18.	Well, the Palace and the Vasa Museum are very famous,	Ja, slottet och Vasamuséet är mycket berömda,
		to find	att hitt/a -ar -ade -at
	19.	but I can't find them on this map.	men jag kan inte hitta dem på den här kartan.
		that; those policeman	den där, det där; de där polis -en -er
Jack:	20.	We'll ask that policeman. Excuse me, where is the Palace?	Vi frågar den där polisen. Ursäkta, var ligger slottet?
		beautiful church to the right of	vacker -t, vackra kyrk/a -an -or till höger om
Police:	21.	The Palace is over there; and there is a beautiful church to the right of the Palace.	Slottet ligger där borta, och det ligger en vacker kyrka till höger om slottet.
		to look to look at	att titt/a -ar -ade -at att titt/a på; -ar -ade -at
Tom:	22.	Oh, we'll look at that.	Jaså, den ska vi titta på. *
		train tomorrow	tåg -et -Ø imorgon
Jack:	23.	Tomorrow we can take the train to Uppsala.	Imorgon kan vi ta tåget till Uppsala. *

		university *cathedral*	universitet -et -Ø domkyrk/a -an -or
	24.	There the university is near the cathedral.	Där ligger universitetet nära domkyrkan.

		library *is said to, is supposed to*	bibliotek -et -Ø lär, lärde, lärt
Tom:	25.	Yes, and the library is supposed to be very famous.	Ja, och biblioteket lär vara mycket berömt.

		fine *hungry*	fin -t -a hungrig -t -a
Jack:	26.	Fine, but now I'm hungry.	Fint, men nu är jag hungrig.

		park	park -en -er
	27.	There's a good restaurant on the other side of the park.	Det finns en bra restaurang på andra sidan parken.

Tom:	28.	We can have lunch there and then go to the Vasa Museum. It's near here.	Vi kan äta lunch där och sedan kan vi gå på Vasamuséet. Det ligger här i närheten.

		excellent, great *then, at that time* *maybe, perhaps* *concert* *afternoon* *this afternoon*	utmärkt -Ø -a då kanske konsert -en -er eftermiddag -en -ar i eftermiddag
Jack:	29.	Great. Then we can also go to Skansen. Maybe there is a concert there this afternoon.	Utmärkt. Då kan vi också gå på Skansen. Det är kanske en konsert där i eftermiddag. *

		to think (to have an opinion) *think(s)* *ferry*	att tyck/a -er -te -t tycker färj/a -an -or
Tom:	30.	Afterwards I think we ought to take the ferry to Slussen.	Sedan tycker jag vi tar färjan till Slussen.

		one, you, they *view* *from* *elevator*	man utsikt -en -er från hiss -en -ar
Jack:	31.	You have a beautiful view from the Katarina elevator.	Man har en vacker utsikt från Katarina-hissen. *

		to walk, to stroll *The Old City*	att promener/a -ar -ade -at Gamla Stan
Tom:	32.	Then we can walk around in Gamla Stan and have dinner at a restaurant there.	Sedan kan vi promenera i Gamla Stan och äta middag på en restaurang där.

		charming *part*	charmig -t -a del -en -ar
Jack:	33.	Good. It's a charming part of Stockholm. I have a friend who lives there.	Bra. Det är en charmig del av Stockholm. Jag har en vän som bor där.

UNIT 4

Notes on Basic Sentences

3. ligger *(lie/s)* is often used in the sense of "is", "is located" when talking about geographical concepts and buildings.

17. Vad finns det för ...? *is an idiomatic expression, meaning "what kind of ... is there?"*

22. Den ska vi titta på. *See Unit 2, Note 15.*

23. Imorgon kan vi ... *If the sentence starts with an adverb (*imorgon, tyvärr, sedan, först där borta, *etc.) remember that the verb comes in second place (cf. Unit 2, Note 15).*

29. Skansen *is a big open-air museum in Stockholm.*

31. Man har ... *The impersonal pronoun* man *is used to express the idea of people in general, somewhat like the English use of "they" in "they say that ..." or "you" in "you can have good meal there," or "one" in "one is never satisfied."*

UNIT 4

Points to Practice

Point I: *Adjectives in the indefinite form (noun-adjective agreement):*

en stor bok; ett stort rum; två stora båtar

Point II: *Demonstrative Expressions:*

Det är en bok.
Det här är en bok.
Det där är en bok.

Point III: *Personal Pronouns:* den, det, de

Point I: **Adjectives in the indefinite form (noun-adjective agreement)**

There has to be agreement between adjectives and nouns.

Adjectives modifying en *words in the singular indefinite form take no ending (basic form). Example:* en stor bil

Adjectives modifying ett *words in the singular indefinite form take the ending -t (added to the basic form). Example:* ett stort glas

Adjectives modifying plural nouns (both en *and* ett *words) take the ending -a (added to the basic form). Examples:* två stora bilar
två stora glas

Below is a list of adjectives which have somewhat irregular endings:

Adjectives modifying en words	Adjectives modifying ett words	Plural form	Translation
blå	blått	blåa	blue
grå	grått	gråa	gray
ny	nytt	nya	new
god	gott	goda	good
bred	brett	breda	wide
röd	rött	röda	red
vit	vitt	vita	white
rund	runt	runda	round
kort	kort	korta	short
svart	svart	svarta	black
utmärkt	utmärkt	utmärkta	excellent
gammal	gammalt	gamla	old
vacker	vackert	vackra	beautiful
liten	litet	små	small, little
bra	bra	bra	good

Practice A. Let's practice using the indefinite form of the adjective, making sure it agrees with the noun it modifies.

	CUE
	god, smörgås
en god smörgås	god, vin
ett gott vin	många, god, äpple
många goda äpplen	rolig, bok

	CUE
en rolig bok	liten, barn
ett litet barn	tre, trevlig, polis
tre trevliga poliser	berömd, museum
ett berömt museum	två, vacker, kyrka
två vackra kyrkor	många, fin, slott
många fina slott	lång, tåg
ett långt tåg	

Adjectives coming after the verbs att vara *and* att bli *also agree with their subject nouns.*

Examples: Bilen är stor. Dagen blir lång.
Rummet är stort. Tåget blir långt.
Många bilar är stora. Många dagar blir långa.
Många rum är stora. Många tåg blir långa.

Practice B. *Now practice using the adjective after the verb* är. *Put the cue noun in the definite form followed by* är *and the adjective, making sure the adjective agrees with the noun.*

	CUE
	taxi, ledig
Taxin är ledig.	rum, stor
Rummet är stort.	dotter, snäll
Dottern är snäll.	namn, kort
Namnet är kort.	barn, liten
Barnet är litet.	äpple, god
Äpplet är gott.	vin, god
Vinet är gott.	bok, bra
Boken är bra.	hotell, trevlig
Hotellet är trevligt.	

Practice C. *Let's continue doing the same thing, using plural nouns in the indefinite form.*

	CUE
	många, polis, trevlig
Många poliser är trevliga.	många, bok, bra
Många böcker är bra.	många, barn, liten
Många barn är små.	många, smörgås, god

	CUE
Många smörgåsar är goda.	många, kyrka, vacker
Många kyrkor är vackra.	många, bil, svart
Många bilar är svarta.	många, gata, bred
Många gator är breda.	många, tåg, lång
Många tåg är långa.	

Point II: *Demonstrative Expressions*

    det är   *it is, they are*
  det här är   *this is, these are*
  det där är   *that is, those are*

The demonstrative expressions det är, det här är, det där är *are used to focus on noun phrases. They have only one form regardless of whether the nouns are* en *or* ett *words or plurals.*

Examples: Det är en bok.   *It is a book.*
             Det här är en bok. *This is a book.*
             Det där är två båtar. *Those are two boats.*

You already know another demonstrative expression: det finns *(there is, there are).*

Practice D. Let's build up fluency on this point, using the familiar technique. All you have to do is repeat aloud the demonstrative expression det är *and add the proper indefinite articles or modifiers + the noun.*

	CUE
	polis
Det är en polis.	museum
Det är ett museum.	två, karta
Det är två kartor.	många, slott
Det är många slott.	tre, hållplats
Det är tre hållplatser.	tåg
Det är ett tåg.	stor, buss
Det är en stor buss.	två, tidning
Det är två tidningar.	liten, hörn
Det är ett litet hörn.	snäll, pojke
Det är en snäll pojke.	

Practice E. Now we'll use the expression <u>det här är</u> using the definite form of the noun.

	CUE
	båt
Det här är båten.	kyrka
Det här är kyrkan.	tåg
Det här är tåget.	polis
Det här är polisen.	slott
Det här är slottet.	bibliotek
Det här är biblioteket.	gata
Det här är gatan.	bröd
Det här är brödet.	busshållplats
Det här är busshållplatsen.	bok
Det här är boken.	tidning
Det här är tidningen.	rum
Det här är rummet.	

Practice F. Now we'll practice the expression <u>det där är</u> with nouns in the plural.

This lengthy repetition may seem a bit boring, but it is a good idea to get these expressions firmly in mind before proceeding to the next point. Besides, you are also practicing your plural noun endings.

	CUE
	tre, båt
Det där är tre båtar.	två, pojke
Det där är två pojkar.	fyra, lång, tåg
Det där är fyra långa tåg.	två, vacker, kyrka
Det där är två vackra kyrkor.	fem, smörgås
Det där är fem smörgåsar.	två, fin, sevärdhet
Det där är två fina sevärdheter.	många, röd, buss
Det där är många röda bussar.	tre, utmärkt, karta
Det där är tre utmärkta kartor.	två, god, vin
Det där är två goda viner.	tre, trevlig, polis
Det där är tre trevliga poliser.	två, gammal, vykort
Det där är två gamla vykort.	två, svensk, sjöman
Det där är två svenska sjömän.	tre, amerikansk, bok
Det där är tre amerikanska böcker.	

Point III: *Personal Pronouns DEN, DET, DE*

Den *refers to* en *words,* det *to* ett *words and* de *to* plurals.

Examples: Var är boken? - Den är här.
Var är vykortet? - Det är här.
Var är Pelles tidningar? - De är här.

Det *is also used in other cases, for instance in the demonstrative expressions* det är, det här är, det där är, *which you have just learned. It is also used in impersonal expressions without any specific reference (unlike* den *which always refers to a noun).*

Examples: Det regnar.   It's raining.
Det är måndag idag. Today is Monday.
Det är sent.   It's late.

Only det *can be used in clauses where the verb is some form of* att vara *or* att bli *followed by a noun (predicate noun).*

Examples: Det är en bil.   It is a car.
Det är ett tåg.   It is a train.
Det är två pojkar.   They are (lit.: it is) two boys.

If there is no noun but only a predicate adjective following the form of att vara *or* att bli, den, det *or* de *has to be used depending on what kind of noun the predicate adjective modifies.*

Examples: Är Pelles bil stor? - Ja, den är stor. - Det är en stor bil.
Is Pelle's car big? - Yes, it is big. - It's a big car.

Är Pelles rum stort? - Ja, det är stort. - Det är ett stort rum.
Is Pelle's room big? _ Yes, it is big. - It's a big room.

Är Pelles båtar stora? - Ja, de är stora. - Det är stora båtar.
Are Pelle's boats big? - Yes, they are big. - They are big boats.

To summarize:

Det *must be used as the subject when any form of* att vara *or* att bli *is followed by a noun (predicate noun). This noun may or may not have modifying adjectives.*

Examples: Det är en bil.   Det är en stor bil.
Det är ett rum.   Det är ett stort rum.
Det är två båtar.   Det är två stora båtar.

This is the same as the demonstrative expression det är, *which you have just learned, and should not be confused with the personal pronouns* den, det, de.

When the form of att vara *or* att bli *is followed by an adjective but no noun (predicate adjective), the personal pronoun*

den *has to be used if the pronoun refers to an* en *word;*

det *has to be used if the pronoun refers to an* ett *word;*

de *has to be used if the pronoun refers to plurals.*

Practice G. In this practice you'll make *two* sentences based on the sentence given in the left column, using the adjective in the Cue column. In the first sentence you use the personal pronoun den, det or de + är + the adjective in the right form. In the second sentence you use the demonstrative expression det är + indefinite article + adjective + noun.

	CUE
Det är en bil.	stor
Den är stor.	
Det är en stor bil.	
Det är ett slott.	vacker
Det är vackert.	
Det är ett vackert slott.	
Det är ett rum.	liten
Det är litet.	
Det är ett litet rum.	
Det är en båt.	vit
Den är vit.	
Det är en vit båt.	
Det är ett museum.	berömd
Det är berömt.	
Det är ett berömt museum.	
Det är en taxi.	ledig
Den är ledig.	
Det är en ledig taxi.	
Det är en kyrka.	gammal
Den är gammal.	
Det är en gammal kyrka.	
Det här är två äpplen.	god
De är goda.	
Det här är två goda äpplen.	
Det där är två poliser.	vänlig
De är vänliga.	
Det där är två vänliga poliser.	
Det där är ett hotell.	ny
Det är nytt.	
Det där är ett nytt hotell.	

	CUE
Det där är två ostar.	god
De är goda.	
Det där är två goda ostar.	

Practice H. Now we'll ask some questions using VAD (what), VEM (who), and VAR (where). You can provide the answers using two sentences. Remember to use han and hon for people, det for countries and cities, which are considered to be ett words.

	CUE
Vad är det där?	smörgås, god
Det är en smörgås. Den är god.	
Vem är det?	flicka, vacker
Det är en flicka. Hon är vacker.	
Vad är det där?	gård, gammal
Det är en gård. Den är gammal.	
Vem är det där?	tandläkare, bra
Det är en tandläkare. Han (hon) är bra.	
Vem kommer där borta?	fröken Berg, trevlig
Det är fröken Berg. Hon är trevlig.	
Vad är det där?	telefon, svart
Det är en telefon. Den är svart.	
Vad är det här?	gata, kort
Det är en gata. Den är kort.	
Vad är det här?	vykort, vacker
Det är ett vykort. Det är vackert.	
Vem är det som kommer där?	polis, vänlig
Det är en polis. Han (hon) är vänlig.	
Var ligger restaurangen?	där borta
Den ligger där borta.	
Var ligger Vasamuséet?	nära Skansen
Det ligger nära Skansen.	
Var är din dotter?	i Amerika
Hon är i Amerika.	
Var ligger Skövde?	i Sverige

	CUE
Det ligger i Sverige.	
Var ligger Stockholm?	i Sverige
Det ligger i Sverige.	
Var ligger busshållplatsen?	där borta
Den ligger där borta.	

LÅT OSS TALA SVENSKA!

Let's have a general conversation using the material you have acquired by now.

UNIT 5

A PLACE TO LIVE

Basic Sentences

Gordon Browning has seen
an ad about an apartment
and calls the manager.

Gordon:	1.	May I speak to Mrs. Stenmark?		Kan jag få tala med fru Stenmark?
		moment		ögonblick -et -ø
Voice:	2.	Just a moment.		Ett ögonblick.
		hello		hallå *(only used on the phone)*
Mrs. S.:	3.	Hello. Inga Stenmark speaking.		Hallå. Det är Inga Stenmark.
		this morning		i morse
		to see		att se, ser, såg, sett
		saw		såg
		your		er, ert, era
		advertisement		annons -en -er
		apartment		våning -en -ar
		to rent		att hyra, hyr, hyrde, hyrt
Gordon:	4.	Hello. My name is Gordon Browning. This morning I saw your ad in Svenska Dagbladet about an apartment for rent.		Goddag. Mitt namn är Gordon Browning. I morse såg jag er annons i Svenska Dagbladet om en våning att hyra. *
		yes		jaha
Mrs. S.:	5.	Yes, it is available.		Jaha, den är ledig.
		child		barn -et -ø
Gordon:	6.	How large is it? We have two children. Our boy is five years old and our girl is eight.		Hur stor är den? Vi har två barn. Vår pojke är fem år och vår flicka är åtta.
		kitchen		kök -et -ø
		hall		hall -en -ar
		bathroom		badrum -met -ø
		so		så
		probably		nog
Mrs. S.:	7.	It has five rooms and a kitchen, hall, and two baths, so it would probably suit you.		Den är på fem rum och kök och hall och har två badrum, så den passar nog.
		which, what		vilken, vilket, vilka
Gordon:	8.	In what part of the city is it? I work at the American Embassy and would like to live close by.		I vilken del av stan ligger den? Jag arbetar på amerikanska ambassaden och vill gärna bo i närheten.

		stairs, flight of stairs		trapp/a -an -or
		up		upp
Mrs. S.:	9.	The address is Karlavagen 10, fourth floor. That is in Ostermalm, and not at all far from the Embassy.		Adressen är Karlavägen 10, 3 trappor upp. Det är på Östermalm, inte alls långt från ambassaden. *
		to describe		att beskriv/a -er, beskrev, beskrivit
Gordon:	10.	Could you describe the apartment?		Kan ni beskriva våningen?
		against, toward		mot
		to face		att ligga mot; ligger, låg, legat
		face(s)		ligger mot
		south		söder
		light, bright		ljus -t -a
		sunny		solig -t -a
Mrs. S.:	11.	It faces south, so it is light and sunny.		Den ligger mot söder, så den är ljus och solig. *
		spacious		rymlig -t -a
		high		hög -t -a
		ceiling, roof		tak -et -Ø
Mrs. S.:	12.	It is an old, spacious apartment with high ceilings in all the rooms.		Det är en gammal, rymlig våning, och det är högt i taket i alla rum. *
		to modernize		att moderniser/a -ar -ade -at
		modernized		moderniser/ad -at -ade
Gordon:	13.	I hope it is modernized.		Jag hoppas den är moderniserad.
Mrs. S.:	14.	Of course.		Javisst.
		rent		hyr/a -an -or
Gordon:	15.	How much is the rent?		Hur stor är hyran?
Mrs. S.:	16.	The apartment costs 2,000 crowns a month.		Våningen kostar två tusen kronor i månaden.
		expensive		dyr -t -a
Gordon:	17.	That is expensive!		Det var dyrt! *
		gas (not gasoline)		gas -en -er
		electricity		elektricitet -en Ø
		to be included		att ingå, ingår, ingick, ingått
		is included		ingår
		besides		dessutom
		partially		delvis
		to furnish		att möbler/a -ar -ade -at
		furnished		möbler/ad -at -ade
Mrs. S.:	18.	Yes, but it is a very fine apartment, and gas and electricity are included. Besides, it is partially furnished.		Ja, men det är en väldigt fin våning, och gas och elektricitet ingår. Dessutom är den delvis möblerad.

		bed	säng -en -ar
		for	för
		person, people	person -en -er
Gordon:	19.	Good! Are there beds for four people?	Så bra! Finns det sängar för fyra personer?
		living room	vardagsrum -met -Ø
		sofa	soff/a -an -or
		comfortable	bekväm -t -a
		armchair	fåtölj -en -er
		lamp	lamp/a -an -or
		Persian	persisk -t -a
		rug, carpet	matt/a -an -or
		floor	golv -et -Ø
Mrs. S.:	20.	Yes, there are. And the living room has a sofa and two comfortable armchairs, two lamps and a large Persian rug on the floor.	Ja, det finns det. Och vardagsrummet har en soffa, två bekväma fåtöljer, två lampor och en stor persisk matta på golvet. *
		to bring	att ta med; tar, tog, tagit
		table	bord -et -Ø
		chair	stol -en -ar
		dining room	matsal -en -ar
Gordon:	21.	Is the dining room furnished, or should we bring our table and our chairs?	Är matsalen möblerad, eller ska vi ta med vårt bord och våra stolar?
		breakfast nook	matvrå -n -r
		bench	bänk -en -ar
Mrs. S.:	22.	No, it isn't. But there is a breakfast nook in the kitchen with table and benches.	Nej, det är den inte. Men det finns en matvrå i köket med bord och bänkar. *
		closet	garderob -en -er
		especially	särskilt
		to need	att behöv/a -er -de -t
		need(s)	behöver
		space, room, place	plats -en -er
		all	all, allt, alla
		his, her, their (reflexive)	sin, sitt, sina
		toy	leksak -en -er
Gordon:	23.	What about closets? My boy especially needs a lot of space for all his toys.	Hur är det med garderober? Särskilt min pojke behöver mycket plats för alla sina leksaker. *
		every	varje
		bedroom	sovrum -met -Ø
		linen closet	linneskåp -et -Ø
		pantry	serveringsrum -met -Ø
Mrs. S.:	24.	There is a big closet in every bedroom and a good linen closet in the pantry.	Det finns en stor garderob i varje sovrum och ett bra linneskåp i serveringsrummet.
		refrigerator	kylskåp -et -Ø
Gordon:	25.	Is there a refrigerator?	Finns det kylskåp? *

Mrs. S.:	26.	*freezer* *completely* *dishwasher* Certainly, and a small freezer as well and a completely new dishwasher.	frysbox -en -ar alldeles diskmaskin -en -er Jadå, och en liten frysbox också och en alldeles ny diskmaskin.
	27.	*laundry room* *basement* *washing machine* *drying cabinet* The laundry room is in the basement with two washing machines and a drying cabinet.	tvättstug/a -an -or källare -en -Ø tvättmaskin -en -er torkskåp -et -Ø Tvättstugan är i källaren med två tvättmaskiner och ett torkskåp. *
Gordon:	28.	*to sound* *sound(s)* It sounds very good, and we'd love to come and look at the apartment.	att låta, låter, lät, låtit låter Det låter väldigt bra, och vi vill gärna komma och titta på våningen.
Mrs. S.:	29.	*to move* *in* *into* When would you like to move into the apartment?	att flytt/a -ar -ade -at in in i När skulle ni vilja flytta in i våningen?
Gordon:	30.	*the first* *October* *furniture* If we take it we could move in on October 1st. Our furniture will be here then.	den första oktober möbel -n, möbler Om vi tar den kunde vi flytta in den första oktober. Våra möbler är här då. *
Mrs. S.:	31.	*tenant* *out* *thing* *yesterday* *to buy* *have (has) bought* *house* That suits (me) fine. Our other tenant moved out yesterday with all his things. He has bought a house in Djursholm.	hyresgäst -en -er ut sak -en -er igår att köp/a -er -te -t har köpt hus -et -Ø Det passar utmärkt. Vår andra hyresgäst flyttade ut igår med alla sina saker. Han har köpt ett hus i Djursholm.
	32.	*at home* *today* *hour* I will be at home today. Would you like to come in an hour?	hemma idag timm/e -en -ar Jag är hemma idag. Vill ni komma om en timme?
Gordon:	33.	Does 4 o'clock suit (you)? Then I'll come with the whole family.	Passar det klockan fyra? Då kommer jag med hela familjen.
Mrs. S.:	34.	I'm looking forward to seeing you then.	Välkomna då! *

UNIT 5

Notes on Basic Sentences

4a. I morse, *"this morning,"* indicates past time. It is therefore used only with a verb in the past tense.

4b. Svenska Dagbladet *is a daily newspaper in Sweden.*

9. Tre trappor upp *or* på tredje våningen *means 4th floor. First floor is* bottenvåningen (b.v.) *or* nedre botten (n.b.).

11. Söder. *Other compass points are* norr *(north),* öster *(east),* väster *(west).*

12. Högt i taket *is an idiomatic expression for "high ceiling(s)."*

17. Det var dyrt. *The Swedes often put exclamatory expressions like this in the past tense. (cf. Unit 3, Note 20.)*

20. Ja, det finns det. *See Unit 3, Note 2.*

22. Nej, det är den inte. *See Unit 3, Note 2.*

23. Sina leksaker. *See Points to Practice I c.*

25. Finns det kylskåp? *Swedes do not normally use an article with a noun when it refers to a class of nouns in general, rather than to a particular one.*

   Examples: Han köper bil. *He's buying a car (because he needs transportation).*

   Han köper en ny bil. *He's buying a new car (one car in particular).*

27. Torkskåp.*(a heated cabinet) is more common in Sweden than a dryer (*torktumlare -n

30. oktober. *The names of the months in Swedish are:* januari, februari, mars, april, maj, juni, juli, augusti, september, oktober, november, december. *Note that, like the week days, they are not capitalized.*

34. Välkomna då. *Note that the plural form of* välkommen *is used to indicate a welcome to all the family members. (cf. Unit 2, Basic Sentence Note 1)*

UNIT 5

Points to Practice

Point I.   *Possessives*

    a. preceding a noun

    b. as pronoun

    c. Possessive reflexives sin, sitt, sina

Point II.   *Verbs of the first conjugation*

Point III.   *Word order*

Point I.   a. *Possessives preceding a noun*

	EN		ETT		Plural	
(jag)	min	bil	mitt	namn	mina	bilar
(du)	din	bil	ditt	namn	dina	bilar
(han)	hans	bil	hans	namn	hans	bilar
(hon)	hennes	bil	hennes	namn	hennes	bilar
(vi)	vår	bil	vårt	namn	våra	bilar
(ni)	er	bil	ert	namn	era	bilar
(de)	deras	bil	deras	namn	deras	bilar

Here are the possessives in Swedish. As you see, most of them conform to the EN, ETT or plural form of the noun just as the adjectives do. Names or nouns just add an -s at the end to indicate possessive form.
Examples: Karins bok.   *Karin's book.*
              Pojkens namn.   *The boy's name (the name of the boy).*
              Bilens färg.   *The color of the car.*

Practice A. Form a sentence with a possessive, using present tense of the verb att vara.

                                          CUE

                                          jag, namn, George Brown

Mitt namn är George Brown.   vi, barn *(plur.)*, snäll

Våra barn är snälla.   vi, vardagsrum, ljus

Vårt vardagsrum är ljust.

	CUE
	hon, säng, ny
Hennes säng är ny.	han, pojke, i USA
Hans pojke är i USA.	du, dotter, vacker
Din dotter är vacker.	ni, våning, stor
Er våning är stor.	de, adress, Karlavägen 10
Deras adress är Karlavägen 10.	ni, kylskåp, hög
Ert kylskåp är högt.	han, fåtölj, bekväm
Hans fåtölj är bekväm.	de, kök, rymlig
Deras kök är rymligt.	pojke, far, ingenjör
Pojkens far är ingenjör.	hus, kök, ljus
Husets kök är ljust.	Bo, mor, journalist
Bos mor är journalist.	jag, syskon *(plur.)* hemma
Mina syskon är hemma.	

Practice B. Answer the questions, using the proper possessive forms.

	CUE
Ligger Karins våning i Stockholm?	Ja
Ja, hennes våning ligger i Stockholm.	
Är mitt hotellrum två trappor upp?	Ja
Ja, ditt hotellrum är två trappor upp.	
Är våra böcker i vardagsrummet?	Ja
Ja, era böcker är i vardagsrummet.	
Flyttar ni in i ert hus snart?	Ja, på måndag
Ja, vi flyttar in i vårt hus på måndag.	
Såg George fru Stenmarks annons i tidningen?	Ja
Ja, han såg hennes annons i tidningen.	
Är Stenmarks sängar bekväma?	Nej
Nej, deras sängar är inte bekväma.	
Behöver du din bil idag?	Nej
Nej, jag behöver inte min bil idag.	
Hittade du Pelles klocka?	Ja
Ja, jag hittade hans klocka.	

Point I.   b. *Possessive pronouns*

MIN - *MY, MINE*

Det är <u>min</u> bil.	*It is my car.*	Bilen är <u>min</u>.	*The car is mine.*
Det är <u>ditt</u> bord.	*It is your table.*	Bordet är <u>ditt</u>.	*The table is yours.*
Det är <u>våra</u> stolar.	*They are our chairs.*	Stolarna är <u>våra</u>.	*The chairs are ours.*

"Det är min hund"

As you can see in the chart, the Swedes make no distinction between possessive adjectives and possessive pronouns. We'll have a short practice on this.

Practice C. *Answer the questions, using the ownership indicated by the cue.*

	CUE
Är det Bos bil?	Nej, jag
Nej, det är min.	
Är det din frysbox?	Nej, hon
Nej, det är hennes.	
Är det här herr och fru Stenmarks hus?	Ja, de
Ja, det är deras.	
Är det här din diskmaskin?	Ja, jag
Ja, det är min.	
Är det här Pelles klocka?	Ja, han
Ja, det är hans.	
Är det här era böcker?	Ja, vi
Ja det är våra.	
Är det här Karins smörgås?	Nej, du
Nej, det är din.	
Är det här Lenas glas?	Nej, du
Nej, det är ditt.	

Point I.   c. *Reflexive possessives*, SIN, SITT, SINA

These reflexive possessives are used instead of hans, hennes, deras *if they*
a) occur in the same clause as the subject;
b) modify the <u>object</u> in the clause; and
c) refer to the <u>subject</u> in the clause.
Sin (sitt, sina) is <u>never</u> used to modify the <u>subject</u> in the clause.

Examples:

Han tycker om sin hund.
He likes his (own) dog.

Han tycker om hans hund.
He likes his (someone else's) dog.

Hans båt ligger i hamnen.
His boat is in the harbor.

Karin beskriver sitt rum.
Karin describes her room. (The room belongs to Karin.)

Karin beskriver hennes rum.
Karin describes her room. (The room belongs to someone else.)

Lars och Lena talar om sina barn.
Lars and Lena are talking about their children (their own).

Lars och Lena talar om deras barn.
Lars and Lena are talking about their children (another family's).

Practice D. Look at the list of possessions below. Describe (using the verb att tycka om) how Maja likes her things, Erik likes his, and they both like their joint belongings. Go through the three lists beginning with Maja's. The answers will be found on the next page.

Majas saker	Eriks saker	Deras saker
linneskåp	fåtölj	frysbox
soffa	lampa	sängar
bord	matta	kylskåp
stol	garderob	tvättmaskin
våning	badrum	hus
matta	tidning	möbler
torkskåp	bil	barn *(plural)*
källare	böcker	kök
diskmaskin	klocka	vardagsrum
sovrum	pengar	båt

Model: Maja tycker om sitt linneskåp.

Erik tycker om sin fåtölj.

De tycker om sin frysbox.

De tycker om sin teve *(TV)*.

Answers to Practice D.

Maja tycker om:	Erik tycker om:	De tycker om:
sitt linneskåp	sin fåtölj	sin frysbox
sin soffa	sin lampa	sina sängar
sitt bord	sin matta	sitt kylskåp
sin stol	sin garderob	sin tvättmaskin
sin våning	sitt badrum	sitt hus
sin matta	sin tidning	sina möbler
sitt torkskåp	sin bil	sina barn
sin källare	sina böcker	sitt kök
sin diskmaskin	sin klocka	sitt vardagsrum
sitt sovrum	sina pengar	sin båt

Practice E. In this practice we will use all the <u>third person possessives</u>. You fill in the right one in the blank space. Use your cardboard sheet as usual to cover the correct answer below each sentence.

George och hans fru tittade på _____ våning.

                                          sin

George beskrev våningen för _____ hustru.

                                        sin

Bo och Karin flyttade in _____ möbler.

                                  sina

Karin och _____ barn tittade på en ny soffa.

                hennes

Stenmarks och _____ son bor i Djursholm.

                    deras

Stenmarks bor med _____ son i huset.

                       sin

Stenmarks hyr _____ (Pelles) våning.

                  hans

Lars är på båten med _____ bror.

                         sin

Lars tittar på _____ (Karins) båt.

                 hennes

Bo och Ingrid och _____ far kom till båten.

                      deras

Bo och Ingrid mötte _____ far vid båten.

                      sin

I eftermiddag flyttar Lars _____ möbler.

                    sina

_____ (Lars) diskmaskin är alldeles ny.

    Hans

Point II. *Verbs of the first conjugation*

Swedish verbs come in four conjugations. Three of these conjugations follow definite patterns. The fourth conjugation contains all irregular verbs. The same form is used for all persons in each tense.

More than half of the verbs in Swedish belong to the first conjugation. All of the verbs in this conjugation end in -a in the infinitive form. All new verbs that come into Swedish from other languages belong to this conjugation.

Examples: att möblera, att modernisera, att organisera *(to organize)*, att jogga *(to jog)*, att missa *(to miss, to fail)*.

Examples of this include all verbs with the French derived suffix -era.

Let's take a look at the verbs of the first conjugation that have occurred in some of our units. Below is a chart showing how the first conjugation operates.

First Conjugation

<u>att baka</u> *(to bake)*

Present tense:	jag, etc.		bak<u>ar</u>	bake(s), am (are, is) baking
Past tense:	jag, etc.		bak<u>ade</u>	baked, was (were) baking
Supine:	jag, etc.	har, hade	bak<u>at</u>	have, had baked, have, had been baking
Past participle:	den, det, de	är, blir	bak<u>ad</u> bak<u>at</u> bak<u>ade</u>	is (are) baked

<u>Note:</u> *The supine is a form of the verb used together with* har, hade. *It always ends in* -t. *Examples:* Jag har <u>bakat</u> brödet. Jag hade <u>bakat</u> brödet. *These phrases are called respectively the present and past perfect. In Swedish the supine form is different from the participle which is used and declined as an adjective.*

Examples: Kakan är bak<u>ad</u>. *The cake is baked.*
           Brödet är bak<u>at</u>. *The bread is baked.*
           Kakorna är bak<u>ade</u>. *The cakes (cookies) are baked.*

We will deal with the participle in a later unit.

In Unit I we made a comparison between Swedish and English with regard to the lack of the continuous form of the verb in Swedish. Here is a more extensive chart:

		CUE
Ingrid _____ på sin lunch.		vänta

Ingrid väntar på sin lunch.
Ingrid väntade på sin lunch.
Ingrid har väntat på sin lunch.

Astrid _____ om sitt barn.		berätta

Astrid berättar om sitt barn.
Astrid berättade om sitt barn.
Astrid har berättat om sitt barn.

Erik _____ om hyran.		fråga

Erik frågar om hyran.
Erik frågade om hyran.
Erik har frågat om hyran.

David _____ med advokaten.		tala

David talar med advokaten.
David talade med advokaten.
David har talat med advokaten.

Practice G. In the following story, put the verbs that occur in the present tense into the *past tense*. The new version follows on the next page.

George flyttar till Sverige med sin familj och arbetar på en stor amerikansk tidning. En dag, när han väntar på bussen, träffar han en gammal vän från Norra Latin, Lars Holm, och hans far. Lars presenterar George för sin far och frågar, om George har tid att titta på en våning, som hans far väntar på. Han flyttar in den första oktober och möblerar den med sina gamla möbler. Lars berättar, att hans far moderniserar den delvis. George frågar hur mycket våningen kostar och var man hittar en så fin våning.

Answer to Practice G.

George flyttade till Sverige med sin familj och arbetade på en stor amerikansk tidning. En dag, när han väntade på bussen, träffade han en gammal vän från Norra Latin, Lars Holm, och hans far. Lars presenterade George för sin far och frågade, om George hade tid att titta på en våning, som hans far väntade på. Han flyttade in den första oktober och möblerade den med sina gamla möbler. Lars berättade, att hans far moderniserade den delvis. George frågade, hur mycket våningen kostade och var man hittade en så fin våning.

Practice H. *In this practice, put the verb given in the cue into the present perfect form (har + supine).*

	CUE
Bo _____ sin våning.	modernisera
Bo har moderniserat sin våning.	
Lars _____ Maj.	träffa
Lars har träffat Maj.	
Bo _____ tillbaka till USA.	flytta
Bo har flyttat tillbaka till USA.	
Karin _____ på tidningen i tre år.	arbeta
Karin har arbetat på tidningen i tre år.	
Maj _____ våningen.	möblera
Maj har möblerat våningen.	
Erik _____ boken.	hitta
Erik har hittat boken.	
David _____ inte _____ sin far.	fråga
David har inte frågat sin far.	
Stenmarks _____ inte _____ in i sin våning.	flytta
Stenmarks har inte flyttat in i sin våning.	
_____ du _____ dina pengar på banken?	växla
Har du växlat dina pengar på banken?	
_____ du _____ länge?	vänta
Har du väntat länge?	
Lars _____ med mig många gånger.	tala
Lars har talat med mig många gånger.	

Point III. *Word Order*

If you're getting a feel for Swedish already, you will have noticed in these last practices that the verb always comes in second place in the sentence. As was explained in the Basic Sentence Note #16 in Unit 2, the verb always comes before the subject in a main clause when the clause starts with a direct or indirect object, an adverb, or if it is preceded by a subordinate clause.

This is crucial, because it is fundamental in Swedish word order.

Examples: Det vet jag inte. *(direct object)*

Igår träffade David sin farbror. *(adverb)*

När Maj flyttade till Stockholm, träffade hon Erik. *(subordinate clause)*

Det här måste man komma ihåg!

Practice I. Now we'll practice word order. Restate the sentence on the left using the cue at the beginning of the sentence.

	CUE
Vi flyttar in i vår våning.	idag
Idag flyttar vi in i vår våning.	
David hittade sin bok.	igår
Igår hittade David sin bok.	
Karin tittade på Peters båt.	i morse
I morse tittade Karin på Peters båt.	
Lars talar med sin vän från Amerika.	nu
Nu talar Lars med sin vän från Amerika.	
Jag talade med Peter.	för tre veckor sedan
För tre veckor sedan talade jag med Peter.	
Vi träffas i parken.	varje dag
Varje dag träffas vi i parken.	
Erik väntar länge på bussen.	varje morgon
Varje morgon väntar Erik länge på bussen.	
George hade en våning på Karlavägen.	när vi var i Stockholm
När vi var i Stockholm, hade George en våning på Karlavägen.	

	CUE
Sven arbetar på amerikanska ambassaden.	nu
Nu arbetar Sven på amerikanska ambassaden.	
Maja växlade sina pengar på banken.	igår
Igår växlade Maja sina pengar på banken.	
Vi hittade en klocka.	när vi var på Skansen
När vi var på Skansen hittade vi en klocka.	

Practice J. We are including a floor plan of the apartment at Karlavagen 10. Discuss the rooms in relation to each other and describe the furniture you know the words for in each room. If you want to complete the furnishings ask your teacher for more vocabulary. Ask each other the following questions about the apartment:

      Var äter man frukost i våningen?
      I vilket rum kan man äta middag?
      Var står kylskåpet?
      Ligger våningen mot norr?
      Har våningen ett badrum?
      Är köket till höger om hallen?
      Hur är vardagsrummet möblerat?
      Finns det möbler i matsalen?
      Var ligger tvättstugan?
      I vilken tidning såg Gordon annonsen?
      När kan Brownings flytta in?
      Var kan pojken ha sina leksaker?

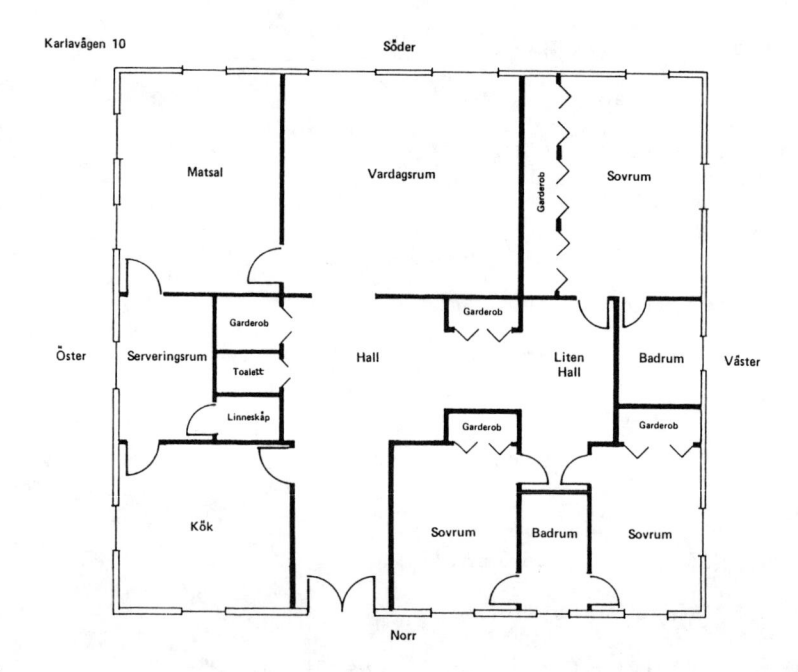

Karlavägen 10 — Söder — Öster — Väster — Norr

Rooms: Matsal, Vardagsrum, Garderob, Sovrum, Serveringsrum, Garderob, Hall, Garderob, Liten Hall, Badrum, Toalett, Linneskåp, Garderob, Garderob, Kök, Sovrum, Badrum, Sovrum

LÅT OSS TALA SVENSKA!

Now you can describe your own house or apartment and the home you hope to find in Sweden.

… SWEDISH

UNIT 6

TRUE AND FALSE

Unit 6 is a comprehension quiz. Turn on the tape or listen to your teacher read the true or false questions. Using the numbered blanks below, mark T (true) or F (false) after each sentence. All of the vocabulary used in the quiz is from Units 1-5. We suggest that you divide up the quiz and complete only part of the questions at a time. You will find the answers on pages 94 - 97. Good Luck!

1.	21.	41.	61.
2.	22.	42.	62.
3.	23.	43.	63.
4.	24.	44.	64.
5.	25.	45.	65.
6.	26.	46.	66.
7.	27.	47.	67.
8.	28.	48.	68.
9.	29.	49.	69.
10.	30.	50.	70.
11.	31.	51.	71.
12.	32.	52.	72.
13.	33.	53.	73.
14.	34.	54.	74.
15.	35.	55.	75.
16.	36.	56.	76.
17.	37.	57.	77.
18.	38.	58.	78.
19.	39.	59.	79.
20.	40.	60.	80.

Appendix A. Answers to the Unit 6 quiz.

1.	Fyra och sju är elva.	T
2.	Flickor i Amerika talar alltid svenska.	F
3.	En sjuksköterska arbetar på en restaurang.	F
4.	Göteborg är en stad i Sverige.	T
5.	En sjöman tjänstgör på en båt.	T
6.	Järnvägsstationen ligger i domkyrkan.	F
7.	Det finns många hotell i en stor stad.	T
8.	Man kan inte växla pengar i en kyrka.	T
9.	Det är aldrig vackert väder i New York.	F
10.	Bo tycker om att äta öl.	F
11.	Många hus i Amerika är vackra.	T
12.	Amerikaner dricker inte kaffe.	F
13.	I Amerika finns det många parker.	T
14.	Lars kan inte dricka bröd.	T
15.	Man kan äta middag på en restaurang.	T
16.	Nu för tiden är Stockholm en tandläkare i Amerika.	F
17.	Ni vet hur mycket åtta och två är.	T
18.	Man kan antingen ta buss eller tunnelbana i Washington.	T
19.	Ett år har tio månader.	F
20.	Min fars bror är min moster.	F
21.	Det finns inga bilar i Chicago.	F
22.	Poliser ger barn garderober.	F
23.	En liten garderob är mycket rymlig.	F
24.	Inga båtar går till Göteborg.	F
25.	En vecka har sju dagar.	T
26.	Man kan skriva böcker om Sverige.	T
27.	Min far och min moster är mina föräldrar.	F
28.	Bussen stannar vid hållplatsen.	T
29.	Man äter middag på morgonen.	F
30.	Ingen ingenjör vet hur mycket tolv och tretton är.	F
31.	Det är bra att ha bekväma sängar.	T
32.	I Amerika kostar en kopp kaffe fem öre.	F
33.	Herr Hanssons namn är Herr Dalgren.	F

34. Det finns inga barn i Skövde.   F
35. Man kan dricka vin till middagen.   T
36. En sekreterare talar aldrig på telefon.   F
37. Matsalen ligger i köket.   F
38. I Amerika tycker man om att resa med bil.   T
39. Lars Holm tjänstgör på en båt i Göteborgs hamn.   T
40. Många pojkar heter Peter.   T
41. Bibliotek är en stad i Sverige.   F
42. Man går till banken för att växla pengar.   T
43. Fröken Strömbäck är herr Hanssons syster.   F
44. Vi kan hyra rum på tunnelbanan.   F
45. Han gick till Sverige från New York i morse.   F
46. Det finns inte någon kyrka i Philadelphia.   F
47. Alla våningar har fem vardagsrum.   F
48. Lars Holm kommer ihåg sin vän George Brown.   T
49. Man behöver många stolar på universitetet.   T
50. Polisen vet var stationen ligger.   T
51. Stora barn är väldigt små.   F
52. Busshållplatser i Amerika är alltid vackra.   F
53. Det finns många rum i ett hotell.   T
54. George Brown ska skriva en bok om svenska städer.   T
55. Journalister brukar skriva i tidningar.   T
56. Sjuksköterskor och läkare arbetar tillsammans.   T
57. Gamla Stan lär vara en charmig del av Stockholm.   T
58. Det tar fem veckor att resa med flyg från New York till Stockholm.   F
59. Det finns många bilar i Amerika.   T
60. Alla håller med om att det är bra att ha ett kylskåp.   T
61. Svenska Dagbladet är ett berömt museum.   F
62. De reste till Sverige i en fåtölj.   F
63. Flyget går till parken.   F
64. En bror känner sin syster.   T
65. Om man är hungrig vill man äta.   T
66. Bussen går på gatan.   T
67. Mattan ligger i taket.   F

68.	Soffan står i vardagsrummet.	T
69.	Svenskar tycker mycket om goda smörgåsar.	T
70.	Man behöver inte fråga om man redan vet något.	T
71.	Halv tolv är 11:30.	T
72.	När man träffas, säger man god dag.	T
73.	Alla tycker om att resa med lastbåt.	F
74.	Man går till garderoben för att hyra en våning.	F
75.	Det finns bara en restaurang i San Francisco.	F
76.	Det är roligt att hitta ett trevligt hus att bo i.	T
77.	Portiern kan ge oss en karta.	T
78.	Det finns inga sevärdheter i Stockholm.	F
79.	Erik Dalgren är en annons.	F
80.	Bo Dalgren presenterar sin fru för George.	T

If you are in doubt about the meaning of a sentence you can check the translation below.

1.	*Four and seven are eleven.*	T
2.	*Girls in America always speak Swedish.*	F
3.	*A nurse works in a restaurant.*	F
4.	*Gothenburg is a city in Sweden.*	T
5.	*A sailor works on a boat.*	T
6.	*The railroad station is located in the cathedral.*	F
7.	*There are many hotels in a big city.*	T
8.	*You can't change money in a church.*	T
9.	*The weather is never beautiful in New York.*	F
10.	*Bo likes to eat beer.*	F
11.	*Many houses in America are beautiful.*	T
12.	*Americans don't drink coffee.*	F
13.	*There are many parks in America.*	T
14.	*Lars can't drink bread.*	T
15.	*You can have dinner in a restaurant.*	T
16.	*Nowadays Stockholm is a dentist in America.*	F
17.	*You know how much eight and two are.*	T
18.	*One can either take the bus or the subway in Washington.*	T
19.	*A year has ten months.*	F
20.	*My father's brother is my aunt.*	F
21.	*There are no cars in Chicago.*	F
22.	*Policemen give children closets.*	F
23.	*A small closet is very roomy.*	F
24.	*No boats go to Gothenburg.*	F
25.	*A week has seven days.*	T
26.	*One can write books about Sweden.*	T
27.	*My father and my (maternal) aunt are my parents.*	F
28.	*The bus stops at the bus stop.*	T
29.	*One eats dinner in the morning.*	F
30.	*No engineer knows how much twelve and thirteen are.*	F
31.	*It's good to have comfortable beds.*	T
32.	*In America a cup of coffee costs 5 ore.*	F
33.	*Mr. Hansson's name is Mr. Dalgren.*	F
34.	*There are no children in Skovde.*	F

35.	You can drink wine with your dinner.	T
36.	A secretary never talks on the phone.	F
37.	The dining room is in the kitchen.	F
38.	In America people like to travel by car.	T
39.	Lars Holm serves (works) on a boat in the Gothenburg harbor.	T
40.	Many boys are named Peter.	T
41.	Library is a city in Sweden.	F
42.	You go to the bank to change money.	T
43.	Miss Stromback is Mr. Hansson's sister.	F
44.	We can rent a room in the subway.	F
45.	He walked to Sweden from New York this morning.	F
46.	There is no church in Philadelphia.	F
47.	All apartments have five livingrooms	F
48.	Lars Holm remembers his friend George Brown.	T
49.	They need many chairs at the university.	T
50.	The police know where the station is.	T
51.	Big children are very small.	F
52.	Bus stops in America are always beautiful.	F
53.	There are many rooms in a hotel.	T
54.	George Brown is going to write a book about Swedish cities.	T
55.	Journalists usually write for newspapers.	T
56.	Nurses and doctors work together.	T
57.	Gamla Stan is supposed to be a charming part of Stockholm.	T
58.	It takes five weeks to go by plane from New York to Stockholm.	F
59.	There are many cars in America.	T
60.	All agree that it is good to have a refrigerator.	T
61.	Svenska Dagbladet is a famous museum.	F
62.	They traveled to Sweden in an easy chair.	F
63.	The flight goes to the park.	F
64.	A brother knows his sister.	T
65.	If you're hungry you want to eat.	T
66.	The bus goes on the street.	T
67.	The rug is in the ceiling.	F
68.	The sofa is in the livingroom.	T
69.	Swedes like good sandwiches very much.	T
70.	You don't have to ask if you already know it.	T
71.	Half past eleven is 11:30.	T
72.	When people meet they say "hello".	T
73.	Everybody likes to travel by freighter.	F
74.	You go to the closet to rent an apartment.	F
75.	There is only one restaurant in San Francisco.	F
76.	It's fun to find a nice house to live in.	T
77.	The hotel clerk can give us a map.	T
78.	There are no interesting sights in Stockholm.	F
79.	Erik Dalgren is an advertisement.	F
80.	Bo Dalgren introduces his wife to George.	T

UNIT 7

AT THE OFFICE

Basic Sentences

Bill Smith arrives at his new office in the afternoon.

			receptionist service, favor		receptionist -en -er tjänst -en -er
Rec.:	1.	Hello. What can I do for you? (May I help you?)			Goddag. Vad kan jag stå till tjänst med? *

			successor office		efterträdare -n -Ø kontor -et -Ø
Bill:	2.	I'm Bill Smith, successor to Peter White. Can you tell me where my office is (located)?			Jag är Bill Smith, efterträdare till Peter White. Kan ni säga mig var mitt kontor ligger?

			take (imperative) elevator second floor		ta hiss -en -ar andra våning -en -ar
Rec.:	3.	Yes, of course. Take the elevator to the third floor.			Javisst. Ta hissen till andra våningen. *

			hall, corridor third door		korridor -en -er tredje dörr -en -ar
	4.	Go down the hall straight ahead. It's the third door on the right.			Gå korridoren rakt fram. Det är tredje dörren till höger.

Secre- tary:	5.	Welcome to Stockholm, Mr. Smith.	Välkommen till Stockholm, Herr Smith.

Bill:	6.	I'm really going to like it here. What a nice office!	Ja, här kommer jag säkert att trivas. Vilket trevligt kontor!

			to prefer preferred desk by wall under, below window		att före/dra(ga) -drar, -drog, -dragi föredrog skrivbord -et -Ø vid vägg -en -ar under fönster, fönstret, -Ø
Sec.:	7.	Peter preferred to have the desk by the wall below the window.			Peter föredrog att ha skrivbordet vid väggen under fönstret.

			naturally closer bookcase		naturligtvis närmare bokhyll/a -an -or
	8.	But naturally we can move it closer to the big bookcase.			Men vi kan naturligtvis flytta det närmare den stora bokhyllan.

		to stand stand(s) to place, to put (upright) put(s)		att stå, står, stod, stått står att ställ/a -er -de -t ställer
Bill:	9.	No, it's fine where it is. But I think I'll put the lamp here.		Nej, det står bra där det står. Men jag tror jag ställer lampan här.
		typewriter		skrivmaskin -en -er
Bill:	10.	And also, I need a typewriter.		Och så behöver jag en skrivmaskin.
		wastebasket ashtray		papperskorg -en -ar askfat -et -Ø
Sec.:	11.	Yes, and a wastebasket. Do you smoke? Shall I put in (get) an ashtray?		Ja, och en papperskorg. Röker ni? Ska jag ställa in ett askfat?
		ugh		usch
Bill:	12.	No, ugh. Do you smoke?		Nej, usch. Röker ni?
		good, effective, competent to finish, to stop to usually (do something), to be in the habit of used to pack, package a day		duktig -t -a att slut/a -ar -ade -at att bruk/a -ar -ade -at brukade paket -et -Ø om dagen
Sec.:	13.	No, I have been good and have stopped smoking. I used to smoke a pack a day.		Nej, jag har varit duktig och har slutat röka. Jag brukade röka ett paket om dagen.
		reception at, with ambassador		mottagning -en -ar hos ambassadör -en -er
Bill:	14.	At what time is the reception tonight at the Ambassador's?		Hur dags är mottagningen ikväll hos ambassadören?
		residence		residens -et -er
Sec.:	15.	At 6 o'clock in the new residence.		Klockan sex i det nya residenset.
		informal dress		vardagsklädsel -n Ø
Bill:	16.	Is it informal?		Är det vardagsklädsel?
		gentleman, man the Foreign Office to call, to phone has phoned to lay, to put put (past tense) little, small message		man -nen, män Utrikesdepartementet (UD) att ring/a -er -de -t har ringt att lägg/a -er, la(de), lagt la(de) lilla (definite form sing.) meddelande -t -n
Sec.:	17.	Yes, it is. And a gentleman from the Foreign Office has phoned. I put the little message on your desk.		Ja, det är det. Och en man från UD har ringt. Jag lade det lilla meddelandet på skrivbordet. *

		meeting early (in the morning) date what	sammanträde -t -n bitti datum -et -Ø vad ... för
Bill:	18.	Oh, it was Olle Lindahl. We are going to have a meeting with him early tomorrow morning. What date is it today?	Jaså, det var Olle Lindahl. Vi ska ha ett sammanträde med honom imorgon bitti. Vad är det för datum idag? *
		sixth	sjätte
Sec.:	19.	It's the sixth of November.	Det är den sjätte november.
		dark to turn on, to light light, candle	mörk -t -a att tänd/a -er, tände, tänt ljus -et -Ø
Bill:	20.	It is already beginning to get dark. Shall we turn on the light?	Det börjar redan bli mörkt. Ska vi tända ljuset?
		early at this time of year	tidig -t -a så här års
Sec.:	21.	Yes, it gets dark early at this time of year. Do you want a cup of coffee?	Ja, det blir mörkt tidigt så här års. Vill ni ha en kopp kaffe? *

UNIT 7

Notes on Basic Sentences

1. Vad kan jag stå till tjänst med? *Idiomatic expression.*

3. Andra våningen. *See Unit 5, Basic Sentence Note 9.*

17a. Det är det. *See Points to Practice III.*

17b. Man. *Note that the noun* man *is irregular and does not quite follow any of the five declension patterns explained in Points to Practice I;* man, mannen, män, männen.

18. Vad ... för? *Instead of the interrogative* vilken (vilket, vilka) *Swedish often uses* vad ... för *in the spoken language.*

   Examples: Vad är det för datum idag? = Vilket datum är det idag?
   (What date is it today?)

   Vad är det för dag idag? = Vilken dag är det idag?
   (What day is it today?)

   Vad behöver du för böcker? = Vilka böcker behöver du?
   (What books do you need?)

21. Så här års - *idiomatic expression.*

UNIT 7

Points to Practice

Point I.   Definite form plural
Point II.   Definite form of the noun with adjectives
Point III. Det är det.
Point IV.   Ligga, lägga, sitta sätta, *etc.*
Point V.   Ordinal numbers

Point I.   *Definite form plural*

Declension 1. -or; lampa, lampor, lampor<u>na</u>

2. -ar; hiss, hissar, hissar<u>na</u>

3. -er; korridor, korridorer, korridorer<u>na</u>

4. -n;   meddelande, meddelanden, meddelande<u>na</u>

5. -Ø;   ljus, ljus, ljus<u>en</u>
         läkare, läkare, läkar<u>na</u>

a. Most Swedish nouns form the definite plural by simply adding -na to the indefinite plural form.
   Examples: flickor[na], middagar[na], ambassadörer[na].

b. In the fourth declension the indefinite form plural already ends in -n, so all you add is -a in the definite form.
   Examples: meddelande[na], sammanträde[na].

c. ETT words in the fifth declension, which have the same form in the indefinite <u>singular</u> and the indefinite <u>plural</u> take -en as an ending in the definite form plural.
   Examples: kontor[en], askfat[en], ljus[en].

d. EN words in the fifth declension (nouns that end in -are, -er, -ande) add -na in the definite form plural. Note, however, that the final -e in the -are words is dropped before the -na ending is added.
   Examples: läkar<u>e</u> - läkar<u>na</u>; sekreter<u>are</u> - sekreter<u>arna</u>, *but*
              ordför<u>ande</u> - ordför<u>andena</u> *(chairman)*

Practice A. Change the underlined nouns from the indefinite form plural into the definite form plural.

Erik ställer lampor på bordet.

Erik ställer lamporna på bordet.

Bo köper ostar.

       ostarna

George tittade på kontor på ambassaden.

       kontoren

Bo lägger cigarretter i papperskorgen.

       cigarretterna

Ambassadören beskriver sammanträden.

       sammanträdena

Eva lade meddelanden på skrivbordet.

       meddelandena

Sjuksköterskor hjälper läkare.

Sjuksköterskorna   läkarna

Kontor behöver sekreterare.

Kontoren   sekreterarna

Practice B. Now we continue with the definite plural form in the same way, but here the underlined noun is given in the singular. Follow the example. Remember to adjust the adjectives to the plural nouns.

Example: Lars beställde rummet på hotellet.   *Lars reserved the room at the hotel.*

            Lars beställde rummen på hotellet.   *Lars reserved the rooms at the hotel.*

Hösten i Sverige är kort.

Höstarna i Sverige är korta.

Året gick långsamt för flickan.

Åren gick långsamt för flickan.

Klockan, som kostade mycket, var bra.

Klockorna, som kostade mycket, var bra.

Journalisten, som arbetar på Dagens Nyheter, skriver utmärkt svenska.

Journalisterna, som arbetar på Dagens Nyheter, skriver utmärkt svenska.

Mannen på gatan väntade på bussen.

Männen på gatan väntade på bussarna.

Flickan i receptionen var trevlig.

Flickorna i receptionen var trevliga.

Läkaren och ingenjören hade varit i Amerika.

Läkarna och ingenjörerna hade varit i Amerika.

Väggen i rummet är blå.

Väggarna i rummet är blåa.

Slottet i Sverige lär vara berömt.

Slotten i Sverige lär vara berömda.

Brodern var tandläkare i Skövde.

Bröderna var tandläkare i Skövde.

Point II. *Definite form of the noun with adjectives*

the door is high	dörren är hög	den höga dörren	the high door
the table is big	bordet är stort	det stora bordet	the big table
the doors are high	dörrarna är höga	de höga dörrarna	the high doors
the tables are big	borden är stora	de stora borden	the big tables

Look carefully at the chart above. Observe what happens to the definite form of a Swedish noun when it is preceded by an adjective.

a. *The noun gets an additional definite article placed in front of the adjective,* den *for EN words,* det *for ETT words,* de *for plurals.*

b. *The definite article at the end of the noun remains.*

c. *The adjective gets the ending* -a *for all forms.*

Practice C. Using the cue word(s), put the subject noun in its proper definite form when preceded by an adjective.

	CUE
Boken ligger på bordet.	stor
Den stora boken ligger på bordet.	
Klockan ligger på bordet.	gammal
Den gamla klockan ligger på bordet.	
Cigarretterna ligger på bordet.	kort
De korta cigarretterna ligger på bordet.	
Brödet ligger på bordet.	god
Det goda brödet ligger på bordet.	

	CUE
Smörgåsen ligger på bordet.	fin
Den fina smörgåsen ligger på bordet.	
Tidningen ligger på bordet.	svensk
Den svenska tidningen ligger på bordet.	
Mannen står vid hörnet.	trevlig
Den trevliga mannen står vid hörnet.	
Läkaren står vid hörnet.	vänlig
Den vänliga läkaren står vid hörnet.	
Hotellet ligger vid hörnet.	ny
Det nya hotellet ligger vid hörnet.	
Taxin står vid hörnet.	ledig
Den lediga taxin står vid hörnet.	
Paketen står vid hörnet.	stor
De stora paketen står vid hörnet.	
Bilarna kostar mycket pengar.	amerikansk
De amerikanska bilarna kostar mycket pengar.	
Vinerna kostar mycket pengar.	fin
De fina vinerna kostar mycket pengar.	
Ölet kostar mycket pengar.	dyr
Det dyra ölet kostar mycket pengar.	
Vykortet kostar mycket pengar.	intressant, gammal
Det intressanta, gamla vykortet kostar mycket pengar.	

Practice D. Many more examples to work on. Insert the cue adjective(s) in front of the words that are underlined.

	CUE
På promenaden i Gamla Stan såg vi flera gamla kyrkor.	kort
På den korta promenaden i Gamla Stan såg vi flera gamla kyrkor.	
George och hans fru tycker om vädret i Stockholm.	vacker
George och hans fru tycker om det vackra vädret i Stockholm.	
George behöver advokaten, som du talade om.	duktig, svensk
George behöver den duktiga, svenska advokaten, som du talade om.	
Flera bussar stannade vid hamnen.	gammal
Flera bussar stannade vid den gamla hamnen.	

		CUE
<u>Kyrkorna</u> i stan ligger nära slottet.		intressant
De intressanta kyrkorna i stan ligger nära slottet.		
<u>Mannen</u> i köket var Lars farfar.		charmig, gammal
Den charmiga, gamla mannen i köket var Lars farfar.		
<u>Skrivmaskinen</u> står på bokhyllan vid fönstret.		ny
Den nya skrivmaskinen står på bokhyllan vid fönstret.		
<u>Mannen</u> tittade på smörgåsarna och ölet.		hungrig
Den hungriga mannen tittade på smörgåsarna och ölet.		
Imorgon tar Erik tunnelbanan till <u>parken</u> i Ängby.		stor
Imorgon tar Erik tunnelbanan till den stora parken i Ängby.		
Arbetar Lars fortfarande på <u>restaurangen</u> i Gamla Stan?		trevlig
Arbetar Lars fortfarande på den trevliga restaurangen i Gamla Stan?		
Har du varit på <u>residenset</u>?		gammal
Har du varit på det gamla residenset?		
<u>Flickorna</u> tog Katarinahissen för att se utsikten.		amerikansk
De amerikanska flickorna tog Katarinahissen för att se utsikten.		
Sekreteraren lade meddelandena i <u>papperskorgen</u>.		hög
Sekreteraren lade meddelandena i den höga papperskorgen.		
<u>Morbröderna</u> kom på middag igår.		snäll
De snälla morbröderna kom på middag igår.		

LITEN, LITET, LILLA, SMÅ   (*little small*)

Swedes use the adjective "little" quite often because it's also used as an endearment. Examples: lilla gumman, lilla gubben (sweetie, dear. Gumm/a -an -or actually means "old lady" and gubb/e -en -ar "old man".)

Also remember LITE (a little bit, some) from the vocabulary list in Unit 1. Example: Vill du ha lite bröd, lite mjölk?

This common Swedish adjective is irregular, as you can see from the chart below. LILLA is only used in the definite form singular, SMÅ for all plural forms.

a little girl	en liten flicka	den lilla flickan	*the little girl*
a little child	ett litet barn	det lilla barnet	*the little child*
little girls	små flickor	de små flickorna	*the little girls*
little children	små barn	de små barnen	*the little children*

Practice E. Change the following sentences so that the underlined part is in the definite form.

Biblioteket ligger nära en liten restaurang.
Biblioteket ligger nära den lilla restaurangen.
Marie köper ett litet glas.
            det lilla glaset.
Sekreteraren tänder ett litet ljus.
            det lilla ljuset.
Vad kostar en liten klocka?
            den lilla klockan?
Små barn dricker gärna mjölk.
De små barnen

Små båtar är trevliga att ha.
De små båtarna

Bertil ville äta små smörgåsar.
            de små smörgåsarna.
Nu ska Ingrid skriva ett litet brev.
            det lilla brevet.
Herr Pettersson var journalist på en liten svensk tidning.
            den lilla svenska tidningen.
Vi bor i en trevlig liten stad.
            den trevliga lilla staden.
De bor i trevliga små städer.
            de trevliga små städerna.

Point III. Det är det.

To answer questions with the equivalent of: Yes, it is; no, it isn't; yes, he does; no, he doesn't, etc. the Swedes have a format which you must learn. The cue is Ja, det ...; nej, det ...; jo, det ... Jo is used to answer a negative question in the affirmative.

Question

Är det här Stockholm?
Är det här en skrivmaskin?
Kommer Karin snart?
Stannar David länge?
Ska du inte äta lunch?
Ska ni inte äta lunch?
Vill Peter träffa henne?

Answer

Ja, det är det.
Nej, det är det inte.
Ja, det gör hon.
Nej, det gör han inte.
Jo, det ska jag.
Nej, det ska vi inte.
Ja, det vill han.

When the question contains an auxiliary verb, the main verb is not repeated in the answer.

Examples: Ska du äta lunch? - Ja, det ska jag.

  Har du talat med Peter? - Ja, det har jag.

  Vill du komma? - Ja, det vill jag.

If the question has att vara, att bli, *or* att ha *as the main verb, this verb is repeated in the answer.*

Examples: Är det här en skrivmaskin? - Ja, det är det.

  Blir det mörkt klockan fyra? - Ja, det blir det.

  Har du pengar? - Ja, det har jag.

If the question does not contain an auxiliary verb, the answer substitutes gör (gjorde) *for the verb.*

Examples: Talar du svenska? - Ja, det gör jag.

  Talade du svenska? - Ja, det gjorde jag.

Practice F. Using the cue words answer the questions with ja, det är han; nej, det kan hon inte; jo, det gör vi, *etc.*

	CUE
Är Lars svensk?	ja
Ja, det är han.	
Kan Karin stanna länge i Amerika?	nej
Nej, det kan hon inte.	
Tjänstgör Lars Holm fortfarande på båten?	nej
Nej, det gör han inte.	
Kan tandläkare skriva böcker?	ja
Ja, det kan de.	
Är det inte Lars Holm?	jo
Jo, det är det.	
Får Peter röka i köket?	nej
Nej, det får han inte.	
Kan inte en advokat titta på det?	jo
Jo, det kan han.	
Tittar de två flickorna inte på domkyrkan?	jo
Jo, det gör de.	
Var det inte vackert?	jo
Jo, det var det.	
Är du hungrig?	ja
Ja, det är jag.	
Vill ni komma med i bilen?	nej tack
Nej tack, det vill vi inte.	
Ska George stanna i Sverige?	nej
Nej, det ska han inte.	
Vill du inte ha en kopp kaffe?	nej tack
Nej tack, det vill jag inte.	
Vill ni komma ombord?	ja ... gärna
Ja, det vill vi gärna.	
Ska Bos fru möblera våningen?	ja
Ja, det ska hon.	
Är det här din syster?	ja

Unit 7   SWEDISH   109

                                                                              CUE

    Ja, det är det.

    Är det inte din morbror, som kommer där borta?   jo

    Jo, det är det.

Point IV.   LIGGA, LÄGGA, SITTA, SÄTTA, *etc*.

            Transitive   *Intransitive*

            lay   lägga   -   ligga   *lie*

TO PUT   place   ställa   -   stå   *stand*   TO BE

            set   sätta   -   sitta   *sit*

            hang   hänga   -   hänga   *hang*

In describing the location of objects and the placement of them, Swedes use very specific words. In English we are usually satisfied with the verbs "to be" and "to put". As we pointed out in Unit 4, Basic Sentence Note 3, att ligga is used in the sense of "is", "is located" in reference to geographical concepts, buildings, etc.

    Examples: Var ligger stationen?   Where is the station?
                  Båten ligger i Göteborgs hamn.   The ship is in the Gothenburg harbor.
                  Stockholm ligger i Sverige.   Stockholm is in Sweden.

Att sitta, att ligga, att stå, att hänga *are used to describe the whereabouts of all sorts of things in a place.*

    Examples: Klockan sitter på väggen.   The clock is on the wall.
                  Lampan hänger över soffan.   The lamp is (hanging) over the sofa.
                  Boken ligger på bordet.   The book is on the table.

There is more logic in this usage than one might think at first. Things with legs usually står, *flat objects* ligger, *and so do buildings and places.*

Practice G. Below are some intransitive and transitive verbs that we are going to practice. Choose the appropriate verb from either column and complete the sentences. Your choice consists of:

Intransitive	Transitive
ligger	lägger
står	ställer
sitter	sätter
hänger	hänger

Note: att ställa *and* att sätta *are often interchangeable.*

David _____ lampan över soffan.

David hänger lampan över soffan.

Bertil _____ lampan på bordet.

    ställer (sätter)

Gunvor _____ böckerna i bokhyllan.

    ställer (sätter)

Lena _____ böckerna på bordet.

    lägger

Sjuksköterskan _____ vid nedgången till tunnelbanan.

    står

Tåget _____ på stationen.

    står

Jag _____ kopparna på matsalsbordet.

    ställer (sätter)

Muséet _____ i närheten av parken.

    ligger

Min morbror _____ i soffan.

    sitter

Bos farbror _____ på sängen.

    ligger

Lampan _____ i taket.

    hänger

Mamma _____ middagen på bordet.

    sätter (ställer)

Point V.   *Ordinal Numbers*

1	första	11	elfte	21	tjugoförsta
2	andra	12	tolfte	22	tjugoandra
3	tredje	13	trettonde	23	tjugotredje
4	fjärde	14	fjortonde	24	tjugofjärde
5	femte	15	femtonde	25	tjugofemte
6	sjätte	16	sextonde	26	tjugosjätte
7	sjunde	17	sjuttonde	27	tjugosjunde
8	åttonde	18	artonde	28	tjugoåttonde
9	nionde	19	nittonde	29	tjugonionde
10	tionde	20	tjugonde	30	trettionde
				31	trettioförsta

-de		-nde		"irregular"	
13	trettonde	7	sjunde	1	första
14	fjortonde	9	nionde	2	andra
15	femtonde	10	tionde	3	tredje
16	sextonde	20	tjugonde	4	fjärde
17	sjuttonde	30	trettionde	5	femte
18	artonde	40	fyrtionde	6	sjätte
19	nittonde	50	femtionde	8	åttonde
100	hundrade	60	sextionde	11	elfte
1000	tusende	70	sjuttionde	12	tolfte
		80	åttionde		
		90	nittionde		

Note: a. *The article* den *is always used with dates.*

b. *There is no preposition between the ordinal number and the month.*

Example: Det är den fjärde juli. *It's the fourth of July.*

VI TALAR SVENSKA

Now your Swedish has expanded considerably and is becoming more sophisticated. Let's use it in questions and answers, talking about things in the room and outside. Example: Ligger den stora boken på bordet? Ja, det gör den.

You can also ask each other questions which involve dates.

Vad är det för dag idag?

UNIT 8

SHOPPING FOR CLOTHES

Basic Sentences

		where (where to)	vart
		to shop	att handl/a -ar -ade -at
		man's suit	kostym -en -er
		dress	klänning -en -ar
		don't you?, isn't it?, etc.	eller hur?
John:	1.	Where are we going shopping? I need a suit and you want to look at a dress, don't you?	Vart ska vi gå och handla? Jag behöver en kostym och du vill titta på en klänning, eller hur? *
		department store	varuhus -et -Ø
Mary:	2.	Let's go to one of the department stores in town.	Vi går till ett av varuhusen i stan.
		probably	väl
		ready	färdig -t -a
		to sew	att sy -r -dde -tt
		sewn	sydd, sytt, sydda
		ready made	färdig/sydd -sytt -sydda
	3.	You are buying a ready made suit, aren't you?	Du tänker väl köpa en färdigsydd kostym? *
		to pay	att betal/a -ar -ade -at
		more	mer
		than	än
		more than	mer än
John:	4.	Yes, I don't want to pay more than 800 crowns.	Ja, jag vill inte betala mer än åtta hundra kronor.
		to afford	att ha råd med; har, hade, haft
		can afford	har råd med
Mary:	5.	We can probably afford that.	Det har vi nog råd med. *
		busy	upptag/en -et -na
John:	6.	Hello, are you busy? I need a suit, and my wife wants to look at a dress.	Goddag, är ni upptagen? Jag behöver en kostym och min fru vill se på en klänning.
		lady	dam -en -er
		clothes, wear	kläder (plural)
Clerk:	7.	Ladies' wear is on the next floor.	Damkläder finns en trappa upp.
		up, upstairs	uppe
		clerk, salesperson	expedit -en -er
		to show	att vis/a -ar -ade -at
	8.	The clerk up there can show the dresses.	Expediten där uppe kan visa klänningarna.

		color to have in mind, to imagine had in mind good-looking gray	färg -en -er att tänk/a sig; -er -te -t hade tänkt snygg -t -a grå -tt -a
	9.	What color did you have in mind? Here is a very good-looking gray suit.	Vilken färg hade ni tänkt,er? Här har vi en mycket snygg grå kostym. *

		navy blue	marinblå -tt -a
John:	10.	No, I think I prefer something in navy blue. There is a nice suit (hanging) over there.	Nej, jag tror jag föredrar något i marinblått. Det hänger en snygg kostym där borta. *

		to try on both to sit, to fit fit(s)	att prov/a -ar -ade -at båda att sitt/a -er, satt, suttit sitter
	11.	I'll try on both, and then I'll take the one that fits the best.	Jag provar båda, och så tar jag den som sitter bäst.

		tailor to alter, to change length pants	skräddare -n -Ø att ändr/a -ar -ade -at längd -en -er byxor (plural)
Clerk:	12.	Our tailor can alter the length of the pants.	Vår skräddare kan ändra längden på byxorna.

John:	13.	Fine. When will they be ready?	Utmärkt. När blir de färdiga?

		to open	att öppn/a -ar -ade -at
Clerk:	14.	You can pick them up on Tuesday. We open at nine o'clock.	Ni kan hämta dem på tisdag. Vi öppnar klockan nio.

		shirt	skjort/a -an -or
John:	15.	Thank you. I need a couple of shirts too.	Tack. Jag behöver ett par skjortor också.

		to dress dress(es) spring to use sleeve	att klä sig; -r -dde -tt klär sig vår -en -ar att använd/a -er, använde, använt ärm -en -ar
John:	16.	How do you dress here in the spring? Can you use short-sleeved shirts?	Hur klär man sig här på våren? Kan man använda skjortor med kort ärm?

		cold summer warm sometimes size	kall -t -a sommar, -en, somrar varm -t -a ibland storlek -en -ar
Clerk:	17.	No, you can't. It's too cold. But in the summer it gets warm sometimes. What size do you take?	Nej, det kan man inte. Det är för kallt. Men på sommaren blir det varmt ibland. Vilken storlek har ni?

		because, for	för
		number, size	nummer, numret -Ø
		the same	densamma, detsamma, desamma
		as, like	som
		same as	samma som
John:	18.	I don't know, because the sizes are probably not the same here as in the U.S.	Jag vet inte, för numren är väl inte desamma här som i Amerika. *
		measure	mått -et -Ø
		to measure	att ta mått på; tar, tog, tagit
Clerk:	19.	I can measure you.	Jag kan ta mått på er.
		pure, clean	ren -t -a
		cotton	bomull -en Ø
		very	mycket
		quality	kvalité -n -er
		absolutely	absolut
		to iron	att stryk/a -er, strök, strukit
		free	fri -tt -a
		non-iron	strykfri -tt -a
Clerk:	20.	Here we have an excellent shirt, pure cotton. Very good quality and absolutely non-iron.	Här har vi en utmärkt skjorta i ren bomull. Mycket bra kvalité och absolut strykfri.
		light blue	ljusblå -tt -a
John:	21.	If you have it in light blue I'll take it.	Om den finns i ljusblått så tar jag den.
		something, anything	någonting
		else	annan, annat, andra
		tie	slips -en -ar
		underwear	underkläder (plural)
		sock, stocking	strump/a -an -or
		glove	handsk/e -en -ar
		hat	hatt -en -ar
Clerk:	22.	Do you need anything else? Perhaps a tie? Underwear, socks, gloves, or a hat?	Behöver ni någonting annat? Kanske någon slips? Några underkläder, strumpor, handskar eller en hatt?
		shoe	sko -n -r
John:	23.	Yes, I would like to look at a pair of shoes.	Ja, jag vill gärna se på ett par skor.
		department	avdelning -en -ar
		shoe department	skoavdelning -en -ar
		escalator	rulltrapp/a -an -or
Clerk:	24.	The shoe department is to the right on the fourth floor. You can take the escalator over there.	Skoavdelningen ligger till höger på tredje våningen. Ni kan ta rulltrappan där borta.
		to have time	att hinn/a -er, hann, hunnit
		have (has) time	hinner
John:	25.	I don't think I have time today. I have to go and see what my wife is doing.	Jag tror inte jag hinner idag. Jag måste gå och se vad min fru gör.

		well, I'll be ... evening gown	nej, men aftonklänning -en -ar
	26.	Well, I'll be ..., you bought an evening gown!	Nej, men har du köpt en aftonklänning! *
		pretty, cute, sweet darling favorite color	söt, sött, söta älskling -en -ar älsklingsfärg -en -er
Mary:	27.	Yes, can you imagine? I've found a very pretty red dress, my favorite color.	Ja, kan du tänka dig, jag har hittat en väldigt söt röd klänning, min älsklingsfärg.
		to hear hear (imperative), listen suede jacket	att höra, hör, hörde, hört hör mocka -n Ø jack/a -an -or
	28.	Listen, should we look at a suede jacket too?	Hör du, ska vi titta på en mockajacka också?
		to shop enough	att shopp/a -ar -ade -at tillräckligt
John:	29.	Don't you think that we have shopped enough for one day?	Tycker du inte att vi har shoppat tillräckligt för en dag?
		to read read (past tense) sale, price reduction furcoat store, shop furrier square, market place	att läs/a -er -te -t läste rea (realisation -en -er) päls -en -ar affär -en -er pälsaffär -en -er torg -et -Ø
Mary:	30.	Maybe, but I read in the paper this morning that there is a sale at the furrier's on the square.	Kanske det, men jag läste i tidningen i morse att det är rea i pälsaffären vid torget.
		as you know, of course center of town, downtown	ju centrum -et, centra
John:	31.	OK, let's take the bus downtown.	OK, vi kan ju ta bussen till centrum. *

UNIT 8

Notes on Basic Sentences

1. eller hur? *(always at the end of a sentence) is an expression corresponding to a great variety of English "tag questions": don't you, haven't you, isn't it, hasn't he, aren't they, etc. It is similar to the German "nicht wahr?" and the French "n'est-ce pas?"*

3. väl *is sometimes added in a Swedish sentence in order to express a wish for confirmation. English speakers frequently do this by stressing the first verb and adding a "tag question" such as "isn't it?"*

5. nog *(see Note 3) is used similarly in Swedish and has no exact English equivalent, although "probably" comes close. Nog indicates a slight reluctance in stating something. In this case "I guess we can afford that".*

9a. vilken färg. *Here are the most common colors in Swedish:*

grå, grått, gråa	gray
svart, svart, svarta	black
vit, vitt, vita	white
gul, gult, gula	yellow
blå, blått, blåa	blue
grön, grönt, gröna	green
röd, rött, röda	red
brun, brunt, bruna	brown
beige, beiget, beigea	beige
skär, skärt, skära	pink
rosa, rosa, rosa	pink, rose-colored
lila, lila, lila	purple
ljusgrön, ljusgrönt, ljusgröna	light green
mörkblå, mörkblått, mörkblåa	dark blue

The ett-*form of the adjective is used to make the adjective a noun.*

9b. hade ni tänkt er. *The reflexive* att tänka sig *is here used in the sense of "to have in mind". It sometimes means "to imagine" as in Basic Sentence 27.*

10. det hänger... *You are familiar with the expression* det finns *(there is/are). In Swedish a similar construction is used with many other intransitive verbs.*

    Examples:
Det hänger en kostym där.	There is a suit (hanging) there.
Det sitter en man på trappan.	There is a man (sitting) on the steps.
Det ligger ett meddelande på bordet.	There's a message (lying) on the table.
Kommer det några journalister ikväll?	Are there any journalists coming tonight.
Står det någon kopp i köket?	Is there any cup (standing) in the kitchen.

    In these expressions, det finns, det står, det kommer, *etc.,* det *has only one form, regardless of whether the nouns are* en *or* ett *words or plural. See Unit 4, Points to Practice II.*

18a. desamma. *Note that the pronoun is declined in Swedish according to the noun it refers to.*

    Examples: Bok*en* är *den*samma.   The book is the same.

                  Hus*et* är *det*samma.   The house is the same.

                  Böcker*na* är *de*samma.   The books are the same.

18b. för numren ... *The direct translation of "because" is* därför att *or* emedan. *The latter is hardly ever used in the spoken language.* Därför att *is often replaced by* för *which means "for." It will be useful for you to remember that* för *introduces a main clause, whereas* därför att *and* emedan, *as well as the English "because," introduce subordinate clauses.*

26. Nej, men ... - *an expression you often hear in Swedish. It expresses surprise or a mild protest. It corresponds to "How about that?", "Well, I'll be ...", "I declare ...", "My gosh!".*

31. ju - *(see Note 3). Another little filler word!* Ju *implies that the listener is already aware of the information given and that the speaker is confirming it.*

The words väl, nog *and* ju *are difficult to translate since the English translation is usually much stronger. It is sometimes better not to try to translate these words at all.*

UNIT 8

Points to Practice

Point I: Interrogative pronoun VILKEN (VILKET, VILKA)

Point II: Indefinite pronouns and adjectives
             NÅGON (NÅGOT, NÅGRA)
             INGEN (INGET, INGA)

Point III: Adverbs indicating rest and motion

Point IV: Second conjugation verbs

Point V: Third conjugation verbs

Point I.   *Interrogative Pronoun* VILKEN (VILKET, VILKA) - *which, which one(s)*

You are already familiar with two interrogative pronouns, VEM *(who)* and VAD *(what)*. These are never declined. Now we'll introduce the interrogative pronoun and adjective VILKEN. This pronoun and adjective is declined according to the en, ett or plural word it represents as a pronoun or the noun it modifies as an adjective.

Examples: Vilken klänning köpte fru Johnson?
            Which dress did Mrs. Johnson buy?

            Vilken köpte hon?
            Which one did she buy?

            Vilket varuhus gick de till?
            Which department store did they go to?

            Vilket gick de till?
            Which one did they go to?

            Vilka skjortor tittade herr Johnson på?
            Which shirts did Mr. Johnson look at?

            Vilka tittade han på?
            Which ones did he look at?

Practice A. Restate the following sentences in question form, using the correct form of vilken with the underlined noun.

En slips ligger på stolen.   A tie is on the chair.

Vilken slips ligger på stolen?   Which tie is on the chair?

En kostym kostar 800 kronor.

Vilken kostym kostar 800 kronor?

Han dricker ett vin.

Vilket vin dricker han?

Peter köper två skjortor.

Vilka skjortor köper Peter?

Pälsaffären ligger på Norrmalmstorg.

Vilken pälsaffär ligger på Norrmalmstorg?

Expediten visade klänningarna.

Vilka klänningar visade expediten?

Han kan använda badrummet.

Vilket badrum kan han använda?

Fru Stenmark hämtade barnet.

Vilket barn hämtade fru Stenmark?

Practice B. In this practice you read the sentence and ask a question about it using vilken, vilket, vilka *as interrogative pronouns (or* vem, vad *if they are appropriate) instead of the underlined word.*

Lena köpte en hatt.   Lena bought a hat.

Vilken köpte hon?   Which one did she buy?

Bo ringde från affären.

Vem ringde från affären?

Herr Stenmark talade om Amerika.

Vad talade herr Stenmark om?

De köpte en päls.

Vilken köpte de?

Björn tycker om kaffe.

Vad tycker Björn om?

Ingemar talade om Lena.

Vem talade Ingemar om?

Fru Berg hämtade en av bilarna.

Vilken hämtade hon?

Point II. *Indefinite Pronouns and Adjectives*

NÅGON, NÅGOT, NÅGRA   INGEN, INGET, INGA
NÅGONTING   INGENTING

Någon and ingen are used both as pronouns and as adjectives and are declined according to the en, ett or plural words they represent or modify.

Någonting and ingenting are used only as pronouns and are never declined.

Pronouns

någon	someone, somebody, anyone, anybody	ingen	no one, nobody
något	something, anything	inget	nothing
några	some, any	inga	none
någonting	something, anything	ingenting	nothing

Adjectives

någon (flicka)	some, any, a (girl)	ingen (flicka)	no (girl)
något (hus)	some, any, a (house)	inget (hus)	no (house)
några (böcker)	some, any (books)	inga (böcker)	no (books)

A. *As Subjects*:

All forms of the indefinite pronouns and adjectives listed above can be used as subjects or as adjectives modifying subjects in independent and dependent clauses.

Pronouns

Har någon en tidning?
Does anyone have a paper?

Ingen såg mig.
No one saw me.

Något låg på bordet.
Something was on the table.

Inget kom igår.
Nothing came yesterday.

Några av dem röker för mycket.
Some of them smoke too much.

Inga av pojkarna kommer idag.
None of the boys are coming today.

Någonting måste ha kommit.
Something must have come.

Ingenting har kommit.
Nothing has come.

Adjectives

Har någon flicka varit här?
Has a (any) girl been here?

Finns det något rum med bad?
Is there a (any) room with bath?

Några kök har diskmaskin.
Some kitchens have dishwashers.

Ingen jacka är snygg.
No jacket is good-looking.

Inget hus hade hiss.
No house had an elevator.

Inga skor var bruna.
No shoes were brown.

Note: Ingen *as* subject *or as an* adjective modifying a subject *poses no problem whatsoever.*

Inga problem.

B. As Objects

Inte någon, inte något, inte några, inte någonting *must be used instead of* ingen, inget, inga, ingenting *in:*

a. *main clauses with compound verb forms (auxiliary + main verb);*

   Examples: Bob ska inte köpa någon ny bil.
   Bob is not going to buy a (any) new car.

   Peter vill inte göra någonting.
   Peter doesn't want to do anything.

   Bo har inte träffat några flickor.
   Bo has not met any girls.

   Lena kan inte hitta några snygga skor.
   Lena can't find any good-looking shoes.

b. *main clauses with verb + particle or preposition;*

   Examples: Lars kommer inte ihåg någonting.
   Lars doesn't remember anything.

   Ingrid tycker inte om någon av jackorna.
   Ingrid doesn't like any of the jackets.

   Per talade inte med någon.
   Per spoke to no one.

   Bo ser inte på någon annan än Ulla.
   Bo doesn't look at anyone else but Ulla.

c. *all dependent clauses*.

    Examples: Han sa att det inte fanns några snygga skjortor.
                He said that there were no good-looking shirts.

                Bill gick när han inte hade någon bil.
                Bill walked when he didn't have a car.

                När Per inte har något kaffe, dricker han te.
                When Per has no coffee he drinks tea.

Ingen (inget, inga) *and* ingenting *in the object position may only be used in main clauses with simple verb forms.*

    Examples: Han ser ingen.
                He sees no one.

                Lars hittade ingen bra bok.
                Lars didn't find any good book.

                Stenmarks har inget hus.
                The Stenmarks have no house.

                Björn köpte inga skjortor.
                Bjorn bought no shirts.

                Peter hör ingenting.
                Peter hears nothing.

However, inte någon, inte något, inte några, inte någonting *can always substitute* ingen, inget, inga, ingenting *in the object position.*

    Examples: Han ser ingen.= Han ser inte någon.

                Lars hittade ingen bra bok. = Lars hittade inte någon bra bok.

                Stenmarks har inget hus. = Stenmarks har inte något hus.

                Peter hör ingenting. = Peter hör inte någonting.

Note: Swedes sometimes substitute någon, något *for the indefinite article* en, ett *in questions and negative statements.*

    Examples: Har Eva någon röd klänning?
                Does Eva have a red dress?

                Eva har inte någon röd klänning.
                Eva doesn't have a red dress.

                Har inte Eva någon röd klänning?
                Doesn't Eva have a red dress?

                (*cf.* Eva har en röd klänning.
                    Eva has a red dress.)

Practice C. Here is a practice on the use of någon both as pronoun and as adjective. Insert the properly declined form of någon in the open space.

John köpte _____ skjortor i affären.   *John bought some shirts in the store.*

John köpte några skjortor i affären.

Köpte de _____?

      någonting (något)

Fick Holms _____ rum *(plur.)* på hotellet?

      några

Nej, vi har ingen bil, har du _____?

      någon

Kostade det _____ att ringa?

      något

Köpte Mary _____ klänning på varuhuset?

      någon

Och strumporna? Köpte du _____?

      några

Finns det _____ varuhus i Stockholm?

      något

_____ *(plur.)* kom och _____ *(plur.)* gick.

Några   några

_____ *(sing.)* väntar på dig på kontoret.

Någon

_____ våningar är ljusa.

Några

_____ kök *(plur.)* hade inte diskmaskin.

Några

_____ *(sing.)* flyttade in en trappa upp.

Någon

Sa han _____?

      något (någonting)

_____ vän brukar alltid möta henne vid flyget.

Någon

_____ pojkar och flickor rökte i korridoren.

Några

Practice D. Now we'll practice some examples of <u>ingen</u> in its adjective form. Here ingen modifies the object noun in main clauses with simple verb forms so you may use both <u>ingen</u> and <u>inte någon</u>. Do this practice twice, using ingen the first time and inte någon the second time. Insert the proper form in the blank space and repeat the complete sentence.

De har _____ barn *(plur.)*.   *They have no children.*

De har inga (inte några) barn.

Holms har _____ våning.

     ingen (inte någon)

Lars växlade _____ pengar på stationen.

     inga (inte några)

Fru Stenmark köpte _____ klänning igår.

     ingen (inte någon)

Hon hade _____ våningar att visa.

     inga (inte några)

Kontoret har _____ fönster *(sing.)* mot söder.

     inget (inte något)

Det fanns _____ kostym som passade.

     ingen (inte någon)

Göran köpte _____ böcker.

     inga (inte några)

Practice E. We'll continue with examples of <u>ingen</u> both as adjective and pronoun. Substitute the proper form of ingen *for the underlined word, or insert it into the blank space. Ingen appears both as subject and object in main clauses with simple verb forms.*

<u>Lars</u> har varit här.   *Lars has been here.*

Ingen har varit här.   *No one has been here.*

<u>Stenmarks</u> kom, när Lena fyllde tio år.

Inga

Bo hörde <u>mycket</u> om Stockholm.

     inget (ingenting)

Hans syster har <u>många</u> barn.

     inga

Ska <u>du</u> komma med?

  ingen

Greta var hemma, när vi kom.

Ingen

Hon hade _____ lust att gå ut.

      ingen

_____ rum låg mot söder.

Inget (inga)

Erik behöver pengar men han får _____.

      inga

Bertil har tre söner, men _____ ser ut som sin far.

      ingen

_____ kommer att tycka om det här köket.

Ingen

Practice F. In this practice <u>ingen</u> is in the object position. Restate the sentences using the cues.

		CUE
Ulla hade ingen tid.	*Ulla had no time.*	har haft
Ulla har inte haft någon tid.	*Ulla has had no time.*	
De såg ingen polis.		har sett
De har inte sett någon polis.		
Lena skriver ingen bok om svenska städer.		ska skriva
Lena ska inte skriva någon bok om svenska städer.		
Bob träffade inga svenskar.		har träffat
Bob har inte träffat några svenskar.		
De hör ingenting.		kan höra
De kan inte höra någonting.		
De minns ingenting.		De säger att ... minns
De säger att de inte minns någonting.		
Bill såg ingen flicka i rummet.		såg på
Bill såg inte på någon flicka i rummet.		
Birgitta frågade ingenting.		frågade om
Birgitta frågade inte om någonting.		

Practice G. Use forms of VILKEN, VEM, VAD *in the blank spaces in the questions on the left and proper forms of* INGEN, INTE NÅGON *in the answers on the right.*

Questions:

_____ pojkar tog bussen till muséet?
Vilka

_____ har tänt ljuset på kontoret?
Vem

_____ soffa köpte Sten?
Vilken

_____ har ni talat om idag?
Vad (vem)

_____ vänner ska Bo fara till?
Vilka

_____ såg honom?
Vem

_____ talade Lars med?
Vem

_____ päls tycker Mary om?
Vilken

_____ skriver Eva till?
Vem

_____ tänker han göra?
Vad

Answers:

_____ pojkar tog bussen.
Inga

_____ har tänt ljuset.
Ingen

Han köpte _____ soffa.
ingen (inte någon)

Vi har ____ talat om _____.
inte   någonting (någon)

Bo ska _____ fara till _____ vänner.
inte   några

_____ såg honom.
Ingen

Han talade _____ med _____.
inte   någon.

Hon tycker _____ om _____ päls.
inte   någon

Hon skriver _____ till _____.
Hon skriver inte till någon.

Han tänker _____ göra _____.
Han tänker inte göra någonting.

LÅT OSS TALA SVENSKA!

Use your imagination and give a reason for the responses on the right in Practice G.

Example: Inga pojkar tog bussen, för de hade inte några pengar; för de ville inte se muséet, *etc.*

Point III: *Adverbs of Place Indicating Rest and Motion*

In this Unit you meet a group of adverbs denoting place which have two distinct forms in Swedish. One form, Group A, is used with verbs of rest (indicating a stationary situation). The other, Group B, is used with verbs of motion (indicating movement to or from a place).

Rest at a Place (A)		Motion to or from a Place (B)
VAR?		VART?
inne	in	in
ute	out	ut
framme	there	fram
uppe	up	upp
nere	down	ner
här	here	hit
där	there	dit
borta	away	bort
hemma	at home home	hem

Note: It is important to remember that the single word hemma means at home.

The most common verbs of rest are:

att vara
    stå
    ligga
    sitta
    stanna
    finnas
    bo
    trivas

The most common verbs of motion to or from a place are:

att gå
    komma
    fara
    resa
    åka *(to go, to travel)*
    flytta
    springa *(to run)*
    köra *(to drive)*
    flyga *(to fly)*

Examples:
A. Margareta är här. Margareta is here.
B. Margareta kommer hit. Margareta is coming here.

A. Mamma stannar hemma. Mother is staying (at) home.
B. Mamma går hem. Mother is going home.

Practice H. Let's practice adverbs from Group A. Complete the sentence, choosing the correct adverb given in the cue.

		CUE
Karin är _____.	Karin is at home.	hem, hemma
Karin är hemma.		
Rolf är _____.		bort, borta
borta		
Sven är _____.		här, hit
här		
Maria är _____ i huset.		in, inne
inne		

Sovrummet ligger _____ på andra våningen.　　　　　upp, uppe
　　　　　　　　uppe

Din mormor sitter _____ i köket.　　　　　　　　　　ut, ute
　　　　　　　　ute

Båten ligger _____ i hamnen.　　　　　　　　　　　　ner, nere
　　　　　　　nere

När är vi _____?　　　　　　　　　　　　　　　　　　fram, framme
　　　　　framme

Expediten står _____.　　　　　　　　　　　　　　　där, dit
　　　　　　　där

Hur länge stannar du _____?　　　　　　　　　　　　här, hit
　　　　　　　　　　　här

_____ bra men _____ bäst. *Swedish proverb: There's*　bort, borta; hem, hemma
Borta　　　　hemma　　　　*no place like home.*

Practice I. Now we'll practice adverbs from Group B.

　　　　　　　　　　　　　　　　　　　　　　　　　CUE

Sven går _____.　　　*Sven is going out.*　　　　　ut, ute
　　　　ut

Lena kom _____.　　　　　　　　　　　　　　　　　　hem, hemma
　　　　hem

Hissen går _____.　　　　　　　　　　　　　　　　　upp, uppe
　　　　　upp

Far han med _____?　　　　　　　　　　　　　　　　där, dit
　　　　　　dit

Han går _____ till hamnen.　　　　　　　　　　　　ner, nere
　　　　　ner

När kom Bergs _____?　　　　　　　　　　　　　　　fram, framme
　　　　　　　fram

Hur dags kom Lars _____ igår?　　　　　　　　　　hem, hemma
　　　　　　　　　　hem

Practice J. In this practice, exchange the underlined verb in the sentence for the cue verb keeping the same tense as in the original sentence. Use the correct adverb with the cue verb.

	CUE
Fru Andersson <u>sitter</u> här. *Mrs. A. is sitting here.*	komma
Fru Andersson kommer hit. *Mrs. A. is coming here.*	
Bo <u>går</u> upp på andra våningen.	vara
Bo är uppe på andra våningen.	
Herr Borg <u>var</u> framme klockan 4.	komma
Herr Borg kom fram klockan 4.	
Lenas bror <u>sitter</u> inne i vardagsrummet.	gå
Lenas bror går in i vardagsrummet.	
Karin <u>körde</u> hem.	vara
Karin var hemma.	
Vi <u>är</u> uppe på andra våningen.	ta hissen ... till
Vi tar hissen upp till andra våningen.	
Lars <u>går</u> ut i parken.	sitta
Lars sitter ute i parken.	
Margareta <u>är</u> hemma idag.	komma
Margareta kommer hem idag.	
Herr Johnson <u>är</u> här och köper en kostym	fara
Herr Johnson far hit och köper en kostym.	
Fru Berg <u>tar en taxi</u> dit och köper ett par skor.	vara
Fru Berg är där och köper ett par skor.	
Katarina <u>kommer</u> hit.	stanna
Katarina stannar här.	
Vi <u>är</u> borta ikväll.	gå
Vi går bort ikväll.	
Fru Blomkvist <u>går</u> hem tidigt.	vara
Fru Blomkvist är hemma tidigt.	
Bilen <u>står</u> där.	köra
Bilen kör dit.	

Vart åker han? *Var är han?*

Let's give some special attention to the question words VAR, VART, where, where to.

VAR *(where) is used with verbs indicating rest.*

VART *(where to) is used with verbs indicating motion to or from a place.*

Examples: Var är du?   Where are you?
              Vart går du?   Where are you going (to)?

Practice K. *Add the proper adverb* VAR, VART *in the space. Keep the answers covered!*

____ åker Bo?   Where is Bo going?

Vart åker Bo?

____ ligger slottet?

Var

____ gick Anna?

Vart

____ står lampan?

Var

____ vill du fara?

Vart

____ har du hört det?

Var

____ sitter han?

Var

____ bor din morbror?

Var

____ ska ni flytta i oktober?

Vart

____ ska vi äta middag ikväll?

Var

____ ligger Skansen i Stockholm?

Var

Unit 8　　　　　　　　　　　　　SWEDISH　　　　　　　　　　　　　131

Point IV.　*Verbs of the Second Conjugation*

	2a			2b	
att	ring/a	*to call*	att	köpa	*to buy*
	ring/er	*call(s)*		köp/er	*buy(s)*
	ring/de	*called*		köp/te	*bought*
har, hade	ring/t	*have, had called*	har, hade	köp/t	*have, had bought*

Present tense

Verbs of the Second Conjugation add -er to the stem to form the present tense.

Examples: att ringa - ring**er**; att köpa - kö**per**.

Note: If the stem already ends in -r the usual present tense ending -er is left out.

　　　Examples:　　att höra - hör
　　　　　　　　　　att fara - far
　　　　　　　　　　att köra - kör

Past tense

In the past tense the verbs of the Second Conjugation have two different forms, -de (2a) and -te (2b).

2a.　The stems of the verbs in 2a end in a voiced consonant, such as -l, -m, -n, -ng, -r, -v. The past tense is formed by adding -de.

　　　Examples:　att ställa - ställde
　　　　　　　　　att känna - kände　　(Second m or n is dropped before d and t.)
　　　　　　　　　att ringa - ringde
　　　　　　　　　att höra - hörde
　　　　　　　　　att behöva - behövde

2b.　The stems of the verbs in 2b end in voiceless consonants, such as -k, -p, -s, -t. Here the past tense is formed by adding -te.

　　　Examples:　att tycka - tyckte
　　　　　　　　　att köpa - köpte
　　　　　　　　　att resa - reste
　　　　　　　　　att möta - mötte

Supine

Verbs from both 2a and 2b form the supine by adding -t to the stem.

　　　Examples:　att ringa - har (hade) ringt
　　　　　　　　　att köpa - har (hade) köpt

Practice L. *This is a practice on 2a verbs (past tense: -de). Change the present tense to the past tense. Be sure to sound the ending loud and clear. Remember that Swedish has no "silent e" word ending (see Guide to Swedish Pronunciation).*

Karin fyller koppen med kaffe.   *Karin fills the cup with coffee.*

Karin fyllde koppen med kaffe.   *Karin filled the cup with coffee.*

Lasse ställer stolen i hörnet.

    ställde

Marianne fyller sjutton år i höst.

    fyllde

Journalisten tänder sin pipa.

    tände

Mamma behöver en ny klänning.

    behövde

Pappa ringer alltid hem från kontoret.

    ringde

Fru Borg känner Pelles morbror.

    kände

David beställer alltid öl.

    beställde

Vi behöver inte fara hem.

    behövde

Eva hör Peter komma.

    hörde

Sekreteraren ringer till UD.

    ringde

Olle kör ofta mellan Stockholm och Göteborg.

    körde

Practice M. *In this practice change the underlined verb from the present tense to the present perfect tense (har + supine).*

Karin känner Lars.   *Karin knows Lars.*

Karin har känt Lars.   *Karin has known Lars.*

Bo ställer boken på bokhyllan.

    har ställt

Mamma <u>tänder</u> lampan i matsalen.

    har tänt

Han <u>behöver</u> inga pengar.

Han har inte behövt några pengar.

Gösta <u>ringer</u> hem.

    har ringt

George <u>hyr</u> en våning i Stockholm.

    har hyrt

Stenmarks <u>känner</u> Lars Holm.

    har känt

Anne-Marie <u>fyller</u> vinglaset.

    har fyllt

Gustav <u>beställer</u> middagen.

    har beställt

Erik <u>hör</u> ingenting.

Erik har inte hört någonting.

Practice N. This is a practice on 2b verbs (past tense: -te). Change the underlined verb to the past tense.

Lisa <u>läser</u> sin bok.   *Lisa is reading her book.*

Lisa läste sin bok.   *Lisa read (was reading) her book.*

Viktor <u>tänker</u> på sin far.

    tänkte

Damen <u>köper</u> en blå klänning.

    köpte

Advokaten <u>röker</u> alltid sin pipa.

    rökte

George Brown <u>tycker om</u> att tala svenska.

    tyckte om

Practice O. Change the underlined verb from the present tense to the present perfect tense (har + supine).

Lisa <u>läser</u> om Sverige.   *Lisa is reading about Sweden*

Lisa har läst om Sverige.   *Lisa has read (has been reading) about Sweden.*

George <u>tänker</u> skriva hem.

    har tänkt

Pelle <u>köper</u> en fin ny kostym.

    har köpt

Vilken klänning <u>tänker</u> du ta?

    har du tänkt ta

Vilken flicka <u>tycker</u> du <u>bäst om</u>?

    har du tyckt bäst om

Bo <u>tycker bäst om</u> att läsa.

  har tyckt bäst om

Sven <u>röker</u> aldrig cigarretter.

    har aldrig rökt

<u>Practice P.</u> *In this practice there are verbs from both 2a and 2b. Change them from the present tense to the past tense.*

Fru Johnson <u>behöver</u> en ny klänning.	Mrs. Johnson needs a new dress.
Fru Johnson behövde en ny klänning.	Mrs. Johnson needed a new dress.

Lars <u>köper</u> en färdigsydd kostym.

   köpte

Herr Berg <u>känner</u> Stenmarks.

     kände

<u>Tycker</u> fru Alm om sina nya skor?

Tyckte

Lars och Bo <u>beställer</u> vin till middagen.

      beställde

George <u>röker</u> inte cigarrer.

   rökte

Vi <u>läser</u> matsedeln och <u>beställer</u> middagen.

  läste   beställde

Dahlgrens <u>hyr</u> en våning, som de <u>tycker om</u>.

     hyrde   tyckte om

Viktor <u>fyller</u> koppen med kaffe och <u>ställer</u> den på bordet.

    fyllde   ställde

Telefonen <u>ringer</u>, men Erik <u>hör</u> den inte.
   ringde   hörde

Bergs <u>kör</u> till Arlanda och <u>möter</u> Peter.
  körde   mötte

Practice Q. *Let's vary the practice a bit. Fill in the empty spaces with either the present perfect or past perfect form of the cue verb (har or hade + supine).*

                          CUE

Vilken våning _____ Lars _____? Which apartment has/had hyra
               Lars rented?
Vilken våning har/hade Lars hyrt?

_____ Karin _____ sina kläder på varuhuset.   köpa

Har/hade   köpt

Min sekreterare _____ inte _____ telefonen.   höra

Min sekreterare har/hade inte hört telefonen.

Johan _____ inte _____ Svenska Dagbladet.   läsa

   har/hade läst

Flickan _____ _____ till Göteborg.   resa

   har/hade rest

Advokaten _____ inte _____ sitt kontor.   ringa

   har/hade ringt

Lasse _____ _____ Dahlgrens i Amerika.   känna

   har/hade känt

Göran _____ _____ en ny Volvo.   beställa

   har/hade beställt

Point V.   *Verbs of the Third Conjugation*

$$\text{att } \boxed{\begin{array}{l}\text{tro}\\\text{tro/r}\\\text{tro/dde}\\\text{har, hade tro/tt}\end{array}} \begin{array}{l}\text{to believe}\\\text{believe(s)}\\\text{believed}\\\text{have, had believed}\end{array}$$

The verbs in this conjugation have no infinitive -a ending. They are usually one-syllable words. The stem is identical with the infinitive form. The present tense ending is -r, *the past tense ending is* -dde, *and the supine form ending is* -tt.

There are very few verbs in this conjugation. We will only practice the ones you know already.

Practice R. Change the tense of the underlined verb from the present to the past tense. Remember the word order.

Matilda syr sin jacka.   *Matilda is sewing her jacket.*

Matilda sydde sin jacka.   *Matilda sewed her jacket.*

Sven tror att Maj tycker om honom.
    trodde   tyckte om

Lars bor i Göteborg.
    bodde

Läkaren sa att Maja mår bra.
                        mådde

Vi tror att Eva är hemma.
   trodde   var

Familjen Karlström bor i Umeå.
                    bodde

Practice S. Let's practice the supine form. Change the verbs in the sentences below from the past tense to the past perfect tense (hade + supine).

Min mor sydde en klänning åt mig.   *My mother sewed a dress for me.*

Min mor hade sytt en klänning åt mig.   *My mother had sewn a dress for me.*

George trodde att han kände sin vän.
     hade trott

Eva frågade hur Lars mådde när han var borta.
                        hade mått

Karin bodde i Uppsala.
     hade bott

Eva <u>sydde</u> sin jacka själv.

    hade sytt

Sjömannen <u>bodde</u> på båten.

       hade bott

Practice T. Complete the following story, filling in the blanks with the appropriate forms of the verbs given in parenthesis. The verbs are from both the second and third conjugations. You'll find the correct version on the following page.

När Eva _____ (fylla) 14 år och _____ (bo) i Stockholm hade hon redan _____ (sy) flera klänningar åt sig själv. Hon _____ (tycka om) att sy. Hon _____ (må) bra, när hon satt vid symaskinen *(the sewing machine)* och _____ (sy). Hon _____ (tänka) på trevliga vänner som hon _____ (känna). Naturligtvis _____ (läsa) hon inte så många böcker nu för tiden, och hennes mamma _____ (tycka) inte, att hon _____ (behöva) så många klänningar. Men flera av flickorna, som hade _____ (bo) länge i samma hus, och som hon _____ (känna) väl, _____ (ringa) på telefonen och _____ (beställa) klänningar hos Eva. De _____ (tänka) länge på hur klänningarna skulle se ut, och så _____ (sy) Eva fina klänningar åt dem. Ibland _____ (tro) hon nästan *(almost)*, att hon var Fröken Dior själv.

Correct version of Practice T.

När Eva fyllde 14 år och bodde i Stockholm hade hon redan sytt flera klänningar åt sig själv. Hon tyckte om att sy. Hon mådde bra, när hon satt vid symaskinen och sydde. Hon tänkte på trevliga vänner som hon kände. Naturligtvis läste hon inte så många böcker nu för tiden, och hennes mamma tyckte inte, att hon behövde så många klänningar. Men flera av flickorna, som hade bott länge i samma hus, och som hon kände väl, ringde på telefonen och beställde klänningar hos Eva. De tänkte länge på hur klänningarna skulle se ut, och så sydde Eva fina klänningar åt dem. Ibland trodde hon nästan att hon var Fröken Dior själv.

UNIT 9

EATING IN A RESTAURANT

Basic Sentences

Bill Jones, newly arrived in Sweden, has lunch with Erik Dalgren.

		lecture	föredrag -et -Ø
		really	riktigt
Erik:	1.	That was a long lecture. It's already a quarter past one, and I'm really hungry.	Det var ett långt föredrag. Klockan är redan en kvart över ett, och jag är riktigt hungrig.
	2.	What do you say about having lunch together?	Vad säger du om att gå och äta lunch tillsammans? *
		to taste	att smak/a -ar -ade -at
Bill:	3.	Yes, that will be fine (that would taste fine). Where shall we go?	Ja, det skulle smaka bra. Vart ska vi gå?
		good, better, best	bra, bättre, bäst
		food	mat -en Ø
Erik:	4.	The Stadshotell, of course, has the best food (here) in town.	Ja, Stadshotellet har ju den bästa maten här i stan.
		close (near), closer, closest	nära, närmare, närmast
Erik:	5.	Besides, it couldn't be closer.	Dessutom kunde det inte ligga närmare.
		to leave, to go	att gå -r, gick, gått
		not until	inte förrän
Bill:	6.	Fine. My train does not leave until four o'clock.	Fint. Mitt tåg går inte förrän klockan fyra. *
		really	verkligen
		rush, hurry	brådska -n Ø
		opposite, across from	mitt emot
Erik:	7.	Yes, there's really no rush. The station is across from the hotel.	Ja, vi har verkligen ingen brådska. Stationen ligger mitt emot hotellet.

* * * * * * *

		incredibly	otroligt
		fast (adverb)	fort
Bill:	8.	Are we there already? That went incredibly fast.	Är vi redan framme? Det gick otroligt fort. *
		outerwear (overcoats, etc.)	ytterkläder (plur.)
		to leave	att lämn/a -ar -ade -at
		checkroom, closet	garderob -en -er
		head waiter	hovmästare -n -Ø
Erik:	9.	We can leave our hats and coats in the checkroom. There is the head waiter.	Vi kan ju lämna ytterkläderna i garderoben. Där är hovmästaren. *

Head waiter:	10.	A table for two?	Ska det vara ett bord för två?
		far, farther, farthest entrance	lång -t -a; längre, längst ingång -en -ar
Erik:	11.	Yes, please. Closer to the window, if it's possible, and a little farther away from the entrance.	Ja tack. Närmare fönstret, om det går, och lite längre bort från ingången. *
		to ask, to request list right away	att be -r, bad, bett list/a -an -or genast
	12.	May I have the menu and the wine list? We'd better (it is best) order right away.	Får jag be om matsedeln och vinlistan? Det är bäst vi beställer genast.
		what (kind of) main course	vad för varmrätt -en -er
Bill:	13.	What main courses do you have today?	Vad har ni för varmrätter idag? *
		to recommend unusually fish filet potato mashed potatoes salad, lettuce	att rekommender/a -ar -ade -at ovanligt fisk -en -ar filé -n -er potatis -en -ar potatismos -et Ø sallad -en -er
Head waiter:	14.	We can recommend an unusually good fish filet with mashed potatoes and salad.	Vi kan rekommendera en ovanligt god fiskfilé med potatismos och sallad.
		fried veal, calf chop boiled vegetable	stekt -Ø -a kalv -en -ar kotlett -en -er kokt -Ø -a grönsak -en -er
Head waiter:	15.	The (pan-)fried veal chops with boiled potatoes and vegetables are also very good.	De stekta kalvkotletterna med kokt potatis och grönsaker är också mycket bra. *
		usual meat bun meat ball bean baked beans lingonberry jam, preserves	vanlig -t -a kött -et Ø bull/e -en -ar köttbull/e -en -ar bön/a -an -or bruna bönor lingon -et -Ø sylt -en -er
	16.	Then we have, as usual, meat balls with baked beans and lingonberry jam.	Så har vi, som vanligt, köttbullar med bruna bönor och lingonsylt.
Erik:	17.	Shall we take the fish filet then?	Ska vi ta fiskfilén då?
		fresh	färsk -t -a
Bill:	18.	It is fresh, isn't it?	Den är väl färsk?

Head waiter:	19.	to guarantee Oh yes, I can guarantee that.	att garanter/a -ar -ade -at Ja, det kan jag garantera.
Erik:	20.	Maybe we should have a glass of white wine with the fish.	Vi skulle kanske ha ett glas vitt vin till fisken.
Bill:	21.	gladly, rather, preferably For my part, I would rather have a glass of beer.	gärna, hellre, helst För min del skulle jag hellre vilja ha ett glas öl.
Erik:	22.	smorgasbord Shall we start with the smorgasbord?	smörgåsbord -et -Ø Vi börjar väl med smörgåsbordet?
	23.	drink of aquavit What do you say about a drink of aquavit with the smorgasbord?	snaps -en -ar Vad säger du om en snaps till smörgåsbordet?
Bill:	24.	No thanks, not for me.	Nej tack, inte för mig.
Erik:	25.	speech to hold, to give held, gave to give a speech That was an interesting speech that Lindahl gave, wasn't it?	tal -et -Ø att håll/a -er, höll, hållit höll att hålla tal Det var ett intressant tal som Lindahl höll, eller hur?
Bill:	26.	sure(ly) intelligent to think, to be of the opinion suggestion, proposition chance to succeed Yes, sure he's intelligent. But do you really think that his proposition has a chance to succeed?	visst intelligent -Ø -a att anse -r, ansåg, ansett förslag -et -Ø chans -en -er att lyck/as -as -ades -ats Ja, visst är han intelligent. Men anser du verkligen att hans förslag har en chans att lyckas?
Erik:	27.	cheers!, here's to you! No, I'm afraid not. Here's the food. Cheers, Bill!	skål! Nej, tyvärr inte. Här kommer maten. Skål, Bill!
Bill:	28.	opportunity like this, this way Cheers! I hope we'll have many opportunities to meet like this.	tillfälle -t -n så här Ja, skål! Jag hoppas att vi får många tillfällen att träffas så här. *
Erik:	29.	next dessert Next time we'll take our wives along. Do you want dessert?	nästa efterrätt -en -er Nästa gång ska vi ta med våra fruar. Vill du ha efterrätt?
Bill:	30.	No thanks, just coffee.	Nej tack, bara kaffe.

Erik:	31.	waiter check (in restaurant) same Waiter, may we have two coffees and the check at the same time.	vaktmästare -n -ø not/a -an -or samma Vaktmästaren, kan vi få två kaffe och så notan på samma gång? *
Bill:	32.	hand to take care of I'd like to take care of the check.	hand -en, händer att ta hand om; tar, tog, tagit Notan ska jag be att få ta hand om.
Erik:	33.	question guest That is out of the question. You are my guest.	fråg/a -an -or gäst -en -er Kommer aldrig på frågan. Du är min gäst.
Bill:	34.	to thank In that case, thank you very much.	att tack/a -ar -ade -at Då får jag tacka så mycket.

To the waiter:

Erik:	35.	tip Is that with the tip?	dricks -en ø Är det med dricks?
Waiter:	36.	per cent (%) Yes, that's with fifteen percent.	procent -en -ø (%) Ja, det är med femton procent.
Erik:	37.	even Thank you very much. Keep the change (it is even).	jämn -t -a Tack så mycket. Det är jämnt så. *

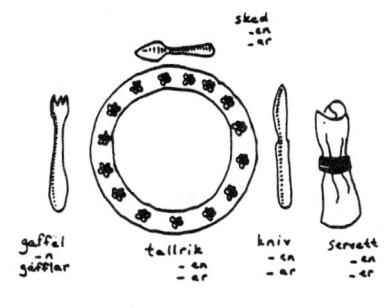

UNIT 9

Notes on Basic Sentences

2a. **om att gå** ... *Swedish uses the infinitive where English uses the -ing form of the verb after a preposition.*

2b. **gå och äta** ... *The construction using two verbs joined by* och *is very common in Swedish.*
   Examples:
att sitta och prata	to sit and chat
att stå och vänta	to (stand and) wait
att gå ut och gå	to go for a walk

6. **Mitt tåg går** ... *Note that "to leave" has several equivalents in Swedish.*

Tåget går klockan sju.	The train leaves at seven.
Vi går nu.	We are leaving now.
Vi åker nu. } Vi far nu. } Vi reser nu. }	We are leaving now (by some means of transportation).
Du kan lämna jackan här.	You can leave your jacket here.
Vi lämnade Sverige igår.	We left Sweden yesterday.

   Att lämna *really means "to leave behind".*

8. **otroligt fort.** *Some adjectives take on the opposite meaning when the prefix* o- *is added.*
   Examples:
trolig - otrolig	credible - incredible
vänlig - ovänlig	friendly - unfriendly
trevlig - otrevlig	nice - unpleasant
möjlig - omöjlig	possible - impossible

9. **ytterkläderna.** *Swedes use the definite article instead of a possessive when describing parts of the body or clothing.*

   Example: Peter borstar tände**rna** varje kväll. Peter brushes *his* teeth every night.

11. **om det går.** - *idiomatic expression meaning "if it is possible". Another example is:*
    Det går inte. *It's not possible; it doesn't work.*
    Det gick inte. *It wasn't possible; it didn't work.*

13. **Vad har ni för** ... *See Unit 7, Basic Sentence Note 18.*
    The expression vad för slags *has the meaning "what kind of".*
    Example: Vad för slags *te tycker du om? What kind of tea do you like?*

15. **potatis** - *can be used as a non-count noun in Swedish, like "coffee", "fruit", etc.*

28. **så här** - *here meaning "like this". In the beginning of a sentence* så här *is translated "this is how", "this is the way".*

31a. **Vaktmästaren** ... *This is usually the word used to address a waiter. Another translation for "waiter" is* kypare -n -Ø, *but this word is never used in addressing him.*

31b. **på samma gång.** *Note that English uses the definite article "the" with the word "same". The Swedish word* samma *is always without the definite article when* samma *modifies a noun. The noun is always in the indefinite form.*

Examples: Jag vill betala på <u>samma gång</u>.   I want to pay at the same time.
Det är <u>samma sak</u>.   It's the same thing.
Vi bor i <u>samma hus</u> som ni bodde i.   We live in the same house as you lived in.

(*cf. Unit 8, Basic Sentence Note 18*)

37. **Det är jämnt så.** *If a service charge of 12½% or 15% has been added to the bill it is customary to round out the amount to the nearest crown (or even five crowns if it is a sizeable amount).*

UNIT 9

Points to Practice

Point I.   Comparison of adjectives

Point II.   Formation and comparison of adverbs

Point III. Possessives and certain other words before adjective + noun

Point I. *Comparison of Adjectives*

Positive	*Comparative*	*Superlative*
kall *(cold)*	kall**are** *(colder)*	kall**ast** *(coldest)*

Most Swedish adjectives are compared like kall. They add -are in the comparative form and -ast in the superlative form.

Examples: Vintern är kall i Stockholm,   The winter is cold in Stockholm,
  den är kallare i Lappland,   it is colder in Lappland, and
  och den är kallast i Sibirien.   it is the coldest in Siberia.

  Maj är vänlig, Ulla är vän-   Maj is friendly, Ulla is friend-
  ligare, och Tom är vänligast.   lier, and Tom is the friendliest.

Note that Swedish superlatives usually do not take the definite article and form unless followed by a noun.

Examples: Ulla är vänligast.   Ulla is (the) friendliest.
  Ulla är den vänligaste flickan.   Ulla is the friendliest girl.

The regular comparative has only one form, **-are**, whether it is used with en or ett words, in the singular or plural, and in the indefinite or definite form.

Indefinite form	*Definite form*
en kallare vinter	den kallare vintern
ett kallare rum	det kallare rummet
kallare vintrar	de kallare vintrarna
kallare rum	de kallare rummen

The regular superlative has two forms. In the *indefinite* form the superlative ends in **-ast**. In the *definite* form the superlative ends in **-aste**.

Indefinite form	*Definite form*
Vintern är kallast i Lappland.	Den kallaste vintern är i Lappland.
Det är dyrast att flyga.	Det dyraste flyget.

Note: When the adjective ends in unstressed -el, -en, or -er the e is left out as you add the -are for the comparative and the -ast in the superlative.
  Examples: vacker, vackrare, vackrast
  enkel, enklare, enklast *(simple)*

A very small group of adjectives takes just -re in the comparative and -st in the superlative. These adjectives (except hög) also change vowels in the comparative and superlative forms.

Examples: stor, stö<u>rre</u>, stör<u>st</u>   *big*
              tung, ty<u>ngre</u>, tyng<u>st</u>   *heavy*
              ung, y<u>ngre</u>, yng<u>st</u>   *young*
              låg, lä<u>gre</u>, läg<u>st</u>   *low*
              lång, lä<u>ngre</u>, läng<u>st</u>   *long*
              hög, hö<u>gre</u>, hög<u>st</u>   *high*

A few adjectives in this group are completely irregular, i.e. the comparative and superlative forms are related to each other but bear no resemblance to the positive form.

Examples:
gammal	äldre	äldst	*old*
liten	mindre	minst	*small*
många	fler(a)	flest	*many*
mycket	mer(a)	mest	*much*
dålig	sämre	sämst	*bad, less good, least good*
dålig	värre	värst	*bad, worse, worst*
god	bättre	bäst	*good*
bra	bättre	bäst	*good*

Note: The comparative and superlative forms of god *are often* godare, godast, *when they refer to food (only).*

The comparatives of this group of adjectives have also only one form whether they precede en-words, ett-words, or plurals in the definite or indefinite form.

<u>*Indefinite form*</u>

en mindre våning
ett mindre rum
mindre våningar
mindre rum

<u>*Definite form*</u>

den mindre våningen
det mindre rummet
de mindre våningarna
de mindre rummen

The irregular adjectives have two superlative forms just like the regular adjectives. The indefinite form ends in <u>-st</u>. *The definite form ends in* <u>-sta</u>.

<u>*Indefinite form*</u>

Den här boken är <u>bäst</u>.
Det här hotellet är <u>sämst</u>.
De här böckerna är <u>bäst</u>.
De här hotellen är <u>sämst</u>.

<u>*Definite form*</u>

Den <u>bästa</u> boken.
Det <u>sämsta</u> hotellet.
De <u>bästa</u> böckerna.
De <u>sämsta</u> hotellen.

These irregular adjectives are extremely common, so memorize them right away. You know some of them already.

Note: Allra *added to a superlative gives the sense of* very + superlative.
          Example: den allra bästa boken *(the very best book)*

<u>*Practice A.*</u>   *Complete the sentences by filling in the blank with the comparative form of the adjective given as cue.*

                                                                        CUE

Bo är _____ än Karin.   *Bo is kinder than Karin.*   snäll

      snällare

  CUE

Möblerna var _____ på NK.   dyr
         dyrare
Fisken är _____ på fredagarna än på måndagarna.   färsk
         färskare
Peter var _____ än sin syster.   hungrig
         hungrigare
Bo tyckte att det var _____ att äta i köket.   rolig
         roligare
Maj kunde inte vara _____.   vänlig
         vänligare
Det är _____ att flyga.   enkel
         enklare
Maten är _____ på Operakällaren.   fin
         finare
Det är _____ i Afrika än i Alaska.   varm
         varmare
Britta är _____ än Stina.   söt
         sötare
Smör och bröd till frukost är _____ än bruna bönor.   vanlig
         vanligare
Det lilla rummet är _____ än vardagsrummet.   ljus
         ljusare
Allt har blivit _____ nu för tiden.   dyr
         dyrare
Den stora fåtöljen är _____ än soffan.   bekväm
         bekvämare
Hallen är _____ på morgonen.   solig
         soligare

Practice B. *Now we'll use some adjectives with irregular comparative forms.*

                                                                                            CUE

_____ tar vägen över Södertälje.   *More (people) take*   många
Fler(a)   *the road via Soder-*
                                                  talje.

En Volvo är _____ och _____ än en Volkswagen.   stor, tung
               större   tyngre

Vinet var _____ 1973.   dålig
          sämre

Kalvkotletterna är _____ än köttbullarna.   bra
                    bättre

Den _____ dottern var _____ än den _____.   gammal, vacker, ung
     äldre   vackrare   yngre

Lars hyrde den _____ våningen.   liten
              mindre

Stadshuset är _____ än Kaknästornet.   låg
          lägre

Den _____ pojken var _____ än systern.   ung, lång
    yngre   längre

Varmrätterna är _____ på den här restaurangen.   bra
              bättre

Man får _____ mat på den _____ restaurangen.   mycket, liten
    mer   mindre

Practice C. *Now let's practice the superlative form of the adjective. Put the cue adjective in the indefinite superlative form. First the regular superlatives with the ending* -ast.

                                                                      CUE

Peter var _____ i klassen.   *Peter was the most intelligent*   intelligent
            intelligentast   *in the class.*

Det är _____ att flyga första klass.   dyr
      dyrast

Stadshotellet är _____.   fin
               finast

Vintern är _____ i december.   mörk
       mörkast

		CUE
Det är _____ hos Ulla.		trevlig
trevligast		
Vår pojke är _____ på morgonen.		hungrig
hungrigast		
Barn tycker att efterrätter är _____.		god
godast		

Practice D. *Now we'll practice the regular superlative form in the definite form. Remember* -aste.

		CUE
Den _____ eleven talade bra svenska.	*The smartest student spoke good Swedish.*	duktig
duktigaste		
Märta hade den _____ klänningen.		kort
kortaste		
Åke köpte den _____ jackan.		rymlig
rymligaste		
Man får det _____ vinet på Grand Hotell		fin
finaste		
Det lär vara det allra _____ i höst.		ny
nyaste		
I Småland bor de _____ flickorna.		söt
sötaste		
Familjen Svensson har alltid den _____ maten.		god
godaste		

Practice E. *Let's practice some irregular superlatives, first in the indefinite form. All are from the group that ends in* -st.

	CUE
Peter är _____ och _____.	gammal, lång
äldst längst	
Han tyckte att fiskfilén var _____ på måndagarna.	dålig
sämst	

		CUE
Han hyrde huset som var _____. störst		stor
Lena är _____ och _____ i klassen. yngst minst		ung, liten
Smörgåsbordet är _____ på Gyllene Freden. bäst		bra
Karin har gjort _____ för att hjälpa familjen. mest		mycket

Practice F. Now for some irregular superlatives in the definite form, -sta.

		CUE
Kaknästornet är den _____ byggnaden i Stockholm. högsta	*The Kaknas Tower is the tallest building in Stockholm.*	hög
Johan är den _____ eleven i klassen. minsta		liten
Man har den _____ utsikten från Kaknästornet. bästa		bra
Det _____ bordet är också det _____. längsta äldsta		lång, gammal
Staffan har den _____ vägen till arbetet. längsta		lång
Är det verkligen den _____ stolen? lägsta		låg
De _____ restaurangerna har goda efterrätter. flesta		många
Han visste det _____ om Stockholm. mesta		mycket

Comparison of the adjective with mer *(more) and* mest *(most).*

All adjectives ending in -isk form the comparative by placing mer *before the adjective. They form the superlative by placing* mest *before the adjective. (Note the similarity with the comparison with "more" and "most" in English.)*

Examples:

fantastisk	mer fantastisk	mest fantastisk	*fantastic*
typisk	mer typisk	mest typisk	*typical*
energisk	mer energisk	mest energisk	*energetic*
sympatisk	mer sympatisk	mest sympatisk	*likeable*

Exception: frisk -are -ast *(healthy, fresh)*

Mer *and* mest *are also used with the comparative and superlative forms of past participles used as adjectives.*

Example: Den mest berömda boken *(the most famous book).*

The past participle will be discussed in Unit 14.

Practice G. Let's practice comparatives of adjectives ending in -isk. *Put the adjective given in the cue in the comparative form.*

CUE

En _____ amerikan finns inte.   *A more typical American is not to be found.*   typisk

    mer typisk

Eva är _____ än Ulla.   energisk

    mer energisk

Bo och hans vänner är _____ än Åke.   sympatisk

    mer sympatiska

En _____ bok kan man inte tänka sig.   fantastisk

    mer fantastisk

I Sverige är det _____ att äta köttbullar än att äta pizza.   typisk

    mer typiskt

Practice H. And now to the superlatives. Put the cue adjective in the superlative form.

CUE

Eva är _____ på morgonen   energisk

    mest energisk

Hennes systrar är _____ på eftermiddagen.   energisk

    mest energiska

Den äldsta sonen är _____ i familjen.   sympatisk

    mest sympatisk

Det var den _____ boken på bokhyllan.   fantastisk

    mest fantastiska

Practice I. We'll now have a mixed practice on all the adjectives, regular, irregular, adjectives ending in -isk, etc. Change the adjective(s) in the cue to the comparative or superlative form as indicated.

CUE

Åsa var den _____ sekreteraren på konsulatet. *Åsa was the most energetic secretary at the consulate.* energisk *(superl.)*

    mest energiska

Det var den _____ vintern som någon kunde minnas.   kall *(superl.)*

    kallaste

Soffan var _____ av alla möblerna.   tung *(superl.)*

    tyngst

Huset på hörnet är _____ än Stenmarks hus.   gammal *(comp.)*

    äldre

Maten är _____ nu för tiden.   dyr *(comp.)*

    dyrare

Örjan hade aldrig läst en _____ bok.   dålig *(comp.)*

    värre (sämre)

Pojkarna tyckte att det var _____ att åka tåg.   rolig *(comp.)*

    roligare

Bills syster var den _____ flickan i rummet.   söt *(superl.)*

    sötaste

De _____ amerikaner har bil.   många *(superl.)*

  flesta

Det är det _____ man kan göra.   liten *(superl.)*

    minsta

Det _____ huset låg på den _____ gatan.   låg, lång *(superl.)*

   lägsta   längsta

Det _____ huset var _____.   stor, bra *(superl.)*

 största   bäst

Den _____ bilen var inte _____ än en Saab.   dyr, lång *(comp.)*

  dyrare   längre

Point II. *Formation and Comparison of Adverbs*

Eva är vacker

Eva går vackert

Adverbs are words that modify verbs, adjectives, other adverbs or clauses -- never nouns. Many are not derived from other words (e.g. here, now, very, etc.).

1. *Some adverbs are formed by adding* -t *to the basic form of the adjective. (Compare the usage of adding -ly to form an adverb from an adjective in English.)*
   Example: Tala långsamt! *(Speak slowly!)*

2. *A few adjectives that end in* -lig *form adverbs by adding:*

   a. -en *to the basic form of the adjective*

      Examples:
vanlig	usual	vanligen	usually
tydlig	obvious	tydligen	obviously
verklig	real	verkligen	really
trolig	probable	troligen	probably
möjlig	possible	möjligen	possibly
slutlig	final	slutligen	finally

   b. -vis *to the ett-form of the adjective*

      Examples:
lycklig	happy	lyckligtvis	fortunately
trolig	probable	troligtvis	probably
naturlig	natural	naturligtvis	naturally
möjlig	possible	möjligtvis	possibly
vanlig	usual	vanligtvis	usually

   As you can see from the examples, with some words both forms are acceptable. (troligen - troligtvis; möjligen - möjligtvis; vanligen - vanligtvis)

Practice J. *Here is a practice on the formation and use of adverbs. Make a new sentence from the one given, using the verb in the cue. The adjective in the given sentence will then become an adverb.*

		CUE
Eva är vacker.	*Eva is beautiful.*	gå
Eva går vackert.	*Eva walks beautifully.*	
Hotellet blir fint.		ligga
Hotellet ligger fint.		

	CUE
Mannen är vänlig.	tala
Mannen talar vänligt.	
Maten är dålig.	smaka
Maten smakar dåligt.	
Karin är dålig.	bo
Karin bor dåligt.	
Lars är duktig.	arbeta
Lars arbetar duktigt.	

Practice K. As you noted, in all the above examples the adverbs modified verbs. Now we'll give you some examples of adverbs that modify adjectives. Make an adverb of the cue adjective.

		CUE
George är _____ duktig.	*George is incredibly capable.*	otrolig
otroligt		
Peter är _____ snäll.		väldig
väldigt		
Bill var _____ hungrig.		riktig
riktigt		
Fiskfilén var _____ god.		ovanlig
ovanligt		
Ulf är _____ stilig.		fantastisk
fantastiskt		
De är _____ intelligenta.		otrolig
otroligt		
Det är _____ svenskt.		typisk
typiskt		

Practice L. Finally a short practice on the adverbs that are formed by adding -en or -tvis to the adjective. Form an adverb from the cue adjective.

		CUE
Kan Fredrik _____ komma ikväll?	*Can Fredrik possibly come tonight?*	möjlig
möjligen (möjligtvis)		
Maj är _____ vänlig.		verklig
verkligen		

		CUE
Erik kommer _____ inte.		tydlig
tydligen		
_____ var han inte hemma.		naturlig
Naturligtvis		
Britta far _____ till Göteborg.		trolig
troligen (troligtvis)		
Kan du _____ hjälpa mig?		möjlig
möjligen (möjligtvis)		
_____ äter vi fisk på fredagarna.		vanlig
Vanligtvis (vanligen)		
_____ kom de i tid.		lycklig
Lyckligtvis		
Maten här är _____ god.		verklig
verkligen		

The Comparison of the Adverb

Adverbs that have been formed by adding -t to an adjective have the same comparative and superlative forms as the adjective. Note that the -t is dropped before the comparative and superlative endings.

Examples: Han sjunger vacker__t__. (He sings beautifully.)
          Hon sjunger vackr__are__ än John.
          De sjunger vackr__ast__ på kvällen.

Two adverbs not derived from adjectives also take the -are and -ast endings:
    fort, fortare, fortast   fast, faster, fastest
    ofta, oftare, oftast   often, more often, most often

Like the adjectives a few adverbs have irregular comparative and superlative forms. They are very frequent and you already know several of them.

The following adverbs are irregular:

    bra, bättre, bäst   well, better, best
    gärna, hellre, helst   gladly, rather, preferably
    mycket, mer(a), mest   much, more, most; very, more, most
    nära, närmare, närmast   close, closer, closest
    dåligt, sämre, sämst   badly, less well, least well
    dåligt, värre, värst   badly, worse, worst
    länge, längre, längst (time) long (time), longer, longest
    långt, längre, längst (space) far, farther, farthest

Note that adverbs that end in -en and -tvis have no comparative or superlative forms.

Practice M. Here is a practice using the comparative form of some common adverbs.

		CUE
Det gick _____ att gå än att ta taxi.	*It was faster to walk than to take a taxi.*	fort
fortare		
Stadshotellet ligger _____.		nära
närmare		
Det är _____ till Malmö än till Göteborg.		långt
längre		
Det tog ____ än tre timmar att åka dit.		mycket
mer		
Maten smakar alltid _____ när man är hungrig.		bra
bättre		
Vi vill sitta _____ ingången, om det går.		nära
närmare		
Han drack _____ te än kaffe.		gärna
hellre		
Vi stannade _____ än vi hade tänkt.		länge
längre		

Practice N. This is a practice on the superlative form of the adverb. There are examples of both regular and irregular forms.

		CUE
Viveka sitter _____ utgången.	*Viveka is (sitting) the closest to the exit.*	nära
närmast		
Jag kan komma _____ klockan tolv.		tidigt
tidigast		
Det går ____ om man gör det långsamt.		bra
bäst		
Johan kör _____ på de stora vägarna.		fort
fortast		
Lisa tänker ____ på pojkar.		mycket
mest		
Bo ville _____ gå hem.		gärna
helst		
Peter tar _____ tåget till Göteborg.		ofta
oftast		
Vad för slags grönsaker tycker du _____ om?		lite
minst		

Point III: *Adjectives before Nouns*

En [Snäll] [Viking]   Den [Snälla] [Vikingen]   Min [Snälla] [Viking]

If an adjective comes before a noun in Swedish, the word preceding and modifying the adjective will influence the form of both the adjective and the noun. There are three different patterns, depending on whether the modifying word is:

1. *an indefinite article or pronoun;*
2. *the definite article or demonstratives; or*
3. *a possessive, or certain pronouns and adjectives.*

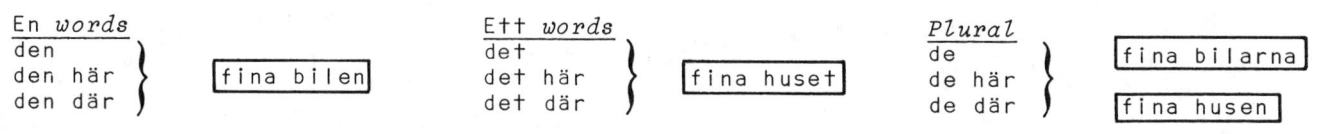

1. *Indefinite* form of the adjective and *indefinite* form of the noun

En words	Ett words	Plural
en	ett	två
ingen	inget	inga
någon	något	några
en annan	ett annat	andra
en sådan	ett sådant	sådana
vilken (!)	vilket (!)	vilka (!)
varje	varje	alla
		många
		flera
		få *(few)*

En words → `fin bil`
Ett words → `fint hus`
Plural → `fina bilar` / `fina hus`

2. *Definite* form of the adjective and *definite* form of the noun

En words	Ett words	Plural
den	det	de
den här	det här	de här
den där	det där	de där

En words → `fina bilen`
Ett words → `fina huset`
Plural → `fina bilarna` / `fina husen`

3. *Definite* form of the adjective and *indefinite* form of the noun

En words	Ett words	Plural
min	mitt	mina
din	ditt	dina
hans, sin	hans, sitt	hans, sina
hennes, sin	hennes, sitt	hennes, sina
vår	vårt	våra
er	ert	era
deras, sin	deras, sitt	deras, sina
Lenas	Lenas	Lenas
denna	detta	dessa
samma	samma	samma
nästa	nästa	nästa
följande	följande	följande
vilken (?)	vilket (?)	vilka (?)
		många

En words → `fina bil`
Ett words → `fina hus`
Plural → `fina bilar` / `fina hus`

Note: Den här (det här, de här) *and* denna (detta, dessa) *both mean "this" ("these"). Denna (detta, dessa) is used more in the written language. Den här (det här, de här) is followed by the noun in the* definite *form while* denna (detta, dessa) *is followed by the noun in the* indefinite *form. If an adjective precedes the noun, the adjective takes the definite form in both cases.*

Examples:

Den här nya boken.
This new book.

Denna nya bok.
This new book.

Det här nya bordet
This new table.

Detta nya bord.
This new table.

De här nya böckerna.
These new books.

Dessa nya böcker.
These new books.

Practice 0. We will begin with a practice on Group 1. Fill in the spaces with the correct form of vacker.

en _____ dag

    vacker

ett _____ hus

    vackert

ett _____ tal

    vackert

en _____ ingång

    vacker

Vilken _____ utsikt!

    vacker

ett sådant _____ barn

    vackert

ingen _____ pojke

    vacker

alla _____ flickor

    vackra

en annan _____ sevärdhet

    vacker

Practice P. *This time we'll practice adjectives + nouns in the definite form from Group 2. Use the adjective* ny.

	CUE
	den, bil
den nya bilen	den här, slips
den här nya slipsen	det där, universitet
det där nya universitetet	den där, klocka
den där nya klockan	det här, hotell
det här nya hotellet	den, park
den nya parken	de här, vin
de här nya vinerna	de, rum
de nya rummen	

Note: *Exceptionally in Group 2 (definite form of the adjective + definite form of the noun), the first definite article,* den, det, de, *is omitted:*

1. *if the adjective + noun is considered to be a place name.*
   Examples: Gamla Stan, Amerikanska ambassaden, Vita Huset;
2. *before ordinal numbers.*
   Examples: första, andra, tredje gången;
3. *before* hel *(whole) and* halv *(half).*
   Examples: hela dagen *(all day)*, halva natten *(half the night)*.

Practice Q. *Let's now look at Group 3. This is a practice on the use of the possessives followed by an adjective and a noun. Using the words given in the cue column, make a phrase with the appropriate possessive and the correct form of the adjective and noun.*

	CUE
	vi, brun, skor
våra bruna skor	de, ny, bil
deras nya bil	hon, fin, middag
hennes fina middag	jag, yngst, dotter
min yngsta dotter	du, liten, pojke
din lilla pojke	han, god, fiskfilé
hans goda fiskfilé	ni, störst, hotell
ert största hotell	han, gammal, far
hans gamla far	hotell, duktig, vaktmästare
hotellets duktiga vaktmästare	ni, god, svensk, bröd
ert goda svenska bröd	vi, bäst, bord
vårt bästa bord	Lindahl, bra, föredrag
Lindahls bra föredrag	Erik, röd, skjorta
Eriks röda skjorta	Eva, svart, jacka
Evas svarta jacka	

Practice R. Now for a really challenging mixed practice with the three groups together so that you get used to their differences. Put the cue adjective and the cue noun in their correct forms in the blank spaces in all three groups, reading across the page. Work on this practice until you can do it automatically.

Group 1.	Group 2.	Group 3.	CUE
en ___ ___ fin bil	den ___ ___ fina bilen	min ___ ___ fina bil	fin, bil
ett ___ ___ fint hus	det ___ ___ fina huset	mitt ___ ___ fina hus	fin, hus
några ___ ___ vackra flickor	de här ___ ___ vackra flickorna	våra ___ ___ vackra flickor	vacker, flicka
en ___ ___ god fiskfilé	den ___ ___ goda fiskfilén	Karins ___ ___ goda fiskfilé	god, fiskfilé
många ___ ___ hungriga pojkar	de där ___ ___ hungriga pojkarna	deras ___ ___ hungriga pojkar	hungrig, pojke
ett ___ ___ långt föredrag	det ___ ___ långa föredraget	hans ___ ___ långa föredrag	lång, föredrag
flera ___ ___ stora rum	de ___ ___ stora rummen	slottets ___ ___ stora rum	stor, rum
två ___ ___ små garderober	de här ___ ___ små garderoberna	era ___ ___ små garderober	liten, garderob
en ___ ___ kokt potatis	den där ___ ___ kokta potatisen	dessa ___ ___ kokta potatisar	kokt, potatis
___ ___ (plural) bruna bönor	de ___ ___ bruna bönorna	sina ___ ___ bruna bönor	brun, böna
varje ___ ___ kort annons	den här ___ ___ korta annonsen	följande ___ ___ korta annons	kort, annons
ett sådant ___ ___ gammalt bord	de ___ ___ gamla borden	samma ___ ___ gamla bord	gammal, bord
alla ___ ___ duktiga män	de där ___ ___ duktiga männen	våra ___ ___ duktiga män	duktig, man
ingen ___ ___ mörk kväll	den ___ ___ mörka kvällen	nästa ___ ___ mörka kväll	mörk, kväll

Practice S. Now a mixed practice with many examples from all three groups.
Where there is a personal pronoun or a name, change it into a possessive.

	CUE
	jag, ny, skola
min nya skola	den, billigast, bil
den billigaste bilen	du, trevlig, man
din trevliga man	det, solig, rum
det soliga rummet	vi, yngst, son
vår yngsta son	ett, liten, barn
ett litet barn	det, liten, barn
det lilla barnet	ni, snäll, pojke
er snälla pojke	samma, mörk, hörn
samma mörka hörn	den här, gammal, klänning
den här gamla klänningen	denna, ny, bok
denna nya bok	det, dyrast, rum
det dyraste rummet	vi, amerikansk, universitet
vårt amerikanska universitet	ni, svensk, kyrkor
era svenska kyrkor	Erik, gammal, moster
Eriks gamla moster	han, sist, sommar
hans sista sommar	den, bäst, bok
den bästa boken	de här, liten, barn
de här små barnen	nästa, intressant, resa
nästa intressanta resa	det, störst, hus
det största huset	varje, intelligent, person
varje intelligent person	alla, snäll, barn
alla snälla barn	Erik, grå, kostym
Eriks gråa kostym	två, röd, stol
två röda stolar	ett, gammal, kök
ett gammalt kök	de här, snygg, lampa
de här snygga lamporna	dessa, utmärkt, förslag
dessa utmärkta förslag	

UNIT 10

GETTING READY FOR AN EVENING OUT

Basic Sentences

Johan and Margit Larsson are discussing plans for the evening.

		to look forward to, be happy about	att glädja sig åt, 4; gläder, gladde, glatt
Margit:	1.	I'm really looking forward to going to Dramaten tonight.	Jag riktigt gläder mig åt att gå på Dramaten ikväll. *
Johan:	2.	So am I. What is it we're going to see exactly?	Ja, det gör jag också. Vad är det vi ska se egentligen?
Margit:	3.	But Johan! "Miss Julie" is being given. Don't you remember that?	Nej men Johan! De ger ju "Fröken Julie". Kommer du inte ihåg det? *
		memory	minne -t -n
		lately	på sista tiden
Johan:	4.	Of course. My memory has been a bit poor lately.	Javisst ja. Mitt minne har varit lite dåligt på sista tiden.
		ought to, should	bör, borde, bort; 4
		play	pjäs -en -er
		instead of	istället för
		TV	teve -n, teveapparater
Margit:	5.	You should have read the play last night instead of sitting and looking at TV.	Du borde ha läst pjäsen igår kväll istället för att sitta och titta på teve.
		to remind	att påminna, 2a
		before	före
		by the way	apropå det
Johan:	6.	I would have (done it) if you had reminded me before dinner. By the way, where are we going to meet the Browns?	Det skulle jag ha gjort, om du hade påmint mig före middagen. Apropå det, var ska vi träffa Browns?
		head	huvud -et, huvuden
		main entrance	huvudingång -en -ar
		after	efter
		performance, show	föreställning -en -ar
		somewhere	någonstans
Margit:	7.	At the main entrance, at seven thirty. After the show we're going out to eat somewhere (remember?).	Vid huvudingången klockan halv åtta. Efter föreställningen ska vi ju gå ut och äta någonstans.
		to receive, to get, to have received, had	att få, får, fick, fått; 4 fick
		small herring (from the Baltic)	strömming -en -ar
		the day before yesterday	i förrgår
Johan:	8.	What (would you say) about "KB"? I had very good herring there the day before yesterday.	Vad skulle du säga om "KB"? Jag fick väldigt fin strömming där i förrgår. *

		to forget forget (imperative) before late	att glömma, 2a glöm innan sen -t -a
Margit:	9.	Yes, that is close and convenient. Don't forget to call and reserve a table before it's too late.	Ja, det ligger ju nära och bra. Glöm inte att ringa och beställa bord innan det blir för sent.
		comfortable work	skön -t -a arbete -t -n
Johan:	10.	No, I'll do that. How nice that tomorrow is Saturday and that I don't have to go to work.	Nej, det ska jag göra. Vad skönt att det är lördag imorgon och att jag inte behöver gå till arbetet. *
		to not have to ticket row (of seats), bench orchestra (section)	att slippa, slipper, slapp, sluppit; 4 biljett -en -er bänk -en -ar parkett -en -er
Margit:	11.	No, you don't have to do that. Imagine how lucky that I was able to get tickets in the third row in the orchestra.	Nej, det slipper du. Tänk så bra att jag lyckades få biljetter på tredje bänk på parketten.
		wonderful ready	underbar -t -a klar -t -a
Johan:	12.	Yes, darling. You are wonderful. Is the coffee ready?	Ja, älskling, du är underbar. Är kaffet klart?
		come (imperative) to sit down sit (imperative)	kom att sätta sig, 4; sätter, satte, satt sätt
Margit:	13.	Everything is on the kitchen table. Just come and sit down.	Allt står på köksbordet. Kom och sätt dig bara.
		on the way home to check, to find out laundry dry cleaning, dry cleaner's ready	på hemvägen att ta reda på, 4; tar, tog, tagit tvätt -en -ar kemtvätt färdig -t -a
	14.	Johan, on your way home tonight, could you check if the dry cleaning is ready?	Johan, på hemvägen ikväll, kan du ta reda på om kemtvätten är färdig?
		hair beauty parlor (hair dresser)	hår -et ø hårfrisörsk/a -an -or
	15.	I don't have time. I must go to the beauty parlor before the theater.	Jag har inte tid. Jag måste gå till hårfrisörskan före teatern.
		past to close to hurry	förbi att stänga, 2a att skynda sig, 1
Johan:	16.	Yes, I'll drive by. I hope they don't close before six o'clock. Now I've got to hurry.	Ja, jag ska köra förbi. Jag hoppas att de inte stänger före klockan sex. Nu måste jag skynda mig. *

			English	Swedish
			to try	att försöka, 2b
			to change (clothing)	att klä om sig, 3
			to shave	att raka sig, 1
Margit:	17.		Can you try to get home a little earlier today so that you'll have time to change and shave?	Kan du försöka komma hem lite tidigare idag så att du hinner klä om dig och raka dig? *
			annoying, boring, sad	tråkig -t -a
			to rush	att jäkta, 1
			punctual	punktlig -t -a
	18.		It's so annoying to rush and we should be punctual.	Det är så tråkigt att jäkta, och vi bör vara punktliga.
			to promise	att lova, 1
			kiss	kyss -en -ar
Johan:	19.		I promise to do my best. I have to run now. Do I get a kiss before I leave?	Jag lovar att göra mitt bästa. Nej, nu måste jag springa. Får jag en kyss innan jag går?
			call (imperative)	ring
			more, else	mer(a)
Margit:	20.		Bye, bye. Call me if there's something else.	Hej då. Ring mig om det är något mer.

Johan leaves and Margit calls the beauty parlor.

			hello (only on the phone)	hallå
			shampoo	tvättning -en -ar
			set	läggning -en -ar
Margit:	21.		Hello, this is Mrs. Larsson. Could I make an appointment for a shampoo and set at four o'clock this afternoon?	Hallå. Goddag, det är fru Larsson. Skulle jag kunna få beställa tid till en tvättning och läggning klockan fyra i eftermiddag. *
Hair dresser:	22.		Who takes care of you, usually?	Vem brukar ta hand om fru Larsson? *
Margit:	23.		Mrs. Olsson. Is she free then?	Fru Olsson. Är hon ledig då?
Hair dresser:			*to check, to see*	att se efter, 4; ser, såg, sett
	24.		Just a minute. I'll check. Yes, that's fine. We'll see you then, Mrs. Larsson.	Ett ögonblick. Jag ska se efter. Ja, det går utmärkt. Välkommen då fru Larsson.

UNIT 10

Notes on Basic Sentences

1a. From now on we will indicate which conjugation each new verb belongs to by placing a number after the verb instead of giving the endings.
First conjugation: 1
Second conjugation with -de ending: 2a
Second conjugation with -te ending: 2b
Third conjugation: 3
Fourth conjugation: 4
However, we will continue to conjugate the irregular verbs of the fourth conjugation.

1b. Dramaten *refers to* Kungliga Dramatiska Teatern, *The Royal Dramatic Theater.*

3a. Fröken Julie *is a play by August Strindberg.*

3b. De ger "Fröken Julie". Att ge *(to give) is often used in the sense "to show" with regard to films, plays and other performances.*
Example: De ger en bra film på teve ikväll.
They are showing a good movie on TV tonight.

8. KB (Konstnärsbaren) *is a medium-priced restaurant a five-minute walk from Dramaten.*

10a. Vad skönt. *When* vad *is followed by an adjective it is used as an exclamation, like the English "how".*
Examples: Vad trevligt!   How nice!
Vad vackert!   How beautiful!
Vad bra!   Good!

10b. ... att man inte behöver. *In a subordinate clause some adverbs precede the verb. The most common ones are:* inte, alltid, aldrig, kanske. *We will practice this usage later on.*

16. ... att de inte stänger. *See Note 10b.*

17. klä om. *When* om *is a verb particle and is stressed the verb takes on the meaning of changing or repeating.*

Examples: att tänka om   *to think again*
att möblera om   *to rearrange the furniture*
att läsa om   *to read again*
att göra om   *to repeat, to do again*

21. tvättning. *Shampoo used for washing your hair is called* schampo.

22. fru Larsson. *The hairdresser addresses her customer in the third person. This used to be a standard form of address in Sweden until a few years ago. You still hear it, especially in impersonal relationships.*

Unit 10 SWEDISH

UNIT 10

Points to Practice

Point I.	Reflexive verbs
Point II.	Auxiliary verbs
Point III.	Imperative
Point IV.	Då, sedan
Point V.	Före, innan

Point I.   *Reflexive Verbs*

We call a verb *reflexive* when the *subject* and the *object* are the *same person*. You can recognize this form in English with verbs that are followed by "myself", "yourself", etc.
Example: Bill sees himself in the mirror.

Swedish, however, uses this form differently from English, and much more frequently. In Swedish a reflexive verb is followed by the *objective form* of the *personal pronoun* in the *first* and *second* persons (singular and plural) and by the *reflexive* form SIG in the *third* person (singular and plural) and in the *infinitive*.

Han gömmer sig.

Examples:

att sätta sig	to sit down (to seat oneself)
jag sätter mig	I sit down (seat myself)
du sätter dig	you sit down (seat yourself)
han/hon sätter sig	he/she sits down (seats himself/herself)
Erik/Ingrid sätter sig	Erik/Ingrid sits down (seats himself/herself)
vi sätter oss	we sit down (seat ourselves)
ni sätter er	you sit down (seat yourselves)
de sätter sig	they sit down (seat themselves)
Larsons sätter sig	the Larsons sit down (seat themselves)

Here is a list of some of the most common Swedish verbs that are often reflexive. As you notice, some of them occur in our Basic Sentences.

att tvätta sig, 1	to wash
att kamma sig, 1	to comb (one's hair)
att raka sig, 1	to shave
att klä (på) sig, 3	to dress
att klä av sig, 3	to undress
att klä om sig, 3	to change (clothes)
att ta på sig, 4	to put on
att ta av sig, 4	to take off
att sätta sig, 4	to sit down
att lägga sig, 4	to lie down, to go to bed
att bry sig om, 3	to care about
att känna sig, 2a	to feel
att skynda sig, 1	to hurry
att lära sig, 2a	to learn
att förlova sig (med), 1	to get engaged (to)
att gifta sig (med), 2b	to marry
att glädja sig åt, 4	to be happy about, to look forward to
att ångra sig, 1	to regret, to change one's mind
att gömma sig, 2a	to hide

Practice A. Insert the correct form of the reflexive verb given in the cue. Use the past tense.

CUE

Jag _____ innan jag _____ . tvätta sig, klä sig
    tvättade mig   klädde mig

Eva _____ dålig. känna sig
    kände sig

Vi _____ i en kyrka i Småland. gifta sig
    gifte oss

Flickorna _____ i bilen och körde hem. sätta sig
    satte sig

Peter och Olof _____ att _____ skynda sig, klä om sig
    skyndade sig klä om sig

När du var på F.S.I. _____ svenska. lära sig
    lärde du dig *(Note word order. By now you are familiar with the <u>verb in the 2nd place</u> rule, realizing that only <u>two words</u> reverse. In this case after a subordinate clause.)*

Om du inte _____ honom skulle det vara tråkigt. bry sig om
    brydde dig om

Så ung du var när du _____ . förlova sig
    förlovade dig

		CUE
Johan _____ innan han gick på teatern.		raka sig
rakade sig		
Larssons _____ åt att se Fröken Julie.		glädja sig
gladde sig		
Hunden _____ i garderoben.		gömma sig
gömde sig		
Pappa _____ på soffan.		lägga sig
lade sig		
Barnen _____ till skolan.		skynda sig
skyndade sig		
Fru Persson _____ på trappan.		sätta sig
satte sig		

Practice B. *This is a translation practice. Cover the left part of the page and check your answers as you go. Think of the verb tenses.*

	CUE
	Alan is getting married tomorrow.
Alan gifter sig imorgon.	*They got engaged in May.*
De förlovade sig i maj.	*I don't care about that.*
Jag bryr mig inte om det.	*We change before dinner.*
Vi klär om oss före middagen.	*He puts on a tie.*
Han tar på sig en slips.	*Erik hurried home.*
Erik skyndade sig hem.	*They sat down on the sofa.*
De satte sig på soffan.	*He felt sick.*
Han kände sig sjuk.	*You are learning Swedish.*
Du lär dig svenska.	*You (plur.) go to bed early.*
Ni lägger er tidigt.	*You (sing.) comb your hair often.*
Du kammar dig ofta.	*They got married yesterday.*
De gifte sig igår.	*He took off his hat.*
Han tog av sig hatten.	

Point II. *Auxiliary (Helping) Verbs*

You have already learned about and practiced some auxiliary (helping) verbs in the previous Units. In this Unit we are expanding the list of helping verbs. These verbs are followed by an infinitive without att. *The auxiliary verb is conjugated, the infinitive remains the same.*

att kunna *to be able to*	kan	kunde	kunnat	
	bör *ought to*	borde	bort	
(att skola)	ska *will*	skulle		
att vilja *to want to*	vill	ville	velat	
att få *to have to, to be able to*	får *may*	fick	fått	+ Infinitive of verb <u>without</u> att
att låta *to let*	låter	lät	låtit	
	måste *must*	måste	(måst)	
	lär *is said to*			

Note that the helping verb måste *is not conjugated. It is used only in the present and past tenses and remains the same. The supine form* måst *is rarely used.* Lär *is used only in the present tense.*

In this Unit we are also introducing several frequently used verbs that behave like helping verbs without really being true auxiliaries. They also precede an infinitive <u>without</u> att. *Here is a list of some of these verbs:*

att bruka *to usually (do something)*	brukar	brukade	brukat	
att börja *to begin to*	börjar	började	börjat	
att behöva *to need to*	behöver	behövde	behövt	
att tänka *to plan to*	tänker	tänkte	tänkt	
att hinna *to have time to*	hinner	hann	hunnit	+ Infinitive of verb <u>without</u> att
att orka *to have the strength to*	orkar	orkade	orkat	
att slippa *to not have to*	slipper	slapp	sluppit	
att våga *to dare, to have the courage to*	vågar	vågade	vågat	
att försöka *to try to*	försöker	försökte	försökt	

We want to remind you that, as a rule, an infinitive preceded by another verb (not a helping verb) always has att *in front of it.*

Examples: Eva tycker om att läsa.   *Eva likes to read.*

　　　　　 Vi föredrar att ta tåget.   *We prefer to take the train.*

Att komma att *+ infinitive is a way of expressing future time. See Unit 2, paragraph 27. This expression always takes* att *in front of the infinitive.*

Practice C. Now we'll practice the use of the auxiliary verbs and verbs that behave similarly. Put the verbs given in the cue in the past tense. *Remember that all verbs following the helping verb are in the infinitive form. Be sure to read aloud so that you become accustomed to the way it sounds.*

		CUE
Johan _____ klä sig i smoking.	*Johan used to dress in a tuxedo.*	bruka

　　　brukade

Margit _____ klä om sig innan hon gick ut.	vilja

　　　ville

Vi _____ köpa biljetter till "Fröken Julie".	måste

　　måste

Browns _____ vänta på Larssons en hel timme.	få

　　　fick

Man _____ kunna beställa bord på "KB".	bör

　　borde

Karin visste inte att Bo _____ komma så snart.	ska

　　　　　skulle

De _____ äta klockan elva.	börja

　började

Per och Anna _____ komma i tid.	försöka

　　　　försökte

Larssons _____ inte stanna ute så sent.	bruka

　　　brukade

Pjäsen _____ börja klockan åtta, så vi _____ skynda oss.	ska, måste

　　skulle　　　　　　　　　　　　måste

Hon _____ lära sig att tala svenska.	slippa

　　slapp

Margit _____ inte tvätta håret innan hon gick ut.	hinna

　　　hann

Johan _____ köra förbi kemtvätten på hemvägen.	tänka

　　tänkte

SWEDISH

Remember that adverbs in a main clause come after the verb. In the case of a helping verb plus a main verb, the adverb comes <u>right after</u> the helping verb, that is between the helping verb and the main verb. This is not an exception: the rule is that the adverb comes after the <u>conjugated</u> verb.

Practice D. This is a mixed practice using auxiliary verbs, verbs that behave similarly, and ordinary verbs which keep *att* in front of the infinitive. Fill in the spaces with the cue verbs in the proper form. Use the present tense.

		CUE
Johan _____ till Lund imorgon.		tänka, köra
tänker köra		
Han ____ inte _____ smoking ikväll.		vilja, ta på sig
vill ta på sig		
Vi _____ inte _____.		behöva, skynda sig
behöver skynda oss		
Eva _____ två böcker varje månad.		försöka, läsa
försöker läsa		
Johan _____ när det är varmt.		slippa, jogga
slipper jogga		
Hon _____ på Dramaten ikväll.		glädja sig åt, gå
gläder sig åt att gå		
Pojken _____ en leksak.		be, få
ber att få		
Han _____ kaffe.		tycka om, dricka
tycker om att dricka		
Bo _____ aldrig _____ henne.		behöva, påminna
behöver påminna		
De _____ till Sverige i höst.		komma att, flytta
kommer att flytta		
Hårfrisörskan _____ innan hon går hem.		tycka om, klä om sig
tycker om att klä om sig		
Vi _____ bord på restaurangen.		bruka, beställa
brukar beställa		
Man ___ inte ___ för fort.		bör, äta
bör äta		

	CUE
Vi _____ inte ___ längre.	orka, gå
orkar gå	
Ulf _____ inte ___ biljetter.	hinna, köpa
hinner köpa	
Margit _____ på teatern.	tycka om, gå
tycker om att gå	
Det _____ bra.	komma att, bli
kommer att bli	
Bo och Märta ____ inte _____.	vilja, förlova sig
vill förlova sig	
Pelle ____ inte ____.	våga, flyga
vågar flyga	
Man _____ inte _____ bil i Stockholm.	behöva, kunna, köra
behöver kunna köra	

Point III.   *Imperative Form*

	Infinitive	*Imperative*	*Examples*
First conjugation:	att tal/a	tala	Tala svenska!
Second conjugation (a):	att kör/a	kör	Kör långsamt!
(b):	att läs/a	läs	Läs din bok!
Third conjugation:	att tro	tro	Tro inte på all-
Fourth conjugation:	att gå	gå	Gå hem nu!
	att sitt/a	sitt	Sitt här!

As you see in the chart, the imperative form of the verbs of the first conjugation is identical to the infinitive.

In all the other conjugations (2a and 2b, 3rd and 4th) the stem is used for the imperative form.

Note: *In the third conjugation and also in the case of some of the fourth conjugation verbs, the stem and the infinitive form are identical.*

Practice E. *This practice deals with the imperative forms of all four conjugations. Put the cue verbs in the imperative form.*

		CUE
_____ på mig!	*Wait for me!*	vänta
Vänta		
_____ med en läkare!		tala
Tala		
_____ så god och ____!		vara, sitta
Var sitt		
_____ böckerna från biblioteket!		hämta
Hämta		

Unit 10   SWEDISH

CUE

_____ först innan du börjar!   fråga

Fråga

_____ hos oss när ni kommer till Stockholm!   bo

Bo

_____ din klänning själv!   sy

Sy

_____ mig! Allt kommer att bli bra.   tro

Tro

_____ inte än!   gå

Gå

_____ snäll och _____ svenska!   vara, tala

Var   tala

_____ mig i eftermiddag!   ringa

Ring

_____ mig boken!   ge

Ge

_____ inte det!   glömma

Glöm

____ på mig och ____ som jag säger!   höra, göra

Hör   gör

_____ fönstret, är du snäll!   stänga

Stäng

_____ bordet här!   ställa

Ställ

____ inte den där hatten!   köpa

Köp

____ inte så mycket!   röka

Rök

____ på det!   tänka

Tänk

___ med oss till Mysinge!   fara

Far

	CUE
____ hit ett ögonblick!	komma
Kom	
_____ här!	sätta sig
Sätt dig	
____ plats innan tåget går!	ta(ga)
Ta(g)	
____ till henne att Erik kommer snart.	säga
Säg	
_____ mig att ringa!	påminna
Påminn	

Point IV: Då - Sedan (sen), *both meaning "then."*

English speaking students sometimes confuse då *and* sedan *because both of these words translate into the English "then." What you must remember is that* sedan *means "afterwards," "after that."*

Example: Först tvättade han sig och sen rakade han sig.
First he washed and then he shaved.

Då *means "at that time," "in that case."*

Examples: Vi träffades för två år sen. Då bodde han i Rom.
We met two years ago. Then he was living in Rome.

Är klockan redan sex? Då måste vi gå.
Is it six o'clock already? Then we'll have to go.

Practice F.   *This is a practice on* då - sedan. *Fill in the blanks choosing the correct word, either* då *or* sedan. *You will find the correct answers on the following page.*

Johan och Margit satt och åt frukost i köket. _____ ringde det på telefonen. Det var Browns, som bodde i Sverige _____. De två paren skulle gå på teatern på kvällen. _____ skulle de gå ut och äta någonstans. De hade träffats i Washington några år tidigare. _____ arbetade Johan på svenska ambassaden. _____ flyttade han och Margit till New York och _____ for de tillbaka till Sverige.

Answer to Practice F.

Johan och Margit satt och åt frukost i köket. <u>Då</u> ringde det på telefonen. Det var Browns, som bodde i Sverige <u>då</u>. De två paren skulle gå på teatern på kvällen. <u>Sedan</u> skulle de gå ut och äta någonstans. De hade träffats i Washington några år tidigare. <u>Då</u> arbetade Johan på svenska ambassaden. <u>Sedan</u> flyttade han och Margit till New York och <u>sedan</u> for de tillbaka till Sverige.

Point V: <u>Före -Innan</u>, *both meaning "before."*

Före and innan are easily confused by English speaking students since these two words both translate into the English "before."

<u>Före</u> *is a preposition and can therefore modify only a noun or a pronoun.*

Example: Före teatern åt vi middag på en restaurang.
Before the theater we had dinner in a restaurant.

<u>Innan</u> *is a conjunction which introduces a dependent clause.*

Example: Innan vi gick på teatern, åt vi middag på en restaurang.
Before we went to the theater we had dinner in a restaurant.

Below are examples to illustrate the usage of före *and* innan. *Be sure to read them aloud.*

Före

Hon köpte en ny klänning före resan.
She bought a new dress before the trip.

Det var nästan mörkt före regnet.
It was almost dark before the rain.

Pressattachén hade läst om Sverige före sin resa till Stockholm.
The press attache had read about Sweden before his trip to Stockholm.

Vi måste klä om oss före middagen.
We'll have to change before dinner.

Han gick ut med hunden före frukost.
He took the dog out before breakfast.

Innan

Hon köpte en ny klänning innan hon reste.
She bought a new dress before she left.

Det var nästan mörkt innan det började regna.
It was almost dark before it started to rain.

Pressattachén hade läst om Sverige innan han for till Stockholm.
The press attache had read about Sweden before he left for Stockholm.

Vi måste klä om oss innan vi går ut och äter.
We'll have to change before we go out and eat.

Han gick ut med hunden innan han åt frukost.
He took the dog out before he had breakfast.

Practice G. *This is a mixed practice on* före *and* innan. *Insert the correct word in the blank spaces.*

Johan beställde bord _____ de gick på KB.

     innan

Eva ringde _____ sammanträdet.

   före

_____ ni går måste ni skriva era namn i boken.

Innan

De träffades en halvtimme _____ föreställningen.

     före

Han tänkte länge _____ han sade något.

    innan

Hon köpte biljetter två månader _____ resan.

      före

Fru Berg stängde fönstren _____ det började regna.

     innan

Köp en tidning är du snäll, _____ de stänger.

     innan

Huset måste bli färdigt _____ den första juli.

    före

Du måste tala med Bo _____ du far.

    innan

Hon gladde sig alltid _____ en resa.

    före

Gästerna drack sherry i vardagsrummet _____ lunchen.

      före

UNIT 11

NATIONS, LANGUAGES, AND NATIONALITIES

Basic Sentences

Two friends are having a conversation.

Bengt: 1. Hi. Thanks for an exceptionally nice evening last Monday.

Hej på dig. Tack för sist. Det var en ovanligt trevlig kväll i måndags. *

    successful
    nervous
    each other, one another

    lycka/d -t -de
    nervös -t -a
    varandra (varann)

Fred: 2. Yes, it turned out all right. You are always a little nervous when the guests don't know each other.

Ja, det blev ganska lyckat. Man är ju alltid lite nervös när gästerna inte känner varann.

    conversation
    Africa

    samtal -et -Ø
    Afrika

Bengt: 3. I had such an interesting conversation with the Bennetts. Were they really in Africa for six years?

Jag hade ett så intressant samtal med Bennetts. Var de verkligen i Afrika i sex år?

    vacation, leave

    semester -n, semestrar

Fred: 4. Sure, but they went home on leave once a year,

Ja, men de for hem på semester en gång om året,

    to greet
    to visit
    Christmas

    att hälsa (på), I
    att hälsa på, I
    jul -en -ar

5. and the children could go and visit them at Christmas.

och barnen kunde resa och hälsa på dem på jularna. *

    English (language)
    born
    France

    engelska -n Ø
    född, fött, födda
    Frankrike

6. Don't you think Louise Bennett speaks English well? She was born in France, you know.

Tycker du inte att Louise Bennett talar bra engelska? Hon är ju född i Frankrike. *

    Frenchwoman
    Swede (female)
    Swedish (language)
    perfect

    fransysk/a -an -or
    svensk/a -an -or
    svenska -n Ø
    perfekt -Ø -a

Bengt: 7. Oh! Is she French? I thought she was Swedish because her Swedish is perfect too.

Jaså, är hon fransyska? Jag trodde hon var svenska, för hennes svenska är också perfekt. *

		language *gifted* *to have a gift for languages* *to study* *German (language)* *Arabic (language)*	språk -et -Ø begåv/ad -at -ade att vara språkbegåvad att studera, I tyska -n Ø arabiska -n Ø
Fred:	8.	*Well, the whole family has a gift for languages. They have also studied German and Arabic.*	Ja, hela familjen är språkbegåvad. De har också studerat tyska och arabiska.

		India *united* *nation* *United Nations (U.N.)*	Indien fören/ad -at -ade nation -en -er Förenta Nationerna (F.N.)
	9.	*Now they are going to India in a couple of months. Bill is going to work for the United Nations (U.N.).*	Nu ska de fara till Indien om ett par månader. Bill ska arbeta för Förenta Nationerna (F.N.). *

		to grasp, to understand *to tolerate, to put up with (something)* *heat*	att fatta, I att stå ut (med någonting); står, stod stått, hetta -n Ø
Bengt:	10.	*It's hard to understand how they can stand the heat for so long.*	Det är svårt att fatta hur de står ut med hettan så länge.

		degree *centigrade* *according to*	grad -en -er Celsius enligt
	11.	*It's forty degrees centigrade for several months (of the year), according to Louise Bennett.*	Det är ju fyrtio grader varmt i flera månader, enligt Louise Bennett. *

		climate *even if*	klimat -et -Ø även om
Fred:	12.	*Yes, then the climate is probably better in Sweden, even if it's cold in the winter and rains in the summer.*	Ja, då är nog klimatet bättre i Sverige, även om det blir kallt på vintern och regnar på sommaren.

		to notice *accent* *German (male)*	att märka, 2b brytning -en -ar tysk -en -ar
Bengt:	13.	*Did you notice that Mr. Lund also spoke with an accent? He is German.*	Märkte du att herr Lund också talade med brytning? Han är tysk. *

		apparently *foreigner*	tydligen utlänning -en -ar
Fred:	14.	*Yes, I noticed that. There are apparently many foreigners here in Sweden.*	Ja, jag märkte det. Det finns tydligen många utlänningar här i Sverige.

Bengt:	15.	*population* *immigrant* Yes, ten per cent of the population are immigrants.	befolkning -en -ar invandrare -n -Ø Ja, tio procent av befolkningen är invandrare.
Fred:	16.	*country, countryside* What countries do they come from?	land -et, länder Vilka länder kommer de ifrån?
Bengt:	17.	*all possible, all kinds of* *nationality* *Finn (male)* *Greek (male)* *Pole (male)* *Italian (male)* *Frenchman* *Yugoslav (male)* There are all kinds of nationalities here, Finns, Greeks, Poles, Italians, Frenchmen, and Yugoslavs.	all -t -a möjlig -t -a nationalitet -en -er finländare -n -Ø grek -en -er polack -en -er italienare -n -Ø fransman -nen, fransmän jugoslav -en -er Här finns alla möjliga nationaliteter, finländare, greker, polacker, italienare, fransmän och jugoslaver.
Fred:	18.	How can you find work if you are a foreigner and don't know the language?	Hur kan man få arbete om man är utlänning och inte kan språket? *
Bengt:	19.	*course* *free of charge* The courses in Swedish are free for the immigrants.	kurs -en -er gratis -Ø -Ø Kurserna i svenska är gratis för invandrarna.
Fred:	20.	*minority* You also have another minority, don't you?	minoritet -en -er Ni har ju en minoritet till, inte sant? *
Bengt:	21.	*to mean, to refer to* *Lapp* *Lapp* You mean the Lapps.	att mena, I lapp -en -ar sam/e -en -er Du menar lapparna eller samerna.
Bengt:	22.	*Scandinavia* *thousands* Well, they have lived in Scandinavia for thousands of years.	Skandinavien tusentals Ja, men de har bott i Skandinavien i tusentals år.
Fred:	23.	How many Lapps are there in Sweden?	Hur många lappar finns det i Sverige?
Bengt:	24.	*about, approximately* *yet, nevertheless* *to keep* *own* *Lappish (language)* About 17,000. And yet they have kept their own language, Lappish.	omkring ändå att behåll/a -er, behöll, behållit, 4 egen, eget, egna lapska -n Ø Omkring sjutton tusen. Och ändå har de behållit sitt eget språk, lapska. *

Fred:	25.	Can you say something in Lappish?	Kan du säga något på lapska? *
Bengt:	26.	*difficult* No, it's a very difficult language.	svår -t -a Nej, det är ett mycket svårt språk.
Fred:	27.	*village* *Lapp village* I'd like to see a Lapp village some time.	by -n -ar lappby -n -ar Jag skulle gärna vilja se en lappby någon gång.
Bengt:	28.	*northern part of Sweden* Then you have to go to Norrland.	Norrland Då måste du fara till Norrland.
	29.	*while* Listen, are you going to travel a lot while you are here.	medan Hör du, tänker du resa mycket medan du är här?
Fred:	30.	*both ... and* *rest, remainder* *Europe* Yes, both in Sweden and in the rest of Europe.	både ... och rest -en -er Europa Ja, både i Sverige och i resten av Europa.
Bengt:	31.	*to sell* *lot, mass* *inexpensive, cheap* *charter* *trip, journey, tour* *abroad* Nowadays they sell lots of good and cheap charter tours to other countries.	att sälj/a -er, sålde, sålt, 4 mass/a -an -or billig -t -a charter res/a -an -or utlandet Nu för tiden säljer de en massa bra och billiga charterresor till utlandet.
	32.	*anywhere* You can fly almost anywhere.	var(t) som helst Man kan flyga nästan vart som helst. *
	33.	*people* *even, not only that but* *pleasure* *Siberia* People even go on pleasure trips to Siberia.	folk -et -Ø till och med (t.o.m.) nöje -t -n Sibirien Folk far till och med på nöjesresa till Sibirien.
Fred:	34.	*to wonder* I'm beginning to wonder when I'll have time to work here.	att undra, 1 Jag börjar undra när jag ska få tid att arbeta här.

UNIT 11

Notes on Basic Sentences

1a. **Hej på dig!** *Idiomatic informal greeting.*

1b. **Tack för sist** *(also:* tack för senast*). Swedes have a number of special phrases to express gratitude.*

   Examples: Tack för maten *(after a meal).*
   Tack för ikväll *(after a nice evening).*
   Tack för igår *(for yesterday's party).*
   Tack för hjälpen *(for the assistance).*
   Tack detsamma *(thank you, the same to you).*

5. **Hälsa på.** *Note the difference in meaning:*
   When på *is stressed in* att hälsa på, *it means "to visit";*
   when hälsa *is stressed in* att hälsa på, *it means "to greet (somebody)", "to say hello."*

6. **Hon är född.** *Notice that Swedish uses present tense where English uses past tense (she was born). As long as a person is still living you have to say* är född.

7. **Hon är fransyska.** *Swedes refer to nationalities as nouns.*

   Examples: Han är fransman *(he is French).*
   Han är engelsman *(he is English).* *See Note 18a.*

9. **Förenta Nationerna.** *In some names containing the word* förenade, *the ending* -ade *has been contracted to* -ta.

   Example: Förenta Staterna *(the United States).*

11. **Fyrtio grader varmt.** *Only the centigrade scale is used in Sweden. When talking about the temperature outside the words* varmt *or* kallt *are used to indicate whether the temperature is above zero or below zero Celsius or centigrade.*

   Examples: Det är två grader varmt. *(It's two degrees above zero.)*
   Det är tio grader kallt. *(It's ten degrees below zero.)*

   Here is the conversion formula from Fahrenheit to Celsius: $\frac{5(F-32)}{9} = C$.

   The opposite conversion is: $\frac{9}{5}C + 32 = F$.

13. **Brytning** *is a person's foreign accent. (The Swedish word* accent *means stress or stress marker.) Note that the indefinite article is left out.*

18a. **Utlänning.** *The indefinite article is dropped before nouns denoting professions, occupations, nationalities, religious and philosophical affiliations.* Utlänning *(foreigner) is included in this rule. Cf. Unit 3, Note 6a.*

18b. **Kan språket.** Att kunna ett språk *means to know a language.* Att kunna *+ a noun means "to know", "to have learned".*

   Examples: Kan du läxan? *(Do you know your homework?)*
   Kan du multiplikationstabellen? *(Do you know your multiplication tables?)*
   Jag kan reglerna. *(I know the rules.)*

20.   En minoritet till. *Till following a noun has the meaning of "another," "more," "additional."*

   Examples: Han kan läsa en bok till.   *He can read one more book.*
                 Behöver du en dollar till?   *Do you need another dollar?*
                 Vill du ha en kopp kaffe till?   *Would you like another cup of coffee?*

   Note: En annan (ett annat, andra) *means "a different ..."*

   Example: Vill du ha en annan kopp? *Do you want a different cup?*

24.   Sitt eget språk. *The adjective* egen, eget, egna *is an exception to the rule of using the definite form of the adjective after a possessive adjective. Egen (eget, egna) is used in the indefinite form after a possessive adjective.*

   Examples: Min egen bok *(my own book).*
                 Mitt eget rum *(my own room);* but min röda bil *(my red car).*

25.   På lapska. *In Swedish the preposition* på *is used before a language name where English uses the preposition "in".*

   Examples: på svenska *(in Swedish)*
                 på engelska *(in English)*

32.   Vart som helst. Som helst *added to certain words has the meaning "any" ("it doesn't matter").*

   Examples: Var som helst *(anywhere)*
                 Vad som helst *(anything)*
                 Vem som helst *(anyone)*
                 Vilket språk som helst *(any language)*
                 När som helst *(any time)*

UNIT 11

Points to Practice

Point I: Man

Point II: *Time adverbials*

Point III: *Nations, languages, and nationalities*

Point I. *The Swedish Pronoun MAN.*

Swedish uses the indefinite pronoun man *very frequently where English uses a personal pronoun or a noun, such as "you, we, they, people, one."*

Example: Man får inte röka var som helst. *(You may not smoke just anywhere.)*

Try to get into the habit of using man *by doing the following translation practice.*

Practice A. Translation.

1. We eat too much in the U. S.

   Man äter för mycket i U.S.A.

2. They say that he won't come back to Sweden.

   Man säger att han inte kommer tillbaka till Sverige.

3. One shouldn't believe everything that is in the newspaper.

   Man ska inte tro allt som står i tidningen.

4. You don't understand what he means.

   Man förstår inte vad han menar.

5. You hear it often.

   Man hör det ofta.

6. You never know.

   Man vet aldrig.

7. People drink a lot of coffee in Sweden.

   Man dricker mycket kaffe i Sverige.

8. You do what you can.

   Man gör vad man kan.

Man *has an objective form,* en, *as well as two possessive forms,* ens, sin (sitt, sina). *The same rule applies in this case as in the use of* hans - sin, hennes - sin, deras - sin. *(See Unit 5, Point Ic.)*

We will only give you a few examples of en, ens, sin (sitt, sina), *since the objective and possessive forms of* man *are not used very often.*

Examples: UD skickar en hit och dit.
The Foreign Ministry sends you here and there.

Man vill gärna hjälpa om någon ber en.
You like to help if someone asks you to.

När läraren frågar en något blir man ofta nervös.
When the teacher asks you something, you often get nervous.

Ens liv är ens eget.
Your life is your own.

Man gör sitt bästa.
You do your best.

Man måste betala sina räkningar.
You have to pay your bills.

Point II: <u>Time Adverbials</u>

The adverbial time expressions in Swedish need some extra attention. Let's first look at some expressions which you are already familiar with:

i förrgår	the day before yesterday
igår	yesterday
idag	today
ikväll	tonight
imorgon	tomorrow
i övermorgon	the day after tomorrow

In all these examples the preposition <u>i</u> is used. However, there are other expressions where you use the preposition <u>på</u>. To make it easier for you to sort out these different uses we are giving you a table of time expressions. The expressions in the table all answer the question När? (when?).

When you look at the table you will notice that the names of the seasons, the holidays, the days of the week and the months are not capitalized in Swedish.

<u>WHEN?</u>

1. The choice of preposition depends on whether the time expressed is a specific occasion in the past, present, future, or implies habit.

WHEN?

	Past time	Present time	Future time	Habitual
Året *(the year)*	förra året ifjol, ifjor	i år	nästa år	
Årstider *(seasons)*				
vinter *(winter)*	i vintras	i vinter	i vinter	på vintern på vintrarna
vår *(spring)*	i våras	i vår	i vår	på våren på vårarna
sommar *(summer)*	i somras	i sommar	i sommar	på sommaren på somrarna

WHEN?

	Past time	Present time	Future time	Habitual
höst *(fall)*	i höstas	i höst	i höst	på hösten på höstarna

Helger *(holidays)*

	Past time	Present time	Future time	Habitual
jul *(Christmas)*	i julas	i jul	i jul	på julen
påsk *(Easter)*	i påskas	i påsk	i påsk	på påsken
pingst *(Pentecost)*	i pingstas	i pingst	i pingst	på pingsten
midsommar *(Midsummer)*	i midsomras	i midsommar	i midsommar	på midsommaren

	Past time	Present time	Future time	Habitual
Dagen *(the day)*	i förrgår igår	idag	imorgon i övermorgon	på dagen på dagarna
morgon *(morning)*	i morse		imorgon bitti	på morgonen på mornarna
förmiddag *(10-12 a.m.)*	i förmiddags		imorgon förmiddag	på förmiddagen på förmiddagarna
eftermiddag *(afternoon)*	i eftermiddags	i eftermiddag	i eftermiddag	på eftermiddagen på eftermiddagarna
kväll *(evening, night)*	i(går) kväll	ikväll	ikväll	på kvällen på kvällarna
natt *(12 midnight - 5 a.m.)*	i(går) natt	i natt	i natt	på natten på nätterna
söndag *(Sunday)*	i söndags		på söndag	på söndagarna
måndag *(Monday)*	i måndags		på måndag	på måndagarna
tisdag *(Tuesday)*	i tisdags		på tisdag	på tisdagarna
onsdag *(Wednesday)*	i onsdags		på onsdag	på onsdagarna
torsdag *(Thursday)*	i torsdags		på torsdag	på torsdagarna
fredag *(Friday)*	i fredags		på fredag	på fredagarna
lördag *(Saturday)*	i lördags		på lördag	på lördagarna

For months you simply use the preposition **i**.

	Past time	Present time	Future time	Habitual
Månader *(months)*				
januari	i januari	i januari	i januari	i januari
februari				
mars				
april				
maj				
juni				
juli				
augusti				
september				
oktober				
november				
december				

Practice B. Our first practice will cover only time expressions dealing with the seasons and the holidays. Remember that your choice of expression depends on whether you are speaking about the past, the present, the future, or something habitual. Use the proper form of the cue word and fill in the blank.

                                                                                     CUE

_____ for vi till en lappby. *Last winter we went to*   vinter
                                        a Lapp village.
I vintras

Vi ska resa till New York _____.   sommar

                      i sommar

Vi bodde alltid i Norrland _____.   sommar

                      på sommaren (på somrarna)

_____ är det mörkt och kallt.   host
På hösten (på höstarna)

_____ hälsade vi på moster Anna.   påsk
I påskas

I Amerika arbetar man _____.   pingst

                    på pingsten

_____ for vi till Dalarna.   jul
I julas

Marge kommer alltid hem från college _____.   jul

                                                på julen

Practice C. This practice will deal with expressions concerning the days of the week. Use the proper form of the cue words and fill in the blanks.

                                                                                     CUE

_____ var vi på Operan. *Last Wednesday we were at*   onsdag
                                      the Opera.
I onsdags

Man går i kyrkan _____.   söndag

                på söndagarna

Eriks mamma kommer hem _____.   lördag

                        på lördag

Åke var hemma _____.   fredag

              i fredags

Lars börjar arbeta _____.   tisdag

                på tisdag

		CUE
Många äter fisk _____.		fredag
på fredagarna		
_____ kom Browns hit på middag.		lördag
I lördags		
Jag ska gå på Operan _____.		torsdag
på torsdag		

2. When the time expression, in answer to the question "when?", specifies a number of years, months, weeks, days, hours, etc., the following prepositions are used, depending on the tense of the verb:

>Om (in)   future and present tense
>
>För ... se(da)n (ago)   past tense

Examples: Vi reser om en vecka. We're leaving in a week.

Vi ska flytta om en månad. We're moving in one month.

Paketet kom för en timme sedan. The package arrived one hour ago.

Bill bodde där för flera år sedan. Bill lived there several years ago.

Practice D. This is a practice on om and för ... sedan. Note the verb tense and choose the right preposition.

		CUE
Han gick _____.	He left an hour ago.	en timme
för en timme sedan		
Bergs bodde här _____.		många år
för många år sedan		
Han kommer tillbaka _____.		två dagar
om två dagar		
Bob kom hem _____.		en vecka
för en vecka sedan		

		CUE
Vi ska fara hem _____.		en halvtimme
om en halvtimme		
Han ska börja arbeta _____.		ett par dagar
om ett par dagar		
Dahlgrens tänker resa till Indien _____.		en månad
om en månad		

Note: In time expressions the preposition efter is used when English uses the preposition "after," that is to indicate elapsed time.

Examples: Filmen var dålig, så vi gick efter en halvtimme.
The movie was bad, so we left after half an hour.

Han var här, men han gick efter fem minuter.
He was here, but he left after five minutes.

HOW OFTEN?

3. All the time expressions we have dealt with so far answer the question "when?" Now we will look at the time expressions used in answer to the question "How often?" In answer to "how often?" the prepositions i and om are used.

With the following words i is used:

$$i \begin{cases} \text{sekunden} \\ \text{minuten} \\ \text{timmen} \\ \text{veckan} \\ \text{månaden} \end{cases}$$

Examples:
ett ord i sekunden — one word a second
sextio ord i minuten — sixty words a minute
åttio kilometer i timmen — eighty kilometers an hour
en gång i veckan — once a week
två gånger i månaden — twice a month

With the following words om is used:

$$om \begin{cases} \text{dagen} \\ \text{dygnet} \\ \text{året} \end{cases}$$

Examples: en tidning <u>om dagen</u>   *one newspaper a day*
          fyra tabletter <u>om dygnet</u>   *four tablets every 24 hours*
          tio föreställningar <u>om året</u>   *ten performances a year*

Note the definite article in the Swedish.

Practice E. *This is a practice with mixed time expressions using* <u>i</u> *and* <u>om</u>.
Fill in the blank with the correct preposition and the right form of the cue word.

		CUE
Patienten tog medicinen fyra gånger _____. om dagen	The patient took the medicine four times a day.	dag
Hon studerade svenska två dagar _____. i veckan		vecka
Anna rökte flera cigarretter _____. i timmen		timme
Pojken var hemma från skolan flera gånger _____. i månaden		månad
Vi tar semester två gånger _____. om året		år
Flickan ringde flera gånger _____. i veckan		vecka
Ulf rakade sig två gånger _____. om dagen		dag
Margit möblerade om flera gånger _____. om året		år
Eva kammade sig en gång _____. i minuten		minut

HOW LONG?

4. *We have talked about time expressions answering the questions "when?" and "how often?" Now let's look at time expressions answering the question "how long?" In English the time preposition in this case is "for." In Swedish i is used in an affirmative statement, på for a negative one.*

   Examples: Vi har varit i Stockholm i fem dagar.
   We have been in Stockholm for five days.

   Jag har inte sett henne på tre år.
   I have not seen her for three years.

Practice F. This is a practice dealing with the uses of i and på in time expressions answering the question "how long?" Fill in the blank with the correct preposition.

Bo tänkte på saken ___ en hel vecka. *Bo thought about it for a whole week.*
                  i

Vi ska stanna i USA ___ tre år.
                i

De reste omkring i Afrika ___ två månader.
                    i

Vi bodde i Skövde ___ tio år.
              i

Han hade arbetat på boken ___ åtta månader.
                    i

Han har inte läst en bok ___ flera år.
                på

Ulla och Maj har varit på ett föredrag ___ två timmar.
                            i

Lisa har inte åkt tåg ___ flera år.
              på

HOW FAST?

5. When the time expression answers the question "how fast (can something be done)?" Swedish uses the preposition på.

   Examples: Han körde från Stockholm till Malmö på tio timmar.
   He drove from Stockholm to Malmo in ten hours.

   Han skrev boken på en månad.
   He wrote the book in one month.

   Han gick till stationen på tio minuter.
   He walked to the station in ten minutes.

Here is a list of other prepositions used in time expressions:

Före *(before):*   Han kom hem före åtta.
He came home before eight.

Mellan *(between):*   Mellan jul och nyår.
Between Christmas and New Year.

Till *(till, until):*   Vi ska stanna i New York till den första oktober.
We're going to stay in New York until the first of October.

Under *(during):*   Jag är hemma under dagen.
I'm home during the day.

Över *(over, during, for the duration of):*   Vi ska fara bort över påsken.
We're going away for Easter.

Point III. **Nations, Nationalities, Languages**

Here is a table of some of the nations, nationalities and languages of the world. There are a few points to note:

1. Names of languages and nationalities are not capitalized in Swedish.

2. There are different words for females and males.

3. The word for the female is often the same as for the language.

4. The nationality nouns and adjectives are declined according to the rules that are applicable to other nouns and adjectives.

    Examples: (nouns) fransysk/a -an -or; svensk -en -ar; fransman -nen, fransmä

    (adjs.) fransk -t -a; svensk -t -a

5. Remember that the indefinite article is not used in sentence structures like är + nationality.

    Examples: Erik är svensk.   Erik is a Swede.

    John är amerikan.   John is an American.

See Basic Sentence Note 18a in this Unit.

Landet Country	Adjektivet Adjective	Mannen Man	Kvinnan Woman	Språket Language
Sverige	svensk -t -a	en svensk -ar,	en svensk/a -or	svenska
Danmark	dansk	dansk	danska	danska
Tyskland (Öst-, Väst-)	tysk	tysk	tyska	tyska
Ryssland (Sovjetunionen)	rysk	ryss	ryska	ryska
Japan	japansk -t -a	en japan -er	en japansk/a -or	japanska
Grekland	grekisk	grek	grekiska	grekiska
Kina	kinesisk	kines	kinesiska	kinesiska
Polen	polsk	polack	polska	polska
Amerika (Förenta Staterna)	amerikansk	amerikan (amerikanare -Ø)	amerikanska	engelska
Italien	italiensk -t -a	en italienare -Ø	en italiensk/a -or	italienska
Holland	holländsk	holländare	holländska	holländska
Schweiz	schweizisk	schweizare	schweiziska	---
Finland	finsk	finländare	finländska (finska)	finska
England	engelsk -t -a	en engels/man -män	en engelsk/a -or	engelska
Norge	norsk	norrman	norska	norska
Frankrike	fransk	fransman	fransyska	franska
Spanien	spansk -t -a	en spanjor -er	en spanjorsk/a -or	spanska

If you study this chart carefully you will notice that certain patterns emerge.

Note: The plural of the masculine noun is used for people in general of that particular nationality.

Examples: Svenskarna dricker mycket kaffe.   The Swedes drink a lot of coffee.
Engelsmännen kör på vänster sida.   The English drive on the left.

Practice G. This is a practice on languages and nationalities. The cue gives the country and you have to fill in the nationality or language as the verb indicates.

                                                                      CUE

I Polen bor det _____.   *Poles live in Poland.*   Polen
        polacker

Lars talar _____.   Italien
     italienska

Louise är _____.   Frankrike
     fransyska

Hon talar bra _____.   Sverige
     svenska

Det var tio _____ på bussen.   U.S.A.
     amerikaner (amerikanare)

Många _____ är vackra.   Spanien *(female)*
     spanjorskor

Vi träffade en trevlig _____.   Norge
     norrman

Det är inte svårt att läsa _____.   Danmark
     danska

Två av _____ kunde tala _____.   England *(male)*, Tyskland
     engelsmännen   tyska

Många _____ talar _____.   Finland, Sverige
     finländare   svenska

Det är inte så svårt för en _____ att tala _____.   Spanien *(male)*, Italien
     spanjor   italienska

Practice H. This is a practice on adjectives denoting nationalities. They are declined just like all other adjectives. Form adjectives from the cue words.

                                                                       CUE

Sverige importerar _____ viner.   *Sweden imports French wines.*   Frankrike
     franska

Danmark exporterar _____ ost.   Danmark
     dansk

		CUE
Vinet var _____.		Tyskland
tyskt		
Han körde en _____ bil.		Italien
italiensk		
De hade gamla _____ möbler.		England
engelska		
Andy kunde inte ett _____ ord.		Norge
norskt		
Den _____ presidenten talade på TV.		U.S.A.
amerikanska		
En _____ pojke satt till höger om henne.		Spanien
spansk		

Practice I. *The cue in this practice gives you the nationality. You have to give the appropriate country (sometimes in the possessive form).*

		CUE
Köpenhamn är _____ huvudstad.	*Copenhagen is the capital of Denmark.*	dansk
Danmarks		
_____ exporterar mycket vin till U.S.A.		italienare
Italien		
Många svenskar far till _____ på semester.		grek
Grekland		
_____ export var större i år.		amerikan
Förenta Staternas (Amerikas)		
Många goda ostar kommer från _____.		fransman
Frankrike		
_____ huvudstad heter Oslo.		norrman
Norges		
_____ ligger söder om _____.		tysk, dansk
Tyskland Danmark		
Det går en färja mellan _____ och _____.		holländare, engelsman
Holland England		

LÅT OSS TALA SVENSKA

Now you can talk about all the trips you have taken and plan to take and all the interesting people you have met.

UNIT 12

SOCIAL GATHERINGS

Basic Sentences

This three-part Unit is an introduction to Swedish social etiquette. It contains useful expressions encountered in social situations. These expressions will be underlined in order to make you more aware of them. At the end of the Unit we will have a practice on these expressions. To obtain maximum benefit from this material, extensive role-playing should supplement it.

Part I. _An informal invitation to lunch_

Jane:	1.	Hello!	Hallå!
Asa:	2.	Is that you, Jane?	Är det Jane?
Jane:	3.	Yes, speaking. Hi Asa. How are things with you? (plur.)	Ja, det är det. Hej Åsa. Hur har ni det?

        first — först
        foremost — främst
        first of all — först och främst
        to thank — att tacka, I
        late — sen -t -a
        latest — senast

Asa: 4. Fine, thanks. First of all I want to thank you for the (very) enjoyable) evening at your house.
Tack bra. Först och främst vill jag tacka dig för senast.

Jane: 5. It was so nice to have you here.
Tack själv. Det var så trevligt att ha er här. *

        to be ashamed, embarrassed — att skäm/mas -s -des -ts, 2a

Asa: 6. I'm ashamed that I haven't called you sooner.
Jag skäms att jag inte har ringt tidigare.

        super, great — jättetrevlig -t -a
        sole — sjötung/a -an -or
        filet of sole — sjötungsfilé -n -er

7. It was such a great evening at your house last Friday. The filet of sole was wonderful.
Det var så jättetrevligt hos er i fredags. Sjötungsfilén var underbar. *

        afraid — rädd Ø -a
        too — för
        to get (someone) to leave — att få iväg; får, fick, fått, 4

8. I'm afraid we stayed too long, but I couldn't get Johan to leave.
Jag är rädd att vi stannade för länge, men jag kunde inte få iväg Johan.

		fun *to enjoy* *to discuss, to have a discussion*	rolig -t -a att tycka att något är roligt; 2b att diskutera, 1
	9.	He enjoys having a discussion with Mike.	Han <u>tycker att</u> det är så <u>roligt</u> att diskutera med Mike. *

		to find *to hit it off (together)* *song* *to sing*	att finna, finner, fann, funnit, 4 att finna varandra; 4 vis/a -an -or att sjunga, sjunger, sjöng, sjungit; 4
Jane:	10.	Yes, they have really hit it off together. What a lot of nice songs Johan sang.	Ja, de <u>har</u> verkligen <u>funnit varandra</u>. Vad många trevliga visor Johan sjöng!

		to arrange	att ordna, 1
Åsa:	11.	Listen, I'm planning a small ladies' luncheon at my house on Saturday next week.	Hör du, jag tänker ordna en liten dam-lunch hemma hos mig på lördag i nästa vecka.

		approximately, about *piece (not transl. in Engl.)* *simplicity* *nothing fancy*	sådär (colloquial) stycke -t -n enkelhet -en Ø i all enkelhet
	12.	Would you like to come? There will be around six or eight of us. Nothing fancy.	Har du lust att komma? Vi blir <u>sådär</u> sex, åtta stycken. Det blir <u>i all enkelhet</u>. *

		terrible *terribly* *I'd love to*	hemsk -t -a hemskt hemskt gärna
Jane:	13.	I'd love to. You know how I enjoy meeting Swedish people. Are they old friends of yours?	Hemskt gärna, Åsa. Du vet hur <u>roligt jag tycker det är</u> att träffa svenskar. Är det gamla vänner till dig? *

		friend *schoolmate* *to invite* *colleague*	kamrat -en -er skolkamrat -en -er att bjuda, bjuder, bjöd, bjudit, 4 arbetskamrat -en -er
Åsa:	14.	Yes, two (of them) are even old schoolmates. And then I have invited a couple of colleagues.	Ja, två är till och med gamla skol-kamrater. Och så har jag bjudit ett par arbetskamrater.

		defense *attache*	försvar -et -Ø attaché -n -er
	15.	The wife of the German defense attache is coming too. Do you speak German?	Den tyska försvarsattachéns fru kommer också. Talar du tyska?

		anyway, besides *it doesn't matter*	förresten det gör detsamma
	16.	Anyway it doesn't matter. She speaks Swedish quite well.	<u>Det gör</u> förresten <u>detsamma</u>. Hon talar ganska bra svenska.

Jane:	17.	What time should I come?	<u>Hur dags</u> ska jag komma?

		to serve	att servera, I
		sherry	sherry -n Ø
		late, delayed	försen/ad -at -ade
Asa:	18.	Around 12:30. I'm going to serve a glass of sherry first, and then we'll eat at one o'clock, if nobody's late.	Vid halv ett-tiden. Jag tänker servera ett glas sherry först och så äter vi klockan ett, om ingen är försenad. *

		to see each other	att ses, ses, sågs, setts, 4
		before then	dessförinnan
	19.	I'm looking forward to seeing you Saturday, if we don't see each other before then.	Välkommen på lördag då, om vi inte ses dessförinnan.

| | | to say hello (to), to greet, to give regards (to) | att hälsa (till); I |
| Jane: | 20. | Thanks a lot. I'm looking forward to it. Bye, bye, Asa. Say hello to Johan. | Tack ska du ha. Det ska bli trevligt. Hej då, Åsa. Hälsa till Johan. |

Part II. *An invitation to a dinner*

| Karin Lind- gren: | 21. | Hello. May I speak to Mrs. White, please. This is Mrs. Lindgren. | Goddag. Kan jag få tala med Mrs. White. Det är fru Lindgren. * |

| Voice: | 22. | Just a moment, please. | Ett ögonblick. |

| Mary White: | 23. | Hello. Mary White speaking. | Hallå. Det är Mary White. |

		yet	ännu
		husband, man	man, mannen, män
Karin:	24.	Hello, Mrs. White. This is Karin Lindgren. We haven't met yet, but our husbands know each other.	Goddag, Mrs. White. Det här är Karin Lindgren. Vi har inte träffats ännu, men våra män känner varandra.

| | 25. | I'm calling to ask if you could come for dinner at our house on September 18th. | Jag ringer för att fråga om ni skulle kunna komma på middag till oss den 18:de september. |

| | | calendar | almanack/a -an -or |
| Mary: | 26. | Thank you. That sounds very nice. Just a minute and I'll check the calendar. | Tack, det låter väldigt trevligt. Ett ögonblick så får jag se efter i almanackan. |

		as far as	såvitt
		of course	förstås
		to check	att kolla, I
	27.	Yes, that's fine, as far as I can see. But I must, of course, check with Bill.	Ja, det passar utmärkt, såvitt jag kan se. Men jag måste förstås kolla med Bill.

		while, moment	stund -en -er
	28.	May I call you in a little while? What time would it be?	Kan jag få ringa om en liten stund? Hur dags skulle det vara?
		card	kort -et -ø
Karin:	29.	At 7:30. I'll send a card to remind you, and a little map so you can find us here in Taby.	Halv åtta. Jag skickar ett kort för att påminna och en liten karta så ni kan hitta oss här ute i Täby.
		major	major -en -er
	30.	Major Berggren and his wife are also coming. They live on Banergatan, number 14.	Major Berggren och hans fru kommer också. De bor på Banérgatan 14.
		block company go (come) together	kvarter -et -ø sällskap -et -ø att göra sällskap; gör, gjorde, gjort, 4
	31.	It's only one block from your house, if you would like to come out together.	Det är bara ett kvarter från er, om ni har lust att göra sällskap ut.
		to get in touch (here: to call back) as soon as	att höra av sig; 2a så snart (som)
Mary:	32.	Excellent. Then I'll call back again as soon as I have talked to Bill. Goodbye, and thanks again.	Utmärkt. Då hör jag av mig igen, så snart jag har talat med Bill. Adjö och tack igen.
Karin:	33.	I hope it's all right with him too, so that we will see both of you on the 18th. Goodbye. We're looking forward to seeing you.	Jag hoppas att det passar honom också, så att vi får se er båda den 18:de. Adjö då och välkomna.

Part III. *A formal dinner party*

Although informal parties and get-togethers are becoming more and more common in servant-less Sweden, you will undoubtedly have several opportunities to attend some formal dinner parties. At such times many Swedes like to observe certain traditional "rituals." It is, of course, not necessary for Americans stationed in Sweden to copy the Swedish traditions when they entertain. Swedes enjoy American customs when they visit American homes. However, the host's welcome speech is a good idea to adopt, as well as the thank you speech (when you are a guest).

You may be invited by card (in which case you accept or regret by card, unless otherwise indicated), or by a telephone call from the host or hostess. A reminder card then usually follows.

At this point we will describe a typical formal dinner party, in Swedish with an accompanying word list. This will be reading/ listening practice only. It is not intended for memorization.

Bordet är dukat till fest med blommor och ljus. Placeringskort visar var gästerna ska sitta. Det ligger också en plan över bordsplaceringen i hallen. Värden och värdinnan

att duka, I	ljus -et -Ø	värd -en -ar
to set the table	candle, light	host
duk/ad -at -ade	placeringskort -et -Ø	värdinn/a -an -or
set (past part.)	place card	hostess
fest -en -er	plan -en -er	
party	plan, chart	
blomm/a -an -or	bordsplacering -en -ar	
flower	seating arrangement	

tar emot i vardagsrummet. Alla anländer punktligt, många med en blombukett, en chokladask eller någon liten present. Det gäller särskilt om de är gäster i hemmet för första gången. Under högst en halvtimme dricker gästerna en cocktail. Sedan kommer serveringshjälpen och talar om att middagen är serverad. Värden går först in till bordet med den kvinnliga hedersgästen. Varje manlig gäst för sin bordsdam till bordet. Värdinnan går in sist med den manliga hedersgästen, som sitter till vänster om henne (<u>till skillnad mot</u> seden i många länder). Värden <u>hälsar</u> gästerna <u>välkomna</u> med det första glaset vin.

att ta emot;
    tar, tog, tagit, 4
to receive

att anlända, 2a
to arrive

bukett -en -er
bouquet

choklad -en Ø
chocolate

ask -en -ar
box

present -en -er
gift

att gälla, 2a
to apply, to be the case

hem -met -Ø
home

cocktail -en -s
cocktail

serveringshjälp -en -ar
maid

att tala om; 1
to announce

server/ad -at -ade
served (past part.)

kvinnlig -t -a
female

hedersgäst -en -er
most honored or highest ranking guest

manlig -t -a
male

att föra, 2a
to escort

bordsdam -en -er
female table partner

skillnad -en -er
difference

till skillnad mot
in contrast to

sed -en -er
custom

att hälsa välkommen
      (välkomna); 1
to welcome

(Ingen dricker vin dessförinnan.) En manlig gäst skålar under middagen med sin bordsdam till höger, senare med damen till vänster och damen mitt emot. Han skålar också med sin hustru. Värdinnan skålar med alla gästerna. Däremot skålar ingen med henne utom vid tacktalet (eller om det är färre än åtta personer vid bordet). Man kan förstås också dricka utan att skåla med någon. Vid slutet av måltiden håller den manliga hedersgästen ett litet tacktal. Värdinnan och hedersgästen lämnar bordet först. Värden och hans bordsdam går ut sist. I vardagsrummet går gästerna fram till värdinnan, tar i hand och tackar för maten. I Sverige säger gästerna adjö till värdfolket innan de tar på sig ytterkläderna.

att skåla, 1
to toast

mitt emot
(straight) across

däremot
on the other hand

tacktal -et -Ø
thank you speech

få, färre, Ø
few, fewer, least

slut -et -Ø
end

måltid -en -er
meal

att gå fram till;
    går, gick, gått, 4
to go (walk) up to

att ta i hand;
    tar, tog, tagit, 4
to shake hands

värdfolk -et -Ø
host and hostess

Dagen efter bjudningen är det uppskattat om man ringer och "tackar för igår," eller skriver och tackar. Man kan också skicka blommor med ett tackkort dagen efter bjudningen istället för att ta med blommorna till middagen. Det artigaste och mest formella är att skicka blommor till värdinnan på förmiddagen samma dag som bjudningen. Svenskarna säger dessutom "tack för senast" nästa gång de träffar värden och värdinnan.

bjudning -en -ar
party

att uppskatta, 1
to appreciate

uppskatt/ad -at -ade
appreciated (past part.)

tackkort -et -Ø
thank you note

artig -t -a
polite

formell -t -a
formal

Bill and Mary White arrive with the Berggrens at Karin and Lars Lindgren's house.

Karin & Lars:	34.	Hello. How nice that you could come together.	Goddag. Välkomna! Så trevligt att ni kunde göra sällskap.
Karin:	35.	Thank you. What beautiful flowers!	Tack. Vilka vackra blommor!
		(Lars indicates Klaus Muller)	
Lars:	36.	Do you know each other?	Känner ni varandra?
Bill:	37.	No, I don't believe we have met.	Nej, jag tror inte vi har träffats.

Lars:	38.	*press attache, information officer* Mr. and Mrs. White, Dr. Muller. He is the press attache at the German Embassy.	pressattaché -n -er Mr. och Mrs. White. Det här är Dr. Müller. Han är pressattaché på tyska ambassaden.
	39.	*to offer* *wormwood* *aquavit* What may I offer you? A glass of sherry, Scotch, or maybe a glass of aquavit spiced with wormwood?	att bjuda på; bjuder, bjöd, bjudit, 4 malört -en ∅ brännvin -et ∅ <u>Vad får jag bjuda på?</u> Ett glas sherry, Scotch, eller kanske ett glas malörtsbrännvin?

Later

Maid:	40.	*served (past part.)* Dinner is served.	server/ad -at -ade <u>Det är serverat.</u>
Karin:	41.	Dinner is ready. Shall we go in?	<u>Varsågoda.</u> Ska vi gå till bords? *

At the table (Lars raises his glass).

Lars:	42.	*heartily* Karin and I want to welcome you all, old friends and new.	hjärtligt Karin och jag ber att få hälsa er alla <u>hjärtligt välkomna,</u> både gamla och nya vänner. *
	43.	*especially* We are especially pleased to have the Whites here tonight. You just arrived from the U.S.	speciellt Det gläder oss speciellt att Whites är här ikväll. Ni har ju just kommit från Amerika.
	44.	*cheers* We hope that you will like it in Sweden and that we will see you many times here at our house. -- Cheers!	skål Vi hoppas att ni kommer att trivas i Sverige och att vi kan få se er många gånger här hemma hos oss. -- Skål!

(All the guests drink including the guests of honor.)

Later

Karin:	45.	*title* *to put away* Mr. White, now I think we should call each other by our first names. My name is Karin. Cheers, Bill.	titel -n, titlar att lägga bort; lägger, lade, lagt, 4 Mr. White, nu tycker jag att vi lägger bort titlarna. Jag heter Karin. Skål, Bill.
Bill:	46.	Cheers, Karin.	Skål, Karin.

Unit 12   SWEDISH

Karin: 47. Dr. Muller, may I toast you?   Dr. Müller, får jag skåla med er?

Towards the end of the dinner, during the dessert (Bill taps his glass and gets up).

        to discover   att upptäcka, 2b
        tradition, custom   tradition -en -er

Bill: 48. Ladies and Gentlemen. Mary and I have already discovered many delightful Swedish traditions which we will take home with us to the U. S.   Mina damer och herrar. Mary och jag har redan upptäckt flera trevliga svenska traditioner som vi kommer att ta med oss hem till Amerika.

49. And now I'm going to try to follow one of them myself for the first time.   Och nu ska jag själv försöka följa en av dem för första gången.

        honor   ära -n Ø
        to turn   att vända, 2a
        lovely, charming   förtjusande -Ø -Ø

50. As you see, I'm the one who has the honor of giving the thank you speech. First I want to turn to our lovely hostess.   Jag är ju den som har äran att få hålla tacktalet. Först vill jag vända mig till vår förtjusande värdinna.

        sure   säker -t, säkra

51. Dear Karin. I'm sure that I'm speaking for all of us when I say that this is one of the best dinners that I have ever had. It has also been one of the most delightful.   Kära Karin. Jag är säker på att jag talar för oss alla när jag säger att detta är en av de godaste middagar jag någonsin har ätit. Det har också varit en av de trevligaste.

        experience (in a positive sense)   upplevelse -n -r

52. For Mary and me it has also been a wonderful experience to meet so many of your friends. Let us drink to the hostess. Cheers.   För Mary och mig är det också en upplevelse att få träffa så många av era vänner. Låt oss alla skåla för värdinnan. Skål! *

Guests: 53. Cheers, cheers Karin.   Skål, skål Karin.

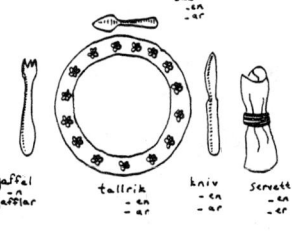

sked -en -ar
gaffel -n gafflar
tallrik -en -ar
kniv -en -ar
servett -en -er

Upon leaving

Mary: 54. Good-night and thank you for a very nice evening.

Godnatt och <u>tack för en mycket trevlig kväll</u>.

Karin: 55. Don't mention it. It was so nice meeting you. I hope we'll see you again, soon.

<u>Tack själv</u>. <u>Det var så roligt att träffa er</u>. Jag hoppas vi ses snart igen.

UNIT 12

Notes on Basic Sentences

5. Tack själv *(thanks yourself) - one of several responses to* tack så mycket, *meaning "you are welcome" or "don't mention it."*

   Other Swedish expressions in response to tack så mycket *are:*

ingen orsak	don't mention it
det var så lite	it was so little
det var ingenting	it was nothing
det var så roligt att ...	it was so nice that ...

   You have to try to judge for yourself which phrase is the most appropriate one in a given situation.

7. Jättetrevlig -t -a. *Jätte- (giant) is a prefix used with adjectives and adverbs in colloquial speech to express the meaning of "very," or "extremely." It is also used with nouns to give the same kind of meaning.*

   Examples:
jättebra	super
jättedålig	extremely bad
ett jätteföretag	a giant corporation

   The closest English equivalent is "super," but note that jätte- *is used to emphasize something negative as well as positive.*

   Examples: Tårtan är jättegod.
   The cake is super.

   Det var en jättetråkig film.
   It was an extremely boring movie.

9. Han tycker det är så roligt *(he enjoys). There are many ways of expressing "to enjoy" in Swedish.*

   Examples: Han tycker det är skönt att bada bastu.
   He enjoys a sauna.

   Tyckte du om filmen
   Did you enjoy the movie?

   Trivs ni i Sverige?
   Are you enjoying your stay in Sweden?

12. Stycken. *Swedish often adds* stycken *when a numeral (higher than one) stands alone, without a noun.*

13. Hemskt gärna *conveys the same meaning as the English expression "I'd love to."* Att älska *(to love) is usually reserved for romance.*

18. Vid halv ett-tiden *(around 12:30). Idiomatic way of expressing approximate time.*

    Examples: vid femtiden
    vid sjutiden
    vid halv åttatiden

21. **Mr. och Mrs.** Swedes often use Mr. and Mrs. (instead of herr och fru) in front of an English name.

41a. **Varsågoda** (here plur.) means "please," when you offer a person something (to eat or to go ahead of you through a door, etc.), or "here you are," when you hand something to someone.

41b. **Till bords.** This is an old form which is still in use in certain expressions, meaning "to the table," or "at the table." There are other similar expressions:

till havs	at sea
till sjöss	at sea
till sängs	in bed
till fots	on foot
till skogs	to the woods

42. **Hjärtligt.** Swedes often use ofrms of the word hjärtlig (hearty) to give certain expressions a little more emphasis.

Examples:
Hjärtligt välkommen	Welcome
Hjärtliga gratulationer	Congratulations
Hjärtligt tack	Many thanks

52. Now we'll give you a few more examples of the Swedish "thank you speech." As you'll see there are many forms, from the very formal to the most informal. It can be flowery, eloquent, slightly silly, long or brief and to the point. A personal note or anecdote is always very nice. But most appreciated is the fact that you know about this custom and that you follow it even if it only means that you stand up, turn to your hostess and say: Tack för en underbar middag. Skål för värdinnan. You may want to use our examples or borrow portions of them or, better yet, make up your own speech.

Herr X: (short and to the point, atmosphere very informal)

Nu tror ni förstås att jag tänker stå här och prata medan glassen smälter, men jag säger bara: Maten var god, festen är jättekul. Skål och tack.

Now you are probably thinking that I'm going to stand here talking while the ice cream is melting. But I'll just say: The food was good, the party is great. Cheers and thank you.

Herr Z: (knows the host and hostess well and has an anecdote to tell, which you will supply yourself)

Kära värdfolk. På mina och de andra gästernas vägnar vill jag tacka er båda för en utsökt god middag och en mycket trevlig samvaro. Det är alltid lika roligt att få komma på fest till er. God mat, goda viner och trevliga människor. Apropå vår söta värdinna, så måste jag få berätta en liten historia. Det var så här ...
Den här historien visar väl vilken trevlig (intelligent, rolig, godhjärtad, kvicktänkt) person vår värdinna är.
Tack igen för den charmanta middagen och skål för värdinnan.

Dear host and hostess. On behalf of myself and the other guests I want to thank both of you for a superb dinner and marvelous company. It is always a treat to be invited to your house. Good food, good wine, and nice people. Talking about our hostess I'll have to tell you a little story. This is how it happened ...

This story surely shows what a lovely (intelligent, funny, goodhearted, sharp) person our hostess is.
Thanks again for the excellent dinner and a toast to our hostess.

Herr Å: *(wants to express his thanks to the host and hostess as a team)*

Ni har väl alla sett den där välkända reklamen för danskt öl. Den ena dansken säger till den andra: "Hör du, när smakar det här ölet bäst?" Och den andra dansken svarar: "Alltid." Jag säger detsamma om Lindgrens fester: När är det trevligast att gå på kalas till Karin och Lars; är det på midsommaren, kräftkalaset, julfesten eller den lilla torsdagsmiddagen? Svaret blir förstås: Alltid. Jag är säker på att ni alla håller med mig om det. Karin och Lars, ni har lyckats igen. Tack för en underbart god middag. Skål för Karin och Lars.	*You have probably all seen that famous ad for Danish beer. One Dane says to the other: "Tell me, when does this beer taste the best?" And the other Dane answers: "Always." I ask the same about the Lindgrens' parties: When is the best time to go to a party at Karin and Lars'; is it at Midsummer, at the crayfish party, Christmas party or the little Thursday dinner. The answer is, of course: Always. I'm sure that you all agree with me. Karin and Lars, you did it again. Thanks for a marvelous dinner. A toast to Karin and Lars.*

Herr Ä: *(doesn't want to repeat what he said last time and can't think of anything new so he jokes a little)*

Kära Karin. Det är faktiskt lite nervöst det här. Jag har knappast kunnat äta min goda efterrätt. Var ska det här sluta? För varje gång jag kommer hit blir maten bara godare, värdinnan bara yngre och vackrare och värden mer underhållande. Jag kan inte hitta ord nog för att beskriva en så charmant fest. Allt jag kan säga är skål för värdinnan och ett hjärtligt tack.	*Dear Karin. Actually this makes me a little nervous. I've hardly been able to eat my delicious dessert. Where is this going to end? Every time I come here the food gets better, the hostess gets younger and more beautiful and the host more entertaining. I can't find words enough to describe such a wonderful party. All I can say is cheers and many thanks.*

Herr Ö: *(likes to make speeches and to play with his audience)*

Kära värdfolk, kära "medgäster." Vet ni vem det är mera synd om än en tusenfoting som har ont i fötterna? Nu säger ni förstås att det är en giraff som har ont i halsen. Men det är alldeles fel. Det är allra mest synd om en man, som plötsligt upptäcker att han har tappat den lilla papperslappen med det noggrannt förberedda tacktalet. Vad gör man i en sån situation?	*Dear host and hostess, dear "co-guests." Do you know who is more pitiful than a centipede with aching feet. Now, you'll probably say that it's a giraffe with a sore throat. But that's completely wrong. The one who's the most pitiful is a man who, all of a sudden, realizes that he has lost his little piece of paper with his well prepared thank you speech. What do you do in a situation like that?*
Ja, har man haft det så trevligt som jag har haft det ikväll, ätit så god mat och haft en så förtjusande bordsdam som jag har haft, nämligen värdinnan själv, ja då är man på ett sånt strålande gott humör att en sådan liten olycka inte spelar någon roll alls. Kära värdinna, tack för en strålande god och trevlig middag. Låt oss skåla för värdinnan. Skål! Tack!	*Well, if you have had an evening as marvelous as the one I've had, eaten food as good, and had a table partner as charming as mine, namely the hostess, well, then you're in such a good mood that such a little mishap doesn't matter at all. Dear hostess, thanks for a splendid and delightful dinner. Let's toast the hostess. Cheers! Thank you!*

UNIT 12

Points to Practice

Point I: Prepositions of Place
Point II: Placement of the "roaming" Adverb
Point III: Idiomatic Expressions

Point I.   *Prepositions of Place*

Swedish prepositions deserve special attention. We have devoted a good deal of effort to the expressions of time and their prepositions (Unit 11), and we are now going to take a look at the prepositions used with expressions of place. (Some of these are, of course, also used in time expressions.) The most common prepositions of place are: över, under, framför, bakom, bredvid, i, på

<u>Över</u> (over, above) and <u>Under</u> (under, below) are used the same way in Swedish as their equivalents are used in English.

Examples: Lampan hänger över bordet.
The lamp is hanging above the table.

Hon lade mattan under stolen.
She put the rug under the chair.

<u>Framför</u> (in front of), <u>Bakom</u> (behind), <u>Bredvid</u> (beside, next to) are also used similarly in the two languages.

Examples: Bordet står framför soffan.
The table is in front of the sofa.

Hon stod bakom mig.
She stood behind me.

Lampan står bredvid stolen.
The lamp is next to the chair.

<u>I</u> usually corresponds to "in," "inside."

Examples: Göran bor i Sverige.
Goran lives in Sweden.

Boken ligger i lådan.
The book is in the drawer.

Peter dricker kaffe i köket.
Peter is having coffee in the kitchen.

På *is usually the equivalent of "on."*

Examples: Boken ligger på bordet.
The book is on the table.

Erik bor på Kungsgatan.
Erik lives on Kungsgatan.

Vi har en stuga på en ö.
We have a cottage on an island.

Hos *has no direct equivalent in English. It means "at somebody's house (place)," cf. "chez" in French. Hos is always used with* people, *never with a place or a building. Note also that it is* never *used with a verb expressing* motion. *The following examples will illustrate this. Read them aloud several times. We will try them out in a mixed practice at the end of the section on prepositions of place.*

Examples: Vi äter middag hos oss.
We'll have dinner at our place.

Vi träffades hos Eva.
We met at Eva's.

Vi var (hemma) hos mig, när det började regna.
We were at my house, when it started to rain.

Vi bodde hos våra vänner, när vi var i Sverige.
We stayed with our friends, when we were in Sweden.

Lars var hos tandläkaren igår.
Lars was at the dentist's yesterday.

Vi var på middag hos Anderssons igår kväll.
We were at the Anderssons' for dinner last night.

Till *is usually used with destinations of verbs expressing motion.*

examples: Lindgrens ska flytta till Stockholm.
The Lindgrens are moving to Stockholm.

Johan cyklade till Uppsala i söndags.
Johan bicycled to Uppsala last Sunday.

Vi ska gå till Janssons ikväll.
We are going to the Janssons' tonight.

Till *is sometimes equivalent to the English preposition "for."*

Examples: Vad ska vi ha till middag?
What are we having for dinner?

Vad använder man den här till?
What do you use this for?

Note the difference: Vi ska äta fisk till middag.
We're having fish for dinner.

Sandbergs kommer på middag.
The Sandbergs are coming for dinner.

Practice A. Let's practice the prepositions över *and* under. *Complete the statements logically.*

Lampan hänger _____ soffan.
   över

Det ligger en hund _____ bordet.
   under

De stod _____ trädet *(the tree)* när det regnade.
  under

Han höll tidningen _____ huvudet när det regnade.
   över

En mobil *(mobile)* hängde _____ barnets säng.
   över

De hade en persisk matta _____ bordet.
   under

Värdinnan stod _____ kristallkronan *(chandalier)*.
  under

Practice B. Now we'll practice the prepositions framför, bakom, bredvid. *Choose the most suitable preposition.*

En polisbil stod _____ huset, när jag kom hem.
  framför

På ett fotografi ska små personer stå _____ de långa *(the tall ones)*.
   framför

På ett fotografi ska långa personer stå _____ de små.
   bakom

Huset låg vid gatan. _____ huset fanns en stor trädgård *(garden)*.
  Bakom

Ställ dig _____ mig, så du kan se bättre.
  framför

Det sitter alltid en dam med en stor hatt _____ mig på bio *(the movies)*.
   framför

Han satte sig _____ mig på soffan.
  bredvid

Vi satt _____ brasan *(the fire)*.
  framför

Practice C. This is to practice the use of the prepositions i and på. Choose the right preposition.

Göran bor ____ Sverige.
       i

Blommorna står ___ bordet.
        på

Sam är ___ Amerika.
    i

Kungliga slottet ligger ___ Stockholm.
      i

En staty *(statue)* står ___ torget.
      på

Vita Huset ligger ___ Pennsylvania Avenue ___ Washington.
     på   i

Tavlan *(the painting)* hänger ___ väggen.
      på

Vi hyrde en våning ___ ett höghus *(high-rise)*.
     i

Bordsplaceringen låg ___ bordet i hallen.
     på

De har köpt en villa ___ Saltsjöbaden.
     i

Familjen Ljung bor ___ Lidingö *(island)*.
     på

De bodde länge ___ Afrika.
    i

De har en liten stuga ___ Gotland *(island)*.
     på

Glasen står ___ skåpet *(cupboard)*.
    i

Boken låg ___ lådan.
    i

Jag läste om det ___ tidningen.
               i

Meddelandet ligger ___ skrivbordet.
                    på

The preposition på *(in the sense of "to," "in," or "at") is used with public buildings.*

Examples: att gå på bio *(to go to the movies)*
           att gå på teatern
           att studera på universitet(et)
           att arbeta på amerikanska ambassaden
           att jobba *(colloq. to work)* på kontor
           att äta på restaurang
           att ligga på sjukhus *(to be in the hospital)*

There are two exceptions to this rule: att gå i skolan *to go to school*
                                           att gå i kyrkan *to go to church*

Note that some nouns take the definite article, and some no article at all.

Examples: på bio
           på teatern
           på operan *(at the opera)*
           på konsert
           på nattklubb
           på museum
           på restaurang
           på kurs
           på universitet(et)
           på kontor
           på ambassaden
           på middag
           på sjukhus(et)
           på college
           i kyrkan
           i skolan

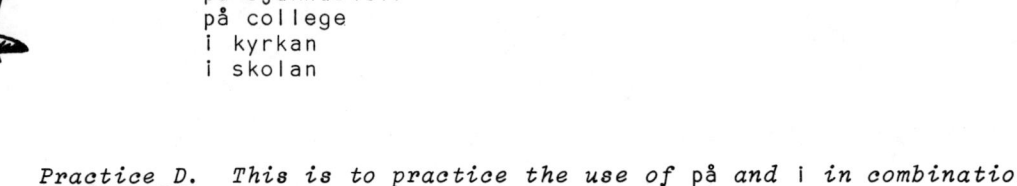

<u>Practice D</u>. *This is to practice the use of* på *and* i *in combination with certain words. The cue word will give you a hint as to which preposition to use. Try to use the right form of the noun.*

                                                                        CUE

Anna går _____ i engelska.   *Anna is taking a course in*   kurs
                                 English.
         på en kurs

Karin ska börja _____ i höst.   universitet
                på universitetet

Går ni ofta _____ ?   teater
            på teatern

Familjen Blomkvist går _____ varje söndag.   kyrka
                       i kyrkan

Unit 12 — SWEDISH — 213

	CUE
Ikväll ska vi gå _____.	bio
på bio	
Hur många av dina barn går _____?	skola
i skolan	
Erik går ofta _____.	opera
på operan	
Idag ska Ullas klass gå _____.	museum
på museum	
Ska vi äta _____ imorgon kväll?	restaurang
på restaurang	
Anderssons var _____ igår kväll.	konsert
på konsert	
Vi arbetar _____ till klockan fem.	kontor
på kontor(et)	
Holmbergs ska bjuda Bloms _____ imorgon.	middag
på middag	
Bill arbetar _____.	amerikanska ambassaden
på amerikanska ambassaden	

Practice E. In this mixed practice you will have a chance to see if you can use all the prepositions of place the way the Swedes do. Use the prepositions på, i, hos, till, mellan, bredvid, framför, bakom, under, över.

Ljusen *(the candles)* står _____ bordet.
                                  på

Går hennes pojke ____ college?
                    på

Eriks hustru ligger ____ sjukhus.
                     på

Går du ____ kyrkan?
       i

Lars satt _____ Eva och Lena.
       mellan

Hon bodde _____ mig hela veckan.
       hos

Vi gick hem _____ honom efter teatern.
       till

Tavlan hänger _____ soffan.
       över

Eva satt _____ soffan, _____ sitt porträtt *(portrait)*.
    i (på)   under

Lena stod _____ tavlan och tittade på den.
       framför

John är fortfarande _____ ambassaden.
       på

De går _____ museum varje lördag.
   på

Lindströms har farit _____ Amerika.
       till

Eva ringde och bjöd oss _____ middag.
       på

Damen med den stora hatten satte sig _____ mig, så jag såg ingenting.
       framför

_____ varje stor man finns en kvinna.

Bakom

Point II.   *Placement of the "roaming" Adverb*

You have already been introduced, in Unit 3, to the most general rule concerning the placement of the adverb -- after the verb. However, some Swedish adverbs move around, depending on the type of clause they are in and the type of verb they function with. They are called vandrande adverb *(roaming adverbs). We will concentrate on three of the most common of these "roaming adverbs,"* inte, alltid, *and* aldrig.

Main Clauses

a. *Conjugated verb + adverb*

   In main clauses the adverb comes immediately after the conjugated verb. (Cf. Unit 3, Points to Practice III.)

   Examples: Jag röker inte.
   I don't smoke.

   Du får aldrig röka.
   You may never smoke.

b. *Conjugated verb + subject + adverb*

   In main clauses where the subject and verb are reversed the adverb comes immediately after the subject. (Cf. Unit 3, Points to Practice III.)

   Examples: Har du inte den här boken?
   Don't you have this book?

   Här får du inte röka.
   Here you may not smoke.

c. *Conjugated verb + adverb + particle*

   In main clauses with verbs + particle the adverb follows the first part of the conjugated verb.

   Examples: Jag tycker inte om den här boken.
   I don't like this book.

   Jag håller inte med om det.
   I don't agree with that.

d. *Conjugated verb + subject + adverb + particle*

   In a question where the verb consists of a verb + particle the subject and the conjugated verb are reversed, the adverb follows the subject, and the particle is added after the adverb.

   Examples: Tycker du inte om den här boken?
   Don't you like this book?

   Kommer du alltid ihåg att ringa hem?
   Do you always remember to call home?

Subordinate Clauses

In subordinate clauses the "roaming" adverb comes <u>before</u> the conjugated verb.

Examples: Hon tror, att hon alltid har rätt.

She thinks that she is always right.

Stina vet, att Per inte kan komma.

Stina knows that Per can not come.

Lars sade, att han inte kör bil.

Lars said that he doesn't drive.

Lars sade, att han inte kan köra bil.

Lars said that he doesn't know how to drive.

Lars sade, att han inte tycker om att köra bil.

Lars said, that he doesn't like to drive.

Eftersom vi aldrig träffas, ringer vi ofta till varandra.

Since we never see each other we often call each other.

När Evas man inte är hemma, lagar hon inte så mycket mat.

When Eva's husband is not at home she doesn't cook so much.

Note: You can distinguish a subordinate clause from a main clause by the conjunction that introduces the clause.

These are the conjunctions that introduce a <u>main clause</u>:

för	*for, because*
men	*but*
och	*and*
så	*so*
utan	*but (after a negative statement)*

These are the conjunctions that introduce a <u>subordinate clause</u>:

att	*that*
då	*when*
då	*since*
därför att	*because*
eftersom	*since*
fast(än)	*although*
för att	*in order to*
förrän	*before, until*
innan	*before*
medan	*while*
när	*when*
om	*if*
sedan	*after*
så att	*so that*
tills	*until*
trots att	*in spite (of the fact that)*

The relative pronouns som, vilken (vilket, vilka) *also introduce subordinate clauses.*

With the exception of inte, "roaming adverbs" usually place no specific limit on the duration or kind of action expressed by the verb. Here is a partial list of other "roaming adverbs:"

ofta	knappast (hardly)
redan	möjligen
snart	säkert
sällan (seldom)	troligtvis
antagligen (probably)	vanligtvis
bara	verkligen
gärna	åtminstone (at least)
kanske	

Practice F. Now we'll practice the placement of "roaming adverbs" in a *main clause*. Use the adverb given in the cue and try to place it correctly in the sentence on the left. You have already done a similar exercise in Unit 3, so this should be easy.

	CUE
Pelle är hemma.	inte
Pelle är inte hemma.	
Anderssons är på landet i juli.	alltid
Anderssons är alltid på landet i juli.	
Går du på teatern?	aldrig
Går du aldrig på teatern?	
Lennart vill köpa en ny bil.	inte
Lennart vill inte köpa en ny bil.	
Erik ringer till sin mormor.	aldrig
Erik ringer aldrig till sin mormor.	
Vi har tid att hälsa på våra vänner.	alltid
Vi har alltid tid att hälsa på våra vänner.	
Göran ska klä om sig före middagen.	inte
Göran ska inte klä om sig före middagen.	
Tycker du om att köpa kläder?	alltid
Tycker du alltid om att köpa kläder?	
Min kusin har varit i Afrika.	inte
Min kusin har inte varit i Afrika.	
Ågrens har bjudit sina vänner.	antagligen
Ågrens har antagligen bjudit sina vänner.	
Har ni hälsat på era släktingar i Amerika?	aldrig

Har ni aldrig hälsat på era släktingar i Amerika?

Talade du med honom före resan?   inte

Talade du inte med honom före resan?

Har du läst de här böckerna?   verkligen

Har du verkligen läst de här böckerna?

Practice G. Here are some "roaming adverbs" in a *subordinate clause*. Again, use the adverb in the cue and place it in the subordinate clause of the sentence on the left.

    CUE

Vi vet, att ni är hemma på söndagarna.   alltid

Vi vet, att ni alltid är hemma på söndagarna.

Lars undrade, om han borde fara hem.   inte

Lars undrade, om han inte borde fara hem.

När Pelle kom, ringde jag till hans mamma.   inte

När Pelle inte kom, ringde jag till hans mamma.

Eftersom det är så sent, bör vi ringa hem.   inte

Eftersom det inte är så sent, bör vi ringa hem.

Vera visste, att Göran skulle komma.   aldrig

Vera visste, att Göran aldrig skulle komma.

Åke visste, att Maja ville komma.   gärna

Åke visste, att Maja gärna ville komma.

Carina skämdes över att hon hade ringt.   inte

Carina skämdes över att hon inte hade ringt.

Du kan hälsa honom från mig, eftersom du träffar honom.   säkert

Du kan hälsa honom från mig, eftersom du säkert träffar honom.

Jag såg en film, som jag hade sett tidigare.   inte

Jag såg en film, som jag inte hade sett tidigare.

Johan, som brukar vara punktlig, kom tio minuter för sent.   alltid

Johan, som alltid brukar vara punktlig, kom tio minuter för sent.

Jag var säker på att Peter hade vårt telefonnummer.   inte

Jag var säker på att Peter inte hade vårt telefonnummer.

Eva undrade, om Nils kunde komma hem tidigare.   verkligen

Eva undrade, om Nils verkligen kunde komma hem tidigare.

Olof berättade, att ni hade velat fara till Köpenhamn.   hellre

Olof berättade, att ni hellre hade velat fara till Köpenhamn.

Jag visste, att ni ville stanna hemma.   helst

Jag visste, att ni helst ville stanna hemma.

Jag tycker, att du borde ringa och tacka för senast.   åtminstone

Jag tycker, att du åtminstone borde ringa och tacka för senast.

Jag förstår, att du har haft tid att läsa tidningen   knappast

Jag förstår, att du knappast har haft tid att läsa tidningen.

Practice H. *This is a mixed practice. You will have to determine whether the adverb given in the cue is a "roaming adverb" or not. Place the adverbs given in the cue in the sentence on the left. If the sentence consists of two clauses there will be an adverb for each one.*

CUE

Jag tror, att Perssons ska resa till Uppsala.   inte, idag

Jag tror inte, att Perssons ska resa till Uppsala idag.

Jag vill, att ni kommer.   hellre, hit

Jag vill hellre, att ni kommer hit.

Gösta, som tycker om att resa, måste fara till USA.   inte, kanske

Gösta, som inte tycker om att resa, måste kanske fara till USA.

Har du berättat för Jan, att du måste gå på operan?   inte, då

Har du inte berättat för Jan, att du måste gå på operan då?

Jag har tyckt om att segla *(to sail)*.   aldrig

Jag har aldrig tyckt om att segla.

Jag har velat tala om för dig, att vi ska flytta.   inte, antagligen

Jag har inte velat tala om för dig, att vi antagligen ska flytta.

Jag kan höra, för han talar så högt.   knappast, inte

Jag kan knappast höra, för han talar inte så högt. *(See Unit 8, Note 18b.)*

Eftersom du är färdig, kan vi gå.   redan, nu

Eftersom du redan är färdig, kan vi gå nu.

Tror du, att han håller med sin vän?   verkligen, alltid

Tror du verkligen, att han alltid håller med sin vän?

Min kusin, som du träffade, kan köra bil.   igår, inte

Min kusin, som du träffade igår, kan inte köra bil.

När Peter kommer, vill han träffa dig.   imorgon, antagligen

När Peter kommer imorgon, vill han antagligen träffa dig.

Point III.   Practice I. As we mentioned in the introduction to this Unit we will now practice some of the idiomatic or useful expressions that have been underlined in the text. This is a multiple choice exercise. Only one of the three answers is appropriate in the given situation. The correct answers will be listed at the end of the practice.

1. Situation: You are asking a telephone caller to wait.

   a. Just en minut.
   b. Ett ögonblick.
   c. Hur har ni det?

2. Situation: You are inviting a friend to dinner.

   a. Vad får jag bjuda på?
   b. Vi är så glada att ni kunde komma.
   c. Har du lust att komma på middag.

3. Situation: You accept the invitation.

   a. Tack bra.
   b. Tack hemskt gärna.
   c. Tack, det gör detsamma.

4. Situation: You are raising your glass welcoming your guests at the dinner table.

   a. Jag ber att få hälsa er välkomna.
   b. Adjö då och välkomna.
   c. Vi skålar för värdfolket.

5. Situation: You are leaving a party, thanking the host and hostess.

   a. Tack för igår.
   b. Tack för maten.
   c. Tack för en mycket trevlig kväll.

6. Situation: On parting you want to convey a greeting to your friend's husband, Johan.

   a. Hur har Johan det?
   b. Hälsa till Johan!
   c. Vill du göra sällskap med Johan?

7. Situation: You meet your dinner host or hostess a few days after their party and say:

   a. Tack för senast.
   b. Då hör jag av mig.
   c. Det passar utmärkt.

8. Situation: You are the guest of honor sitting to the left of your hostess. You might begin a toast in the following typical way:

   a. Vi har verkligen funnit varandra.
   b. Vi skålar för värdfolket.
   c. Tack för senast.

9. Situation: After getting up from the dinner table each guest comes up to the hostess to say:

   a. Tack för sällskapet.
   b. Tack för en mycket trevlig kväll.
   c. Tack för maten.

Correct answers to Practice I.

1. b
2. c
3. b
4. a
5. c

6. b
7. a
8. b
9. c

VI TALAR SVENSKA

Now it's time for some role-playing. Imagine yourself in various roles, such as friend on the telephone extending an invitation, friend accepting an invitation, guest of honor, host or hostess.

UNIT 13

Here we introduce a change from the dialog format of our text to a combination descriptive text and dialog. We hope you will find it fun and useful. We also want you to become more ear oriented and see how much you can understand even when new vocabulary that you have never had is introduced. <u>Try listening to the tape before looking at the text</u>. See if you can get the gist of what is going on even with the unfamiliar words. Some of the new words may bear so much resemblance to English (or another language which you may know) that you can guess at the meaning. Examples: generationer - generations; konduktör - conductor. Others you may guess at from already knowing one part of a two-part word. Examples: tidtabell - timetable; platsbiljett - reserved seat ticket. Most probably you will also recognize words that you have learned from sources other than this book during your weeks of studying Swedish.

After having listened to the tape several times, read the text. All the new vocabulary is underlined and translated at the end of the text.

You are not expected to memorize the text, however, just to be very familiar with it.

Note also that in this new format asterisks referring to Notes on Basic Sentences appear next to the <u>line numbers</u> in which the items explained occur.

På väg till landet

1. Anne och George Brown är <u>bjudna</u> till Lövgrens på landet över <u>veckoslutet</u>.
2. Lövgrens bor på somrarna i en gammal stuga, som Svante Lövgren har <u>ärvt</u> av
3. sina föräldrar. Den har <u>tillhört</u> släkten i flera <u>generationer</u>. Stugan
4. ligger på Utö i Stockholms <u>skärgård</u>. Det är tidigt på lördagsmorgonen.

5. Anne: Hur dags går tåget?

6. George: Vid nio-tiden, tror jag. Titta i <u>tidtabellen</u>, är du snäll. Jag
7. <u>håller på att</u> <u>packa</u>.

8. Anne: Det <u>står</u>: <u>Avgångstid</u> från <u>Centralen</u> 8:23. <u>Ankomsttid</u> i Årsta
9. Havsbad klockan 10:05. Jag tror vi hinner med tunnelbanan, om vi
10. skyndar oss.

11. George: Du är inte <u>klok</u>. Hur ska vi få med alla våra tunga grejer på tunnel-
12. banan?

13.* Anne: Ja, det <u>har</u> du <u>rätt i</u>. Det blir nog inte så <u>lätt</u>. <u>Varför</u> tar vi
14. inte en taxi?

15. George: Ja, det är klart att vi gör.

16. Anne: Har vi tänkt på allting? Glöm inte gummistövlarna.

17. George: Dem får vi låna av Lövgrens.

18. Anne: Du har väl köpt vinet som vi lovade att ta med oss?

19. George: Ja, det har jag. Tycker du att vi ska ta med någon present åt
20. barnen?

21. Anne: Nej. Pojken åkte på läger häromdagen och flickan är inte heller
22. hemma.

23. George: Vi måste låsa ordentligt och lämna nyckeln hos grannarna.

24. Anne och George tar en taxi till Centralen, där George köper biljetter.
25. Vid biljettluckan:

26. George: Två tur och retur till Årsta Havsbad. Måste vi köpa platsbiljetter?

27. * Mannen: Nej, det är inte nödvändigt på det tåget. Men tåget går bara till
28. Västerhanninge, där ni får byta till buss.

29. Anne: Skynda dig George. Det blir svårt att få plats annars. Tåget
30. kommer säkert att vara fullsatt. Alla vill komma ut på landet
31. * över helgen.

32. När Anne och George har stigit på tåget hör de konduktören ropa:

33. * Tag plats! Var god stäng dörrarna!

34. De går förbi en kupé där det står "Rökare" på en skylt och fortsätter till
35. en vagn där det står "Icke rökare".

36. I Västerhanninge går konduktören genom vagnarna och ropar "Byte till Årsta
37. Havsbad".

38. * Då vaknar Anne som har somnat. Alla passagerarna stiger av. Framför sta-
39. * tionen väntar en SJ-buss med Årsta Havsbad på skylten. Anne och George ställer
40.   sig i kön och börjar leta efter biljetterna som George hittar i rockfickan.
41.   Det är fullt med folk på bussen. Den kör genom ett typiskt svenskt landskap
42.   med skogar och sjöar. Anne tycker att Sverige är vackert. Vid ändhållplatsen
43.   tar alla sitt bagage och stiger av. Här finns bara en kiosk, där man kan
44.   köpa varm korv, glass, tidningar och choklad. Från Årsta Havsbad ska Browns
45. * ta båt till Utö.

UNIT 13

Glossary

allting	everything
ankomst -en -er	arrival
annars	otherwise
avgång -en ∅	departure
bagage -t ∅	baggage, luggage
bjud/en -et -na	invited (past part.)
(att) byta, 2b	to change
byte -t -n	change
Centralen (C)	Central station
där	where (relative adverb)
fick/a -an -or	pocket
(att) fort/sätta, -sätter, -satte, -satt, 4	to continue
full -t -a	full
fullsatt -∅ -a	filled, all seats taken
generation -en -er	generation
glass -en ∅	ice cream
grann/e -en -ar	neighbor
grej -en -er	thing, gadget
gummi -t ∅	rubber
(att) hålla på (att göra något); håller, höll, hållit, 4	to be busy (doing something), to be in the process of (doing something)
häromdagen	the other day
icke	not (formal; used mainly in public notices)
inte heller	not ... either
kiosk	kiosk
klok -t -a	wise
du är inte klok	you are crazy
konduktör -en -er	conductor
korv -en -ar	sausage
varm korv	hot dog(s)
kupé -n -er	compartment
kö -n -er	line, queue
land -et ∅	countryside
landskap -et -∅	countryside, scenery, landscape
(att) leta (efter något); 1	to look (for something)
luck/a -an -or	window
(att) låna, 1	to borrow, to lend
lås -et -∅	lock
(att) låsa, 2b	to lock
läger, lägret, -∅	camp
lätt -∅ -a	easy, simple; light
nyckel -n, nycklar	key
ordentlig -t -a	orderly, careful, thorough
(att) packa, 1	to pack

4. *An acceptance*, ja tack, *corresponds to the English "yes, please."* (*Cf.* nej tack - *no thank you.*)

38. Att vakna *is the intransitive verb "to wake up," whereas the transitive verb "to wake up (someone)" is* att väcka (2b).

   Examples: Lena tycker det är svårt att vakna tidigt på morgonen.
   Lena thinks it's difficult to wake up early in the morning.

   Väckarklockan väcker henne klockan sju.
   The alarm clock wakes her up at seven.

   Note the difference between att sova *and* att somna. Att sova *means "to sleep" and* att somna *"to fall asleep."*

   Example: Lena somnade genast och sov i tolv timmar.
   Lena fell asleep right away and slept for twelve hours.

39. SJ-buss. SJ *is the abbreviation of* Statens Järnvägar, *the government-owned railroad system in Sweden. SJ operates buses between some localities as an extension of the railroad system.*

45. Att ta båt. *Swedish usually does not use the article before general means of transportation.*

   Examples: att åka tåg   *to go by train*
   att köra bil   *to drive (a car), to go by car*
   att ta buss   *to take a bus, to go by bus*
   att ta taxi   *to take a taxi, to go by taxi*

(*Cf. Unit 3, Note 6a., Unit 5, Note 25.*)

UNIT 13

Points to Practice

Point I: *Irregular verbs*

Point II: Tycka, tänka, tro

Point III: Där - dit *as relative adverbs*

Point I: *The Fourth Conjugation (Irregular Verbs)*

The fourth conjugation contains all the verbs that don't follow the patterns of the other three conjugations. We call the verbs of the fourth conjugation irregular because they don't all follow the same distinct pattern. However, many of them are conjugated according to certain predictable patterns of vowel changes.

Examples: finna, fann, funnit *(find)*; springa, sprang, sprungit *(run)*; skriva, skrev, skrivit *(write)*; bli(va), blev, blivit *(become)*.

*These verbs end in -it in the supine. The present tense ending is -er, except when the stem ends in a vowel or in -r. In those cases the same rule applies as in the other conjugations: If the stem ends in a vowel the present tense ending is just -r (*bli, blir*); if the stem ends in -r the stem serves also as present tense (*fara, far*).*

The fourth conjugation verbs which don't follow the predictable vowel patterns are very irregular. They may take on both a vowel change and an ending to form the past tense and the supine.

Examples: göra, gjorde, gjort *(do, make)*; ligga, låg, legat *(lie, be located)*; se, såg, sett *(see)*.

The present tense is formed the same way as for the verbs with the predictable vowel changes.

Examples: ligg/a, ligger; se, ser; gör/a, gör.

Exceptions: stjäla *(steal), present tense:* stjäl; veta *(know), present tense:* vet.

Note also that some of the auxiliaries have irregular present tense forms.

Examples: kan, måste, ska, vill.

The following is a comprehensive list of the fourth conjugation verbs. (The past participle form will be explained in Unit 14):

Infinitive	Present Tense	Past Tense	Supine	Past Participle	Translation
be	ber	bad	bett	-bedd	*ask, pray*
binda	binder	band	bundit	bunden	*bind, tie*
bita	biter	bet	bitit	biten	*bite*
bjuda	bjuder	bjöd	bjudit	bjuden	*offer, invite*
bli(va)	blir	blev	blivit	-bliven	*become*
brinna	brinner	brann	brunnit	-brunnen	*burn*
brista	brister	brast	brustit	brusten	*burst*
bryta	bryter	bröt	brutit	bruten	*break*
bära	bär	bar	burit	buren	*carry, wear*
---	bör	borde	bort	---	*ought to*
dra(ga)	drar	drog	dragit	dragen	*draw, pull*
dricka	dricker	drack	druckit	drucken	*drink*

Infinitive	Present Tense	Past Tense	Supine	Past Participle	Translation
driva	driver	drev	drivit	driven	drive (not vehicle)
duga	duger	dög	dugit	---	do, serve, be suitable
dö	dör	dog	dött	död	die
dölja	döljer	dolde	dolt	dold	conceal
falla	faller	föll	fallit	fallen	fall
fara	far	for	farit	-faren	go, travel
finna	finner	fann	funnit	funnen	find
finnas	finns	fanns	funnits	---	be, exist
flyga	flyger	flög	flugit	-flugen	fly
flyta	flyter	flöt	flutit	-fluten	float
frysa	fryser	frös	frusit	frusen	be cold, freeze
få	får	fick	fått	---	receive, get, may
försvinna	försvinner	försvann	försvunnit	försvunnen	disappear
ge, giva	ger	gav	gett	-given	give
glida	glider	gled	glidit	---	glide
glädja	gläder	gladde	glatt	---	make happy, please
gnida	gnider	gned	gnidit	gniden	rub
gripa	griper	grep	gripit	gripen	seize, grasp
gråta	gråter	grät	gråtit	-gråten	cry, weep
gå	går	gick	gått	-gången	go, walk
göra	gör	gjorde	gjort	gjord	do, make
ha(va)	har	hade	haft	-havd	have
heta	heter	hette	hetat	---	be called
hinna	hinner	hann	hunnit	hunnen	have time, attain
hugga	hugger	högg	huggit	huggen	cut, hew
hålla	håller	höll	hållit	hållen	hold, keep
kliva	kliver	klev	klivit	-kliven	step, climb
knyta	knyter	knöt	knutit	knuten	tie
komma	kommer	kom	kommit	-kommen	come
krypa	kryper	kröp	krupit	-krupen	creep, crawl
kunna	kan	kunde	kunnat	---	be able, may, know
le	ler	log	lett	---	smile

Infinitive	Present Tense	Past Tense	Supine	Past Participle	Translation
lida	lider	led	lidit	---	suffer
ligga	ligger	låg	legat	-legad	lie (lay, lain)
ljuga	ljuger	ljög	ljugit	-ljugen	lie (lied, lied)
lyda	lyder	löd, lydde	lytt	-lydd	obey; be worded
låta	låter	lät	låtit	-låten	let, permit; sound
lägga	lägger	lade	lagt	lagd	lay, put
---	måste	måste	---	---	must
niga	niger	neg	nigit	---	curtsy
njuta	njuter	njöt	njutit	-njuten	enjoy
nysa	nyser	nös	nyst	---	sneeze
pipa	piper	pep	pipit	---	squeak
rida	rider	red	ridit	riden	ride (on horseback)
rinna	rinner	rann	runnit	---	run, flow
riva	river	rev	rivit	riven	scratch, tear
ryta	ryter	röt	rutit	---	roar
se	ser	såg	sett	sedd	see
sitta	sitter	satt	suttit	-sutten	sit
sjunga	sjunger	sjöng	sjungit	sjungen	sing
sjunka	sjunker	sjönk	sjunkit	sjunken	sink
---	ska(ll)	skulle	---	---	shall, will
skina	skiner	sken	skinit	---	shine
skjuta	skjuter	sköt	skjutit	skjuten	shoot
skrida	skrider	skred	skridit	-skriden	glide, proceed
skrika	skriker	skrek	skrikit	-skriken	scream, shout
skriva	skriver	skrev	skrivit	skriven	write
skryta	skryter	skröt	skrutit	-skruten	brag, boast
skära	skär	skar	skurit	skuren	cut
slippa	slipper	slapp	sluppit	-sluppen	be spared from
slita	sliter	slet	slitit	sliten	tear, wear out
slå	slår	slog	slagit	slagen	beat, strike
slåss	slåss	slogs	slagits	---	fight
smyga	smyger	smög	smugit	-smugen	sneak, tip-toe

Infinitive	Present Tense	Past Tense	Supine	Past Participle	Translation
snyta	snyter	snöt	snutit	snuten	blow the nose
sova	sover	sov	sovit	---	sleep
spinna	spinner	spann	spunnit	spunnen	spin
spricka	spricker	sprack	spruckit	sprucken	crack, burst
sprida	sprider	spred	spritt	spridd	spread
springa	springer	sprang	sprungit	sprungen	run
sticka	sticker	stack	stuckit	stucken	stick, put; sting
stiga	stiger	steg	stigit	-stigen	step, rise
stjäla	stjäl	stal	stulit	stulen	steal
strida	strider	stred	stridit	-stridd	fight
stryka	stryker	strök	strukit	struken	cross out; iron
stå	står	stod	stått	-stådd	stand
stödja	stöder	stödde	stött	stödd	support
suga	suger	sög	sugit	sugen	suck
supa	super	söp	supit	-supen	drink liquor (excessively)
svida	svider	sved	svidit	---	smart, burn
svika	sviker	svek	svikit	-sviken	fail, disappoint
svälta	svälter	svalt	svultit	svulten	starve
svära	svär	svor	svurit	svuren	swear
säga	säger	sa(de)	sagt	sagd	say
sälja	säljer	sålde	sålt	såld	sell
sätta	sätter	satte	satt	satt	set, put
ta(ga)	tar	tog	tagit	tagen	take
tiga	tiger	teg	tigit	-tegen	be silent
---	törs	tordes	torts	---	dare
vara	är	var	varit	---	be
veta	vet	visste	vetat	---	know
vika	viker	vek	vikit	viken, vikt	fold
vilja	vill	ville	velat	---	want to
vinna	vinner	vann	vunnit	vunnen	win
vrida	vrider	vred	vridit	vriden	turn, twist
välja	väljer	valde	valt	vald	choose
vänja	vänjer	vande	vant	vand	accustom
äta	äter	åt	ätit	äten	eat

Note 1: *This list does not include any of the irregular verbs that are made up of a prefix (often a preposition) and a verb, for example: förstå, beskriva, fortsätta. These compound verbs are always conjugated according to the pattern that the simple verb follows.*

  Examples: förstå, förstår, förstod, förstått   *(to understand)*
        beskriva, beskriver, beskrev, beskrivit   *(to describe)*
        fortsätta, fortsätter, fortsatte, fortsatt   *(to continue)*

Some of the most common prefixes used with verb forms are: an-, be-, fort-, fram-, för-, genom-, ned-, till-, över-.

Note 2: *A dash before the participle form in the verb list means that the participle form is used only with a prefix.*

  Examples: överbliv/en -et -na   *(left over)*
        besvik/en -et -na   *(disappointed)*
        ihopkrup/en -et -na   *(curled up)*

To make it a little easier we'll list together some of the most common fourth conjugation verbs that follow the same vowel pattern:

Infinitive (short i)	Present Tense (short i)	Past Tense (short a)	Supine (short u)	Past Participle (short u)	Translation
binda	binder	band	bundit	bunden	*bind, tie*
brinna	brinner	brann	brunnit	-brunnen	*burn*
dricka	dricker	drack	druckit	drucken	*drink*
finna	finner	fann	funnit	funnen	*find*
finnas	finns	fanns	funnits	---	*be, exist*
försvinna	försvinner	försvann	försvunnit	försvunnen	*disappear*
hinna	hinner	hann	hunnit	hunnen	*have time, attain*
rinna	rinner	rann	runnit	---	*run, flow*
sitta	sitter	satt	suttit	-sutten	*sit*
slippa	slipper	slapp	sluppit	-sluppen	*be spared from*
spricka	spricker	sprack	spruckit	sprucken	*crack, burst*
springa	springer	sprang	sprungit	sprungen	*run*
sticka	sticker	stack	stuckit	stucken	*stick, put; sting*
vinna	vinner	vann	vunnit	vunnen	*win*

SWEDISH

Infinitive (long i)	Present Tense (long i)	Past Tense (long e)	Supine (long i)	Past Participle (Long i)	Translation
bita	biter	bet	bitit	biten	bite
bli(va)	blir	blev	blivit	-bliven	become
glida	glider	gled	glidit	---	glide
gnida	gnider	gned	gnidit	gniden	rub
gripa	griper	grep	gripit	gripen	seize, grasp
kliva	kliver	klev	klivit	-kliven	step, climb
lida	lider	led	lidit	---	suffer
niga	niger	neg	nigit	---	curtsy
rida	rider	red	ridit	riden	ride (on horseback)
riva	river	rev	rivit	riven	scratch, tear
skina	skiner	sken	skinit	---	shine
skrika	skriker	skrek	skrikit	-skriken	scream, shout
skriva	skriver	skrev	skrivit	skriven	write
slita	sliter	slet	slitit	sliten	tear, wear out
stiga	stiger	steg	stigit	-stigen	step, rise
svida	svider	sved	svidit	---	smart, burn
svika	sviker	svek	svikit	sviken	fail, disappoint
tiga	tiger	teg	tigit	-tegen	be silent
vika	viker	vek	vikit	viken, vikt	fold
vrida	vrider	vred	vridit	vriden	turn, twist

Infinitive (u)	Present Tense (u)	Past Tense (ö)	Supine (u)	Past Participle (u)	Translation
bjuda	bjuder	bjöd	bjudit	bjuden	offer, invite
hugga	hugger	högg	huggit	huggen	cut, hew
ljuga	ljuger	ljög	ljugit	-ljugen	lie (lied, lied)
njuta	njuter	njöt	njutit	-njuten	enjoy
sjunga	sjunger	sjöng	sjungit	sjungen	sing
sjunka	sjunker	sjönk	sjunkit	sjunken	sink
skjuta	skjuter	sköt	skjutit	skjuten	shoot
suga	suger	sög	sugit	sugen	suck
supa	super	söp	supit	-supen	drink liquor (excessively)

Infinitive (y)	Present Tense (y)	Past Tense (ö)	Supine (u)	Past Participle (u)	Translation
bryta	bryter	bröt	brutit	bruten	break
flyga	flyger	flög	flugit	-flugen	fly
flyta	flyter	flöt	flutit	-fluten	float
frysa	fryser	frös	frusit	frusen	be cold, feeze
knyta	knyter	knöt	knutit	knuten	tie
krypa	kryper	kröp	krupit	-krupen	creep, crawl
skryta	skryter	skröt	skrutit	-skruten	brag, boast
smyga	smyger	smög	smugit	-smugen	sneak, tip-toe
snyta	snyter	snöt	snutit	snuten	blow the nose
stryka	stryker	strök	strukit	struken	cross out; iron

Below is a list of the auxiliary verbs. (Note that they have no past participle form):

Infinitive	Present Tense	Past Tense	Supine	Translation
bli(va)	blir	blev	blivit	become
---	bör	borde	bort	ought to
få	får	fick	fått	be allowed, may
ha	har	hade	haft	have
kunna	kan	kunde	kunnat	be able to, can
låta	låter	lät	låtit	let
---	måste	måste	---	must
---	ska(ll)	skulle	---	shall, will
vara	är	var	varit	be
vilja	vill	ville	velat	want to

Practice A. This practice uses verbs from the fourth conjugation that have occurred in this Unit. Put the cue verb in the present tense.

                                                                                           CUE

Stugan _____ på Utö.　　　　　　　　　　　　att ligga
    ligger

George _____ att packa.　　　　　　　　　　att hålla på
    håller på

De _____ resa till landet.　　　　　　　　　　　ska
    ska

Tåget _____ på stationen　　　　　　　　　　att stå
    står

Vi _____ en taxi till Centralen.　　　　　　　　att ta
    tar

Tåget _____ tidigt på morgonen.　　　　　　　att gå
    går

De _____ tåget i Stockholm.　　　　　　　　att stiga på
    stiger på

Ann _____ inte ta tunnelbanan.　　　　　　　att hinna
    hinner

Lövgrens _____ Anne och George till sin stuga.　att bjuda
    bjuder

Det _____ svårt att få plats på tåget.　　　　　att bli
    blir

Practice B. This time put the cue verbs in the past tense.

                                                                                           CUE

_____ George väskan med sig?　　　　　　　　att ta
Tog

Hur dags _____ tåget?　　　　　　　　　　　　att gå
    gick

De _____ till en annan vagn.　　　　　　　att fortsätta
   fortsatte

_____ Browns ta med sig vin till sina vänner?　　ska
Skulle

Det _____ inga barn hemma.　　　　　　　　att finnas
   fanns

		CUE
Stina _____ på middag.		att bjuda
bjöd		
De _____ inte med tunnelbanan.		att hinna
hann		
George _____ att packa.		att hålla på
höll på		
De _____ i Årsta Havsbad.		att stiga av
steg av		
Anne _____ George köpa biljetterna		att låta
lät		
Stugan _____ på en ö.		att ligga
låg		
Bilen _____ på gatan.		att stå
stod		

Practice C. This time put the cue verb in the present perfect form (har + supine).

		CUE
Browns _____ på en resa.		att vara
har varit		
Vad ___ ni _____ på sista tiden?		att göra
har gjort		
Tåget _____ på stationen i en timme.		att stå
har stått		
George _____ att lära sig svenska.		att fortsätta
har fortsatt		
Anne ___ inte _____ någon choklad.		att få
har fått		
Boken _____ här i en vecka.		att ligga
har legat		
Bussen ___ redan _____.		att gå
har gått		
Familjen _____ på Utö hela sommaren.		att vara
har varit		

		CUE
Peter _____ väskan.		att ta hand om
har tagit hand om		
Vi _____ alla våra vänner.		att bjuda
har bjudit		
Attachén _____ i många länder.		att tjänstgöra
har tjänstgjort		
Varifrån ___ de här paketen _____?		att komma
har kommit		
Vem _____ att man inte får röka här?		att säga
har sagt		
Vilken sekreterare _____ det här meddelandet?		att skriva
har skrivit		
Mannen ___ inte _____ på två dagar.		att äta
har ätit		

Practice D. This is another practice on the fourth conjugation. Change the present tense of the verbs in the story to past tense.

Anne och George <u>far</u> ut på landet över helgen. Medan George <u>håller</u> på att packa
                  for   höll

<u>ser</u> Anne efter i tidtabellen när tåget <u>går</u>. Anne <u>vill</u> ta tunnelbanan, men George
såg   gick   ville

<u>säger</u> att de inte <u>kan</u> hinna med tåget, om de inte <u>tar</u> en taxi. George <u>bär</u> väskorna
sade   kunde   tog   bar

och <u>tar</u> hand om biljetterna. Och så <u>far</u> de med tåget som <u>går</u> från Centralen.
    tog   for   gick

Practice E. Put the cue verbs in the <u>present tense</u>. Most of the verbs used in these sentences have occurred in previous Units.

	CUE
Bröderna _____ till Stockholms skärgård. far	att fara
Vad _____ du om att hans efterträdare _____ Bob Smith? säger blir	att säga, att bli
Hon _____ inte tyska. förstår	att förstå
När _____ du färdig? blir	att bli
Karin _____ i kyrkan varje söndag. går	att gå
De _____ inte hur bra de _____ det. vet har	att veta, att ha
Det _____ hon _____ . håller med om	att hålla med om
Vad _____ Svante på somrarna? gör	att göra

Practice F. Put the cue verb in the <u>past tense</u>.

	CUE
Brodern _____ allt perfekt. gjorde	att göra
Mannen _____ inte vad hans hustru _____ . förstod sa(de)	att förstå, att säga
Journalisten _____ att det ___ tråkigt. höll med om var	att hålla med om, att vara
Kaptenen _____ hela resan. beskrev	att beskriva
Modern _____ honom gärna. förlät	att förlåta *(to forgive)*
Polisen _____ inte var hotellet ____ . visste låg	att veta, att ligga
Flickan _____ barnet på sängen. lade	att lägga
Sonen _____ att spela tennis. föredrog	att föredra

Point II: **Tycka, tänka tro**

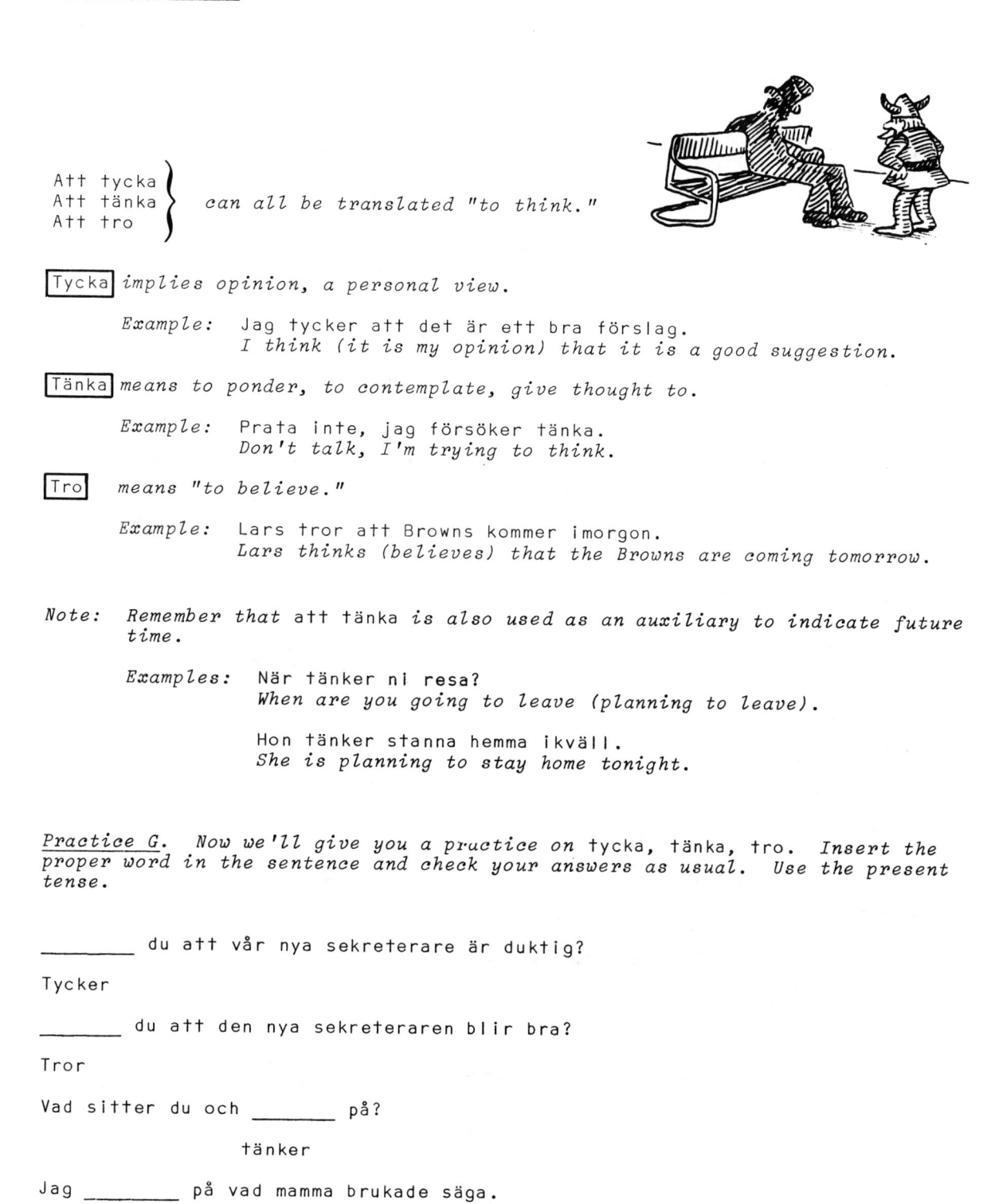

Att tycka
Att tänka } *can all be translated "to think."*
Att tro

Tycka *implies opinion, a personal view.*

   Example: Jag tycker att det är ett bra förslag.
   I think (it is my opinion) that it is a good suggestion.

Tänka *means to ponder, to contemplate, give thought to.*

   Example: Prata inte, jag försöker tänka.
   Don't talk, I'm trying to think.

Tro *means "to believe."*

   Example: Lars tror att Browns kommer imorgon.
   Lars thinks (believes) that the Browns are coming tomorrow.

Note: *Remember that* att tänka *is also used as an auxiliary to indicate future time.*

   Examples: När tänker ni resa?
   When are you going to leave (planning to leave).

   Hon tänker stanna hemma ikväll.
   She is planning to stay home tonight.

Practice G. *Now we'll give you a practice on* tycka, tänka, tro. *Insert the proper word in the sentence and check your answers as usual. Use the present tense.*

_____ du att vår nya sekreterare är duktig?

Tycker

_____ du att den nya sekreteraren blir bra?

Tror

Vad sitter du och _____ på?

   tänker

Jag _____ på vad mamma brukade säga.

   tänker

Jan _____ att han får jobbet *(the job)*.

   tror

_____ du att filmen som vi såg var bra?

Tycker du att filmen som vi såg var bra?

_____ ni att han kommer idag?

Tror

Bo _____ inte på att muséet är stängt på måndagarna.

   tänker

_____ George att det är svårt att lära sig svenska?

Tycker

(Speech bubble: Vad tror du? Vad tycker du? Vad tänker du på?)

Point III: **Där - dit** *as relative adverbs*

In English the word "where" has two functions: a. it introduces a question
  b. it is a relative adverb

a. Interrogative "where?"
 — var?   Var är han? (Where is he?)
 — vart? Vart gick han? (Where did he go?)

b. Relative "where"
 — där   I stan där han bor (In the city where he lives)
 — dit   I stan dit han for (In the city where he went)

You are already familiar with the translation of the interrogative "where?" as var? - vart? depending on whether the verb in the clause indicates rest or motion. (Cf. Unit 8, Point III)

The relative "where" introduces a relative clause, referring to a noun in the previous clause. (Example: The town where he lived had three churches.) Whether you use där or dit (corresponding to the English <u>relative adverb</u> "where") depends on whether the verb in the relative clause indicates rest or motion.

Practice H. *This is a practice on the relative adverbs* där - dit. *Insert the proper word in the sentence and check your answers as usual.*

Stugan, ____ Lena bodde när hon var liten, låg i Dalarna.

    där

Bilen, ____ Ullas väska låg, försvann under natten.

    där

I ett litet rum, ____ man kom genom en lång korridor, hängde en underbar tavla.

    dit

Det var kallt i rummet, ____ han satt och väntade.

    där

Vi körde till restaurangen, ____ ni promenerade igår.

    dit

Jag känner till *(know)* ett trevligt hotell, ____ man får ha sin hund med sig.

    där

Låt oss fara till en plats, ____ man kommer med buss.

    dit

UNIT 14

På Ön

1. Det var en strålande sommardag. Båten var full med glada människor, bland dem
2. Anne och George. Hundratals båtar seglade ut mot det öppna havet. Efter en halv-
3. timme var de framme vid Utö, och George och Anne hoppade iland. Plötsligt
4. * fick de syn på Svante Lövgren. De kände knappast igen honom. Den vanligtvis
5. * så prydlige banktjänstemannen var nu klädd i jeans och en gammal skjorta.

6. Svante: Hej och välkomna. Är ni trötta efter resan? Är det inte vackert
7.   här ute? Där uppe ligger stugan. Flaggan är hissad till er ära.

8. När de kom fram till stugan öppnades dörren och Brita Lövgren kom ut, glatt
9. leende.

10. Brita: Hej. Så roligt att ni kunde komma. Varsågoda och stig in. Nu skulle
11.   det väl smaka bra med lunch efter resan?

12. Efter lunchen.

13. Svante: Orkar ni ta en promenad tvärs över ön? Det här är en av de största
14.   öarna. Flera familjer bor här hela året om.

15. George: Finns det mycket snö här på vintern?

16. Svante: Nej, det är inte så farligt. Men isen kan vara besvärlig. Posten
17.   fungerar i alla fall och människorna här ute är vana vid kalla vintrar.

18. Anne: Kan man bara gå så här i skogen?

19. Brita: Ja, vi har ju "allemansrätten" i Sverige.

20. Anne: Vad är det för något?

21. Brita: Det är en gammal tradition som innebär att alla har rätt att röra sig
22.   fritt i naturen. Att plocka bär och svamp är tillåtet var som helst.
23.   Man kan gå iland på en ö, tälta och bada utan särskilt tillstånd.

24. Svante: Naturligtvis bör allemansrätten användas med ansvar. Det är klart
25.   att man inte kan gå in i någons trädgård och plocka blommor, eller

26. lägga till vid en privat brygga mitt framför en villa.

27. Följande morgon ville George och Anne gå och bada. Svante föreslog att de
28. skulle segla till en annan ö, där det fanns en fin sandstrand.

29. Sagt och gjort. Det var en ovanligt varm dag. Solen sken, och alla njöt.
30. Plötsligt kom en läskedrycksflaska flytande på vattnet och strax efteråt en
31. kartong. "Titta så folk bär sig åt," sa Svante, och höll ett kort föredrag
32. om miljövård. Han slutade med att säga: "Håll Sverige rent!"

33. * Besöket på ön blev lyckat. Det var kallt i vattnet så ingen hade lust att
34. simma långt ut. Men de låg länge och solade sig på stranden och pratade och
35. skrattade. Sen seglade de tillbaka till Utö, trötta och glada.

UNIT 14

Glossary

allemansrätt -n Ø	*right to access*
ansvar -et -Ø	*responsibility*
besvärlig -t -a	*troublesome, difficult*
besök -et -Ø	*visit*
bland	*among*
brygg/a -an -or	*dock*
bär -et -Ø	*berry*
(att) bära sig åt; bär, bar, burit, 4	*(to) behave*
efteråt	*afterwards*
fall -et -Ø	*case*
i alla fall	*in any case*
farlig -t -a	*dangerous*
det är inte så farligt	*it's not too bad*
flagg/a -an -or	*flag*
flask/a -an -or	*bottle*
(att) flyta, flyter, flöt, flutit, 4	*(to) float*
flytande -Ø -Ø	*floating; fluently*
(att) fungera, 1	*(to) function, work*
(att) få syn på; får, fick, fått, 4	*(to) catch sight of, spot*
följande -Ø -Ø	*following*
(att) före/slå, -slår, -slog, -slagit, 4	*(to) suggest*
glad, glatt, glada	*glad, happy, merry*
(att) hissa, 1	*(to) hoist*
(att) hoppa, 1	*(to) jump, skip, hop*
hundratals	*hundreds*
(att) hålla, håller, höll, hållit, 4	*(to) keep, hold*
iland	*ashore*
(att) inne/bära, -bär, -bar, -burit, 4	*(to) imply, mean*
is -en Ø	*ice*
jeans -en *(plur.)*	*blue jeans*
kartong -en -er	*cardboard box*
klädd, klätt, klädda	*dressed (past part.)*
knappast	*hardly*
(att) känna igen; 2a	*(to) recognize*
(att) le, ler, log, lett, 4	*(to) smile*
leende -Ø -Ø	*smiling*
leende -t -n	*smile*
(att) lägga till; lägger, la(de), lagt, 4	*(to) dock*
läskedryck -en -er	*soda pop*
miljö -n -er	*environment*
miljövård -en Ø	*environmental protection*
mitt framför	*right in front of*
människ/a -an -or	*person*
natur -en Ø	*nature*
(att) njuta, njuter, njöt, njutit, 4	*(to) enjoy*
(att) plocka, 1	*(to) pick*
plötslig -t -a	*sudden*
post -en Ø	*mail, mail service*
privat -Ø -a	*private*
prydlig -t -a	*neat*
rätt -en Ø	*right*
(att) röra sig; 2a	*(to) move*
sand -en Ø	*sand*
(att) simma, 1	*(to) swim*
(att) skina, skiner, sken, skinit, 4	*(to) shine*
(att) skratta, 1	*(to) laugh*
snö -n Ø	*snow*
sol -en -ar	*sun*
(att) sola sig; 1	*(to) sunbathe*
strand -en, stränder	*beach*
strax	*soon*
(att) stråla, 1	*(to) shine*
strålande -Ø -Ø	*glorious*

svamp -en -ar	mushroom
syn -en -er	sight, vision
(att) få syn på; får, fick, fått, 4	(to) catch sight of
tillstånd -et -Ø	permit, permission
(att) tillåta, tillåter, tillät, tillåtit, 4	(to) permit, allow
tillåt/en -et -na	permitted (past part.)
tjänste/man -mannen, -män	salaried employee
trött -Ø -a	tired
tvärs över	straight across
(att) tälta, 1	(to) camp
van -t -a (vid)	used to
vill/a -an -or	house, villa
vård -en Ø	care, maintenance
året om	the year round
är/a -an Ø	honor
till (någons) ära	in (someone's) honor
öpp/en -et -na	open

UNIT 14

Notes on Basic Sentences

4. Den vanligtvis så prydlige ... *This type of construction,* den (det, de) + *an adjectival phrase before a noun is very common in written Swedish. The adjectival phrase can sometimes be quite long and usually translates into a relative clause in English.*

    Examples: Den vanligtvis så prydlige banktjänstemannen ...
    The bank executive, who was usually so neatly dressed,...

    Den i Frankrike mycket välkända konstnären reser till New York imorgon.
    The artist, who is very well known in France, is leaving for New York tomorrow.

    It is important that you learn to recognize this construction because it is widely used in newspapers and magazines as well as in more formal texts. In spoken Swedish a relative clause usually expresses the same meaning, and is preferred.

    Examples: Banktjänstemannen, som vanligtivs är så prydlig, ...

    Konstnären, som är mycket välkänd i Frankrike, reser till New York imorgon.

5. Prydlig<u>e</u>. *In written Swedish the definite form of an adjective sometimes takes an* -e *rather than an* -a *ending when the adjective modifies a noun which refers to a male person.*

    Examples: den gaml<u>e</u> mannen   the old man
                den äldst<u>e</u> sonen   the oldest son
                de vis<u>e</u> männen   the wise men

    Again, this is a form that you may come across in written Swedish, so you should be able to recognize it. However, it is seldom used in spoken Swedish.

19. Vad är <u>det för</u> något? (What's that?) *As you know from Unit 4, Note 17, and Unit 7, Note 18, spoken Swedish often uses this construction in questions using the question word* vad.

    Examples: <u>Vad</u> är <u>det här för</u> något?
    What's this?

    <u>Vad</u> finns <u>det för</u> slags djur på Skansen?
    What kind of animals are there at Skansen?

    <u>Vad</u> är <u>det där för</u> slags blomma?
    What kind of flower is that?

32. Det var kallt i vattnet. *Swedish often uses* det *as a formal (grammatical) subject as in* Det var kallt i vattnet, *meaning: The water was cold. This usage is especially prevalent with intransitive verbs, and is sometimes equivalent to the English grammatical subject "there."*

    Examples:
    Det sitter en man på trappan. = En man sitter på trappan.
    There's a man sitting on the steps. = A man is sitting on the steps.

    Det kom ett brev med posten. = Ett brev kom med posten.
    There was a letter (that came) in the mail. = A letter came in the mail.

    Det växte ett stort träd vid huset. = Ett stort träd växte vid huset.
    There was a big tree growing by the house. = A big tree was growing by the house.

    Det körde en bil förbi mig. = En bil körde förbi mig.
    There was a car that drove by me. = A car drove by me.

UNIT 14

Points to Practice

Point I: Past Participles

Point II: Passive Voice
   a. Compound Passive
   b. -s Passive

Point III: Present Participle

Point I: *Past Participles*

The Swedish past participle is used and declined as an adjective. The form of the verb used with har and hade is called "the supine" and should not be confused with the past participle. The supine form is never declined and can not be used as an adjective.

Below is a table showing the difference between the Swedish supine and the participle forms:

Conjugation	Supine	Past Participle As Predicate Adjective	Past Participle As Modifying Adjective	
1	(har, hade) tvätt*at*	skjortan är (blir) tvätt*ad* golvet är (blir) tvätt*at* kläderna är (blir) tvätt*ade*	en tvätt*ad* skjorta ett tvätt*at* golv tvätt*ade* kläder	Indef.
			den tvätt*ade* skjortan det tvätt*ade* golvet de tvätt*ade* kläderna	Def.
2a	(har, hade) stäng*t*	dörren är (blir) stäng*d* fönstret är (blir) stäng*t* dörrarna är (blir) stäng*da*	en stäng*d* dörr ett stäng*t* fönster stäng*da* dörrar	Indef.
			den stäng*da* dörren det stäng*da* fönstret de stäng*da* dörrarna	Def.
2b	(har, hade) stek*t*	korven är (blir) stek*t* köttet är (blir) stek*t* köttbullarna är (blir) stek*ta*	en stek*t* korv (ett) stek*t* kött stek*ta* köttbullar	Indef.
			den stek*ta* korven det stek*ta* köttet de stek*ta* köttbullarna	Def.

3   (har, hade) sy<u>tt</u>   klänningen är (blir) sy<u>dd</u>   en sy<u>dd</u> klänning
                                skärpet är (blir) sy<u>tt</u>   ett sy<u>tt</u> skärp *(belt)*   *Indef.*
                                kläderna är (blir) sy<u>dda</u>   sy<u>dda</u> kläder

                                                                      den sy<u>dda</u> klänningen
                                                                      det sy<u>dda</u> skärpet   *Def.*
                                                                      de sy<u>dda</u> kläderna

4   (har, hade) skriv<u>it</u> boken är (blir) skriv<u>en</u>   en skriv<u>en</u> bok
                                brevet är (blir) skriv<u>et</u>   ett skriv<u>et</u> brev   *Indef.*
                                böckerna är (blir) skriv<u>na</u>   skriv<u>na</u> böcker

                                                                      den skriv<u>na</u> boken
                                                                      det skriv<u>na</u> brevet   *Def.*
                                                                      de skriv<u>na</u> böckerna

    (har, hade) sål<u>t</u>   bilen är (blir) sål<u>d</u>   en sål<u>d</u> bil
                                huset är (blir) sål<u>t</u>   ett sål<u>t</u> hus   *Indef.*
                                möblerna är (blir) sål<u>da</u>   sål<u>da</u> möbler

                                                                      den sål<u>da</u> bilen
                                                                      det sål<u>da</u> huset   *Def.*
                                                                      de sål<u>da</u> möblerna

The inflectional pattern of the Swedish past participles is very similar to that of the adjective.

Indefinite forms

The basic en form varies according to the conjugation of the verb.

Examples: en tvätt*ad* skjorta   (Conjug. 1)
           en stäng*d* dörr   (Conjug. 2a)
           en stek*t* korv   (Conjug. 2b)
           en sydd klänning   (Conjug. 3)
           en skriv*en* bok   (Conjug. 4)

The ett form of the past participle, like a regular adjective, gets the usual -t or -tt ending.

Examples: ett tvätt*at* golv
           ett stäng*t* fönster
           stek*t* kött
           ett sy*tt* skärp
           ett skriv*et* brev

The plural form gets either an *-e* or an *-a* ending, depending on the conjugation of the verb.

Examples: tvätt*ade* skjortor
           stäng*da* dörrar
           stek*ta* köttbullar
           sydd*a* kläder
           skriv*na* böcker

It is only the past participle of the first conjugation that gets the *-e* ending in the plural and definite forms. The rest have the familiar *-a* ending.

Definite forms

Like the adjectives, the definite forms, singular and plural, of the past participles are always the same as the plural indefinite forms.

The Swedish past participle can be used both as a modifying adjective (en stängd dörr) or as a predicate adjective (dörren är stängd). As a modifying adjective it is used both in the indefinite and definite forms.

Examples: *en* tvätt*ad* skjorta
           den tvätt*ade* skjorta*n*

As a predicate adjective it is always used in its indefinite form.

Examples: Skjortan är tvättad.
           Golvet är tvättat.
           Kläderna är tvättade.

Note: Comparative and superlative forms of past participles are formed by adding mer and mest before the participle.

Examples: August Strindberg är kanske den mest kända svenska författaren.
           August Strindberg is perhaps the most famous Swedish author.

           Strindberg är mer känd än Pär Lagerkvist.
           Strindberg is better known than Par Lagerkvist.

Practice A. We will have a short practice on the definite forms, singular and plural of the past participles of the four conjugations. Change the past participle from the indefinite to the definite form.

	CUE
	en stängd dörr
den stängda dörren	en berömd tavla
den berömda tavlan	skrivna böcker
de skrivna böckerna	en färdigsydd kostym
den färdigsydda kostymen	ett möblerat rum
det möblerade rummet	en bjuden gäst
den bjudna gästen	stekt potatis
den stekta potatisen	betalade räkningar
de betalade räkningarna	ett skrivet brev
det skrivna brevet	en känd konstnär
den kända konstnären	möblerade våningar
de möblerade våningarna	

Practice B. In this practice we'll give you the infinitive form of the verb and you'll have to form the past participle in its indefinite forms.

	CUE
Fönstren är _____.	stänga
stängda	
Köttet är _____.	steka
stekt	
Kakorna är _____.	baka
bakade	
Rummen är _____.	möblera
möblerade	
Tackkorten är _____.	skriva
skrivna	
Lena är inte _____.	bjuda
bjuden	

		CUE
Rökning var inte _____.		tillåta
tillåten		
Köttet är _____.		röka
rökt		
Huset är _____.		sälja
sålt		
Ljusen är _____.		tända
tända		
Hyran är _____.		betala
betalad (betald)		
Det är _____ att röka.		förbjuda
förbjudet		

Point II: **Passive Voice**

The passive voice (in Swedish and English) is a verb construction used to express a transition from one state to another on the part of the grammatical subject, or an action performed on the grammatical subject by an agent.

Swedish has two ways of forming the passive voice:

a. *The compound passive form*; and

b. *The passive -s form*

a. The <u>compound passive form</u> corresponds to the way English forms passive constructions (be + past participle). In Swedish the auxiliary <u>att bli</u> is used + the past participle, which has to agree with the grammatical subject.

Examples: Skjortan <u>blir</u> tvättad.
Golvet <u>blir</u> tvättat.
Kläderna <u>blir</u> tvättade.

Maten <u>blir</u> ställd på bordet.
Bordet <u>blir</u> ställt i rummet.
Stolarna <u>blir</u> ställda i köket.

Boken <u>blir</u> köpt.
Huset <u>blir</u> köpt.
Böckerna <u>blir</u> köpta.

Klänningen <u>blir</u> sydd.
Skärpet <u>blir</u> sytt.
Klänningarna <u>blir</u> sydda.

Boken <u>blir</u> skriven.
Tackkortet <u>blir</u> skrivet.
Breven <u>blir</u> skrivna.

Note 1:   The auxiliary in Swedish compound passive constructions is att bli -- not att vara. Att vara *describes a state or condition, not an action or a transition from one state to another.*

Examples: Skjortan <u>blev</u> tvättad på några minuter.
The shirt was washed in a few minutes.
(In colloquial English: The shirt got washed ...)

Skjortan är tvättad.
The shirt is washed. (The shirt is clean.)

Bilen <u>blev</u> stulen medan jag var borta.
The car was stolen while I was gone. (The car got stolen ...)

Bilen <u>var</u> stulen när jag kom tillbaka.
The car was stolen (gone) when I got back.

Note 2:   The preposition <u>av</u> corresponds to the English preposition "by" in a passive construction.

Practice C. Change the active sentences into passive sentences. The correct passive sentence will appear below each active sentence, so be sure to cover up the answers before you try to come up with the correct sentence yourself. Note that when man *is the subject in the active sentence there is no agent* (by.../ av...) *in the passive sentence.*

Ulla bakade kakan.

Kakan blev bakad av Ulla.

Kerstin sydde klänningen.

Klänningen blev sydd av Kerstin.

Lasse tvättar bilen.

Bilen blir tvättad av Lasse.

Johan sålde huset.

Huset blev sålt av Johan.

Mina vänner betalade räkningarna.

Räkningarna blev betalade av mina vänner.

Mannen körde bilen till stationen.

Bilen blev körd av mannen till stationen.

Familjen Ek bjöd oss på middag.

Vi blev bjudna av familjen Ek på middag.

Man flyttade möblerna till ett annat rum.

Möblerna blev flyttade till ett annat rum.

Man ordnade allt före resan.

Allt blev ordnat före resan.

b. Another way of making passive constructions in Swedish is to add an -s to the active form of the verb. This -s form can be added to the infinitive, past tense and the supine. In the present tense -s is added to the infinitive of the first and third conjugation verbs and to the stem in the second and fourth conjugation verbs. Consequently the -s passive infinitive form and the -s passive present tense form are identical in the first and third conjugations.

Examples: att bakas   kakan bakas
           to be baked   the cake is being baked

           att sys   klänningen sys
           to be sewn   the dress is being sewn

The following chart will show you the -s passive forms in all four conjugations.

Conjug.	Infinitive	Present tense	Past tense	Supine
1	att bak<u>as</u>	bak<u>as</u>	bak<u>ades</u>	(har, hade) baka<u>ts</u>
2a	att stäng<u>as</u>	stäng<u>s</u>	stäng<u>des</u>	(har, hade) stäng<u>ts</u>
2b	att köp<u>as</u>	köp<u>s</u>	köp<u>tes</u>	(har, hade) köp<u>ts</u>
3	att sy<u>s</u>	sy<u>s</u>	sy<u>ddes</u>	(har, hade) sy<u>tts</u>
4	att skriv<u>as</u>	skriv<u>s</u>	skrev<u>s</u>	(har, hade) skriv<u>its</u>

Note that an -e is inserted in the present tense in second and fourth conjugation verbs if the stem ends in an -s.

Examples: Nyheterna läses varje timme.
The news is read every hour.

Bären fryses meddetsamma.
The berries are frozen right away.

Practice D. In this practice we'll give you the active infinitive form of a verb in the Cue column. Use the tense that is indicated and put the verb into the sentence on the left.

CUE

Bordet _____ av min moster.　　　　　　　　　att köpa *(past)*
　　　köptes

Lars _____ till kontoret varje dag av sin fru.　att köra *(present)*
　　　körs

Det _____ att skjortan inte var tvättad.　　　　att märka *(past)*
　　　märktes

Det _____ mer förr.　　　　　　　　　　　　　att läsa *(past)*
　　　lästes

I Sverige _____ det mycket för de gamla.　　　　att göra *(present)*
　　　　görs

Mycket _____ i böcker.　　　　　　　　att beskriva *(present perf.)*
　　　har beskrivits

Det _____ mycket om ekonomin *(the economy)*.　att tala *(present)*
　　　talas

	CUE
Det _____ att hon kom från Tyskland. hördes	att höra *(past)*
Räkningen _____ redan _____. hade betalats	att betala *(past perf.)*
Filmen _____ av alla eleverna. sågs	att se *(past)*
Barn ska _____ men inte _____. ses höras	att se, att höra *(inf.)*
Han _____ vara den bästa i klassen. anses	att anse *(present)*
Filmen _____ vara intressant. sägs	att säga *(present)*

Practice E. This is another practice where you form a passive sentence out of an active sentence, but this time you'll use the -s form of the verb. Remember that when man *is the subject in the active sentence there is no agent (by.../av...) in the passive sentence. The correct passive sentence follows under the active sentence, so be sure to cover it up before you try to give your answer.*

Värdinnan serverade middagen.

Middagen serverades av värdinnan.

Läkaren tog in Ulf på sjukhuset.

Ulf togs in på sjukhuset av läkaren.

Man har gjort allt för att han ska bli bättre.

Allt har gjorts för att han ska bli bättre.

Man stängde dörren långsamt.

Dörren stängdes långsamt.

Man kan köpa tidningar i kiosker.

Tidningar kan köpas i kiosker.

Man köper biljetterna vid ingången.

Biljetterna köps vid ingången.

Brita använder skrivmaskinen.

Skrivmaskinen används av Brita.

Chauffören *(the driver, chauffeur)* hämtade ambassadören klockan åtta.

Ambassadören hämtades av chauffören klockan åtta.

Point III: *Present Participle*

The English present participle has three different functions:

1. *It can be an adjective. (This book is very interest__ing__.)*
2. *It indicates the progressive form of a verb. (He is read__ing__.)*
3. *It can be a noun (gerund). (Jogg__ing__ is fun.)*

1. *In Swedish the present participle functions mainly as an adjective.*

Examples: Ett blomm__ande__ träd   (*a blossoming tree*)
          Ett le__ende__ barn   (*a smiling child*)

The Swedish present participle is formed by adding the suffixes -ande *or* -ende. *The verbs that take an* -a *in the infinitive get the* -ande *suffix and verbs that do not take an* -a *in the infinitive (third and some fourth conjugation verbs) get the* -ende *suffix.*

The Swedish present participle is never declined.

Examples: en strål__ande__ dag   två strål__ande__ dagar
          ett le__ende__ barn   två le__ende__ barn

          den strål__ande__ dagen   de strål__ande__ dagarna
          det le__ende__ barnet   de le__ende__ barnen

2. *It is important that you remember that the English progressive form can not be translated into Swedish using the present participle of the verb. As we pointed out in Unit 5, the English progressive forms correspond to the present, past, present perfect, and past perfect tenses.*

Examples: *He is reading.*   Han läser.
          He was reading.   Han läste.
          He has been reading.   Han har läst.
          He had been reading.   Han hade läst.

When English verbs like "go," "sit," "stand," etc. are followed by a present participle, two co-ordinated verbs are used in Swedish.

Examples: *We stood there talking.*   Vi stod där __och pratade__.
          We went swimming.   Vi gick __och badade__.
          We sat there understanding nothing. Vi satt där __och förstod__ ingenting.

3. *The English gerund corresponds to a Swedish infinitive.*

Examples: *Jogging is good for you.*   __Att jogga__ är nyttigt.
          Do you like reading?   Tycker du om __att läsa__?
          I learn by listening.   Jag lär mig genom __att lyssna__.

Some Swedish nouns are derived from the present participle. These nouns belong either to the fourth or the fifth declension and are declined accordingly.

Ett-*nouns that end in* -ande *or* -ende *belong to the fourth declension.*

Examples: ett meddelande, meddelandet, meddelanden, meddelandena (*message*)
          ett leende, leendet, leenden, leendena (*smile*)

En-*nouns that end in* -ande *(usually signifying people) belong to the fifth declension.*

Example: en ordförande, ordföranden, ordförande, ordförandena (*chairman*)

En-*nouns ending in* -ende *are treated like adjectives.*

Example: en inneboende, den inneboende, (flera) inneboende, de inneboende
                                                              (*boarder*)

UNIT 15

Helger och Traditioner

Midsommar

1. På midsommarafton promenerade Browns
2. och deras svenska värdfolk ner till
3. en äng vid havet, där majstången
4. skulle stå. Där hade redan samlats
5. en liten grupp människor, unga och
6. gamla, och förberedelserna hade
7. börjat. Brita föreslog att Anne
8. * skulle hjälpa till med att klä majstången. Själv tänkte hon ta hand om kaffe-
9. serveringen. Ett par sommargäster höll på att sätta upp bord och stolar och
10. Svante och George gick genast dit och hjälpte till.

11. Efter några timmar var allt klart och den färdigklädda stången restes under
12. stort jubel.

13. * Klockan fyra började dansen omkring majstången. Alla deltog, stora och små,
14. en del i jeans och shorts, andra i vackra folkdräkter. Under pauserna serverades
15. kaffe och läskedrycker. Medan de vuxna vilade sig ordnade några duktiga ung-
16. domar lekar för de små. Alla hade roligt. George och Anne riktigt kände att
17. de upplevde en gammal svensk tradition.

18. Senare på kvällen gick de fyra vännerna ner till bryggan, där dansen fortsatte
19. för de vuxna. Efteråt satt de på bryggan i den ljusa sommarnatten och beundrade
20. soluppgången.

Julen

21. Efter midsommaren i skärgården skaf-
22. fade sig Browns en liten bok om
23. svenska helger. De ville veta hur
24. man firar jul i Sverige. George
25. började läsa:

26. "Julen börjar med Lucia-dagen den trettonde december. Enligt traditionen brukar
27. den äldsta dottern i familjen väcka far och mor tidigt på morgonen med Lucia-
28. sång, kaffe och lussekatter. Hon är klädd i vitt och har en krans av lingonris
29. med levande ljus på huvudet. Hon är omgiven av sina små syskon som är tärnor
30. och stjärngossar. Varje skola och arbetsplats har sin egen Lucia."

31. * "Tror du att det kommer någon Lucia till oss i december?" frågade Anne. "Vi
32. känner ju redan flera söta svenska flickor."

33. George fortsatte att läsa:

34. "Efter Lucia-dagen börjar svenskarna göra det julfint i huset. Man städar och
35. putsar, bakar och lagar julmat. Alla juldekorationer tas fram och dagen före
36. julafton, eller tidigare, kläs julgranen."

37. "Det där med storstädningen tycker jag mindre om," sade Anne.

38. "Julen har inte börjat än," sade George och läste vidare:

39. "Julafton, den tjugofjärde december, är den viktigaste dagen, särskilt för barnen.
40. Efter julmiddagen, när hela familjen är samlad och julgransljusen är tända, kommer
41. jultomten med en säck på ryggen, full med julklappar. Han knackar på dörren och
42. frågar om det finns några snälla barn i huset, och det finns det alltid, förstås.
43. På juldagsmorgonen, mycket tidigt, då det ännu är mörkt, går många svenskar i
44. julottan, och sen träffas släkt och vänner och äter julmat och dricker glögg. Det
45. finns många traditionella julrätter, t.ex. (till exempel) sillsallad, julskinka
46. med rödkål, lutfisk och risgrynsgröt. Under hela helgen dricker man kaffe och
47. äter pepparkakor och saffransbröd. Man dansar kring granen och firandet fort-
48. sätter med nyåret och trettondagen, den 6 januari, ända till 'tjugondag Knut,'
49. då julen dansas ut. Det är nästan som i julvisan att 'julen varar än till
50. påska' (julen vara ända till påsken).

Fastan

51. "Och sen kommer fastan. Hör på det här, Anne!"

52. "I samma visa står det också att 'däremellan kommer fastan.' Då dekoreras huset
53. med färggranna påskris och man äter semlor med mandelmassa och vispgrädde.

54. Under den här tiden märker man att dagarna börjar bli längre. De första vår-
55. blommorna tittar fram även om det fortfarande är ganska kallt ute."

56. "Så lustigt att svenskarna firar fastan fastän de inte är katoliker," utbrast
57. Anne.

58. "Ja, men det låter inte som om de äter mindre," sade George. "Nu ska vi se hur
59. de firar påsken."

Påsken

60. "Låt mig läsa nu, snälla du," sade Anne. Hon tog boken ifrån George och började
61. läsa:

62. "Påsken firas i Sverige bl.a. (bland annat) med att man målar och äter påskägg.
63. Barnen brukar också få vackra pappägg, som är fyllda med godsaker. Påskbordet
64. är dekorerat med vårblommor, kycklingar och påskkäringar. Påskkäringarna är en
65. * kvarleva från den tid då man trodde på häxor. Små flickor utklädda till påsk-
66. käringar går ibland omkring till grannarna och önskar 'glad påsk.'

67. Påsken har liksom julen två helgdagar, påskdagen och annandag påsk. Skolbarnen
68. har påsklov och det har blivit populärt att resa norrut och åka skidor."

69. "Nu kommer vi till något nytt," sade Anne. "Hör hur svenskarna firar våren."

Valborgsmässoafton

70. "Växlingarna mellan de olika årstiderna betyder mycket för svenskarna. Vårens
71. ankomst firas också med en speciell högtid. På valborgsmässoafton, den sista
72. april, samlas man runt stora eldar i alla städer och byar i Sverige. Man
73. sjunger sånger och håller välkomsttal till våren. Vid universiteten firas
74. våren särskilt intensivt med studentsång och vårbaler."

75. " Det låter väl roligt?" Anne lät entusiastisk. "Jag hoppas att vi kan mer
76. svenska nästa år och att vi blir bjudna på några trevliga vårbaler." Anne läste
77. vidare.

Första maj

78. "Den första maj är en helgdag i Sverige. Då firas arbetarnas dag med demonstra-
79. tionståg. I Stockholm marscherar man till Gärdet, där enligt traditionen po-
80. litiker och fackföreningsledare håller tal."

81. Anne såg att George hade somnat medan hon läste, så hon fortsatte inte beskriv-
82. ningarna på några av de mindre viktiga helgerna, Kristi himmelfärdsdag och
83. pingsten.

UNIT 15

Glossary

afton -en, aftnar	evening, eve
annandag -en -ar	second day (of Christmas, Easter, Pentecost)
arbetare -n -Ø	worker
bal -en -er	ball (dance)
beskrivning -en -ar	description
(att) betyda, 2a	(to) mean
(att) beundra, 1	(to) admire
bland annat (bl.a.)	among other things
bland andra (bl.a.)	among others
dans -en -er	dance, dancing
(att) dansa, 1	(to) dance
dekoration -en -er	decoration
(att) dekorera, 1	(to) decorate
en del	some, a few
(att) del/taga, -tar, -tog, -tagit, 4	(to) participate
demonstration -en -er	demonstration
däremellan	in between
eld -en -ar	fire, bonfire
entusiastisk -t -a	enthusiastic
exempel, exemplet, -Ø	example
till exempel (t. ex.)	for example
fackförening -en -ar	labor union
fast/a -an -or	fast, Lent
(att) fira, 1	(to) celebrate
folkdräkt -en -er	national costume
(att) fylla, 2a	(to) fill
färggrann -t -a	colorful
(att) förbereda, 2a	(to) prepare
förberedelse -n -r	preparation
glögg -en Ø	hot spiced wine served at Christmas
godsak -en -er	sweets, "goodies"
goss/e -en -ar	young boy
gran -en -ar	spruce
grupp -en -er	group
gryn -et -Ø	grain
grädd/e -en	cream
gröt -en Ø	porridge, hot cereal
helgdag -en -ar	holiday
(att) hjälpa till med; 2b	(to) help out with
häx/a -an -or	witch
högtid -en -er	festive day
ifrån	from
intensiv -t -a	intensive
jubel, jublet Ø	cheering
julgran -en -ar	Christmas tree
julklapp -en -ar	Christmas gift
julott/a -an -or	early church service Christmas Day morning
jultomt/e -en -ar	Santa Claus
katolik -en -er	Catholic
(att) klä, 3	(to) trim, decorate
(att) klä ut; 3	(to) dress up
krans -en -ar	wreath
kring	around
Kristi himmelfärdsdag	Ascension Day
(att) kunna, kan, kunde, kunnat	(to) know, have learned
kvarlev/a -an -or	remnant
kyckling -en -ar	chicken
kål -en Ø	cabbage
(att) känna, 2a	(to) feel
käring -en -ar	old lady, witch (derogatory)
ledare -n -Ø	leader
lek -en -ar	game
(att) leka, 2b	(to) play
levande -Ø -Ø	live, real
liksom	like
lov -et -Ø	(school) vacation

lussekatt -en -er	special saffron buns served at Lucia and Christmas
lustig -t -a	funny, peculiar
lutfisk -en ∅	specially prepared fish served at Christmas
maj/stång, -stången -stänger	maypole
mandel -n, mandlar	almond
mandelmass/a -an ∅	almond paste
(att) marschera, 1	(to) march
midsommarafton	Midsummer's eve
(att) måla, 1	(to) paint
norrut	north(ward), towards the north
(att) omge, omger, omgav, omgivit, 4	(to) surround
omgiv/en -et -na	surrounded
omkring	around
papp -en ∅	cardboard
paus -en -er	break, pause
peppar -n ∅	pepper
pepparkak/a -an -or	spicy cookies served at Christmas
pingst -en ∅	Pentecost
politiker -n -∅	politician
populär -t -a	popular
(att) putsa, 1	(to) polish
påskris -et -∅	branches brought into the house and decorated with dyed feathers (for Lenten and Easter decoration)
(att) resa, 2b	(to) raise
ris -et -∅	greens, twigs; rice
runt	around
rygg -en -ar	back
rätt -en -er	dish, food
saffran -en ∅	saffron
(att) samla, 1	(to) gather, collect (trans.)
(att) samlas, 1	(to) gather (intrans.)
seml/a -an -or	pastry served during Lent
shorts -en (plur.)	shorts
sill -en -ar	herring
sillsallad -en -er	herring salad
skid/a -an -or	ski
(att) åka skidor	(to) ski
skink/a -an -or	ham
soluppgång -en -ar	sunrise
sommargäst -en -er	non-permanent resident in summer resort area
speciell -t -a	special
stjärn/a -an -or	star
(att) städa, 1	(to) clean
städning -en ∅	cleaning
säck -en -ar	sack, bag
(att) titta fram; 1	(to) look out, stick up, appear
tjugondag Knut	twentieth day after Christmas
traditionell -t -a	traditional
trettondagen	Epiphany (thirteenth day)
tåg -et -∅	march, marching
tärn/a -an -or	attendant (for wedding and Lucia)
ungdomar -na (plur.)	young people
(att) uppleva, 2a	(to) experience
(att) ut/brista, -brister, -brast, -brustit, 4	(to) exclaim
valborgsmässoafton	Walpurgis night (April 30)
(att) vara, 1	(to) last
vidare	further
viktig -t -a	important
(att) vila sig; 1	(to) rest
(att) vispa, 1	(to) whip, beat (food)
vispgrädd/e -en ∅	whipped cream
vux/en -et -na	adult, grown-up
en vuxen, två vuxna	adult (noun)
(att) växla, 1	(to) change
växling -en -ar	change
ägg -et -∅	egg
ända till	all the way to, right up to
äng -en -ar	meadow, field
(att) önska, 1	(to) wish

UNIT 15

Notes on Basic Sentences

8. Att klä majstången. *The verb* att klä *(to dress) also has the meaning "to trim" or "to decorate" when you talk about trimming the Christmas tree or decorating the maypole --* att klä julgranen, att klä majstången.

13. Stora och små. *Swedish adjectives can be used as nouns.*

    Examples: Jag tittade på klänningar och valde mellan en grön och en blå.
    I was looking at dresses and chose between a green (one) and a blue (one).

    När vi far på semester är den stora bilen mer praktisk än den lilla.
    When we go on vacation the big car is more practical than the small one.

    Lena hade två väskor och Johan hjälpte henne att bära den tyngsta.
    Lena had two suitcases and Johan helped her carry the heaviest (one).

15. De vuxna (the adults, grown-ups). Vux/en -et -na *is an irregular past participle of* att växa *(to grow), which can be conjugated either according to the second conjugation* (växa, växer, växte, växt) *or as an irregular verb,* växa, växer, växte, vuxit. *The irregular past participle is often used as a noun.*

    Examples: En vuxen och två barn.
    One adult and two children.

    De vuxna pratade medan barnen lekte.
    The grown-ups talked while the children played.

31. Att det kommer någon Lucia. *See Unit 14, Note #32.*

65. Den tid då ... Den (det, de) *can be used as a* determinative adjective or pronoun, *which means that it refers to a following phrase, usually a necessary relative clause. When* den (det, de) *functions as a* determinative adjective *the following noun does not take the definite ending.*

    Examples: De biljetter som du inte har använt kan du lämna tillbaka.
    The tickets that you have not used you may return.

    Det hus som jag verkligen skulle vilja ha finns inte.
    The house that I would really like to have does not exist.

    Sommaren är den årstid då alla i Sverige vill ha semester.
    Summer is the time of year when everybody in Sweden wants a vacation.

    As a determinative pronoun den (det, de) *is followed immediately by a relative clause and corresponds in English to "the one who" ("he who," etc.), "that which" ("what"), and "those who."*

    Examples: Den som kommer för sent får ingen efterrätt.
    The one who is late gets no dessert.

    Det som han sade var sant.
    That which (what) he said was true.

    De som vill se på TV kan gå in i det andra rummet.
    Those who want to watch TV can go into the other room.

UNIT 15

Points to Practice

Point I: Compound Nouns
Point II: Compound Verbs

Point I: Compound Nouns

A compound noun is a noun made up of two or more words. In Swedish there is an abundance of compound nouns, which often correspond to a whole noun phrase in English.

Examples:

English (usually written in two words or more)

Christmas tree
baby-sitter
traveler's checks
day of the week
residential area

Swedish (written as one word)

julgran
barnvakt
resecheckar
veckodag
bostadsområde

The Swedish compound noun is an en word or an ett word depending on the last noun in the compound.

Examples: en barnvakt
            ett sommarställe

There are different ways of forming compound nouns in Swedish.

1. Two nouns may simply be joined.

   Examples: barnvakt
              julafton
              matsal

2. An extra letter may be added between the different words. This letter may be:

   a. -s Examples: bostadsområde (bostad + område)
                     tidningsartikel (tidning + artikel) *newspaper article*

   b. -e Examples: rättegång (rätt + gång) *trial*
                     oljekris (olja + kris) *oil crisis*

   c. -o Examples: veckodag (vecka + dag)
                     kyrkogård (kyrka + gård) *cemetery*

   d. -u Examples: gatuhörn (gata + hörn) *street corner*
                     varuhus (vara - *merchandise* - + hus) *department store*

3. Many words that end in an unstressed -a or -e lose that unstressed vowel when combined with another word.

    Examples: flickskola (flicka + skola)   girls' school
                  blombukett (blomma + bukett) bouquet of flowers
                  lampskärm (lampa + skärm)   lamp shade

There are many rules (with many exceptions) for how compound nouns are formed. We therefore suggest that you just try to learn each compound noun as it comes along. It is more important that you learn to recognize and distinguish the words that make up a compound noun so you can understand the meaning. Some compound nouns are made up of several words and are very long, for example, Arbetsmarknadsstyrelsen (AMS), Labor Market Board; Justitieombudsmannaämbetet (JO), Office of the National Ombudsman. No wonder Swedes are fond of abbreviations!

Point II: *Compound Verbs*

Verbs with particles (prefix, noun adjective, adverb) are called compound verbs. All compound verbs are conjugated the same way as the simple verb.

    Examples: att missbruka, missbrukar, missbrukade, missbrukat   *to abuse*
                 missbrukad, missbrukat, missbrukade

              att inställa, inställer, inställde, inställt   *to cancel*
                 inställd, inställt, inställda

              att misstänka, misstänker, misstänkte, misstänkt   *to suspect*
                 misstänkt, misstänkt, misstänkta

              att anförtro, anförtror, anförtrodde, anförtrott   *to confide*
                 anförtrodd, anförtrott, anförtrodda

              att beskriva, beskriver, beskrev, beskrivit   *to describe*
                 beskriven, beskrivet, beskrivna

   a. Some compound verbs are *inseparable* (i.e. particle and verb always stay together as one word). Verbs with the following prefixes are inseparable: an-, be-, er-, för-, här-, miss-, sam-, um-, und-, van-, å-.

      Examples: att använda   *to use*
                 att betala   *to pay*
                 att förklara   *to explain*
                 att samarbeta *to cooperate*

   b. Some compound verbs are separable, i.e. the particle is separated from the verb except in the present participle and past participle forms.

      Examples: att känna igen *(to recognize)*

              Vi känner igen honom.
              Vi kände igen honom.
              Vi har (hade) känt igen honom.
              Han blev igenkänd.
              Ett igenkännande leende. *(A smile of recognition)*

att kasta bort *(to throw away)*

Mona <u>kastar bort</u> tidningen.
Mona <u>kastade bort</u> tidningen.
Mona <u>har(hade) kastat bort</u> tidningen.
<u>Bortkastad</u> tid. *(Wasted time.)*

att tycka om *(to like)*

Per <u>tycker om</u> Lena.
Per <u>tyckte om</u> Lena.
Per <u>har (hade) tyckt om</u> Lena.
Lena är <u>omtyckt</u>.

<u>Practice A</u>. *This is a practice on separable compound verbs. Using the verb forms indicated by the cues, complete the sentences on the left.*

		CUE
Min kusin _____ vårt hus. kände igen		<u>att känna igen</u> *past tense*
Olof Palme blev _____ i New York. igenkänd		<u>att känna igen</u> *past participle*
Jag _____ din syster. känner igen		*present tense*
Bo tänker _____ sin villa. hyra ut		<u>att hyra ut</u> *infinitive*
Varför ____ du ____ din våning? hyr ut		*present tense*
Våningen var _____. uthyrd		*past participle*
Eva _____ sin bror. tycker om		<u>att tycka om</u> *present tense*
Åsa var mycket _____ i klassen. omtyckt		*past participle*
Jag _____ att bo nära havet. har tyckt om		<u>att tycka om</u> *present perfect*

		CUE
		<u>att äta upp</u>
_____ din mat!		*imperative*
Ät upp		
Hunden _____ kalvkotletten.		*past tense*
åt upp		
Allt är _____.		*past participle*
uppätet		
		<u>att kasta bort</u>
Erik _____ brevet.		*past tense*
kastade bort		
Ulla tyckte det var _____ tid att se på TV.		*past participle*
bortkastad		
Johan visste inte att Alice _____ tidningen.		*past perfect*
hade kastat bort		

Placement of the Particle in Separable Compound Verbs

We mentioned earlier that the particle in a separable compound verb is always attached to the verb in the present participle and the past participle forms. In other forms the particle is separated from the verb and follows the verb immediately.

Examples: Jag <u>tycker om</u> den här boken.
                Jag <u>tyckte om</u> den här boken.
                Jag <u>har (hade) tyckt om</u> att vara i Stockholm.
                Jag <u>kommer att tycka om</u> att bo så nära arbetet.

However, when a separable compound verb occurs in a question or in a main clause with reversed word order, or together with a roaming adverb (cf. Unit 12, Point II), the verb and the particle are separated by either the subject or the roaming adverb, or both.

Examples: <u>Tycker du om</u> den här boken? *(Question)*

            Eftersom vi inte träffas så ofta, <u>tycker vi om</u> att
            ringa till varandra. *(Reversed word order in main clause)*

            Jag <u>tycker inte om</u> att spela tennis.
            (Roaming adverb in clause with simple tense)

            <u>Tycker du inte om</u> att spela tennis?
            (Question with roaming adverb)

<u>Note:</u> *When the tense of the separable compound verb is a compound tense (i.e. present perfect, past perfect, or future) and the verb occurs with a roaming adverb, the adverb has to follow the first verb (the conjugated verb). The separated verb (verb + particle) follows.*

Examples: Jag <u>har aldrig tyckt om</u> att spela tennis.
                Jag <u>hade alltid tyckt om</u> honom.
                Jag <u>kommer alltid att tycka om</u> honom.

Practice B. *This is a practice using separable compound verbs in sentences with adverbs ("roaming" and "non-roaming"). We will use simple and compound tenses. Use the verb* att tycka om *throughout. We will indicate in the cue column what tense and what adverb to use.*

                                                     CUE

                                                   att tycka om

Karin _____honom.   *past tense +* aldrig
    tyckte aldrig om

Karin _____ honom.   *present perf. +* aldrig
    har aldrig tyckt om

Varför _____ Karin _____ honom?   *present tense +* inte
    tycker   inte om

Karin sade att hon _____ honom.   *past tense +* inte
                      inte tyckte om

Karin _____ honom _____.   *past tense +* för flera år
    tyckte om   för flera år sedan   sedan

Karin _____ honom _____.   *present perf. +* länge
    har tyckt om   länge

Karin var _____.   *past participle +* alltid
    alltid omtyckt.

Some verbs can be both separable and inseparable. These two forms usually indicate different meanings. The separable form is used to express something concrete; the inseparable form expresses something abstract.

Examples: Anna bröt av en tand.
Anna broke off a tooth.

Premiärministern avbröt förhandlingarna.
The Prime Minister broke off (interrupted) the negotiations.

Vi gick förbi Vita Huset.
We passed the White House.

Ordföranden förbigick vissa detaljer.
The chairman passed over (skipped, neglected) certain details.

Läraren pekade på det felstavade ordet.
The teacher pointed to the misspelled word.

Göran påpekade att han hade haft rätt.
Goran pointed out (indicated) that he had been right.

Note: If there is no difference in meaning between the separable and inseparable forms, the separable form is preferred in the spoken language. The inseparable form is more commonly used in formal written language.

Examples: Per valde ut en blå kostym.
Per chose (picked out) a blue suit.

Presidenten utvalde utrikesministern att leda förhandlingarna.
The President chose the Secretary of State to lead the negotiations.

UNIT 16

The emphasis in this Unit is on reading, a skill which will be necessary for your work. It is written in the style typical of Swedish newspaper and magazine articles. It will be your springboard to newspaper reading in Swedish and should serve as your introduction to further individual study. Each short essay with its vocabulary list will be treated as a separate item. Notes on Basic Sentences will be at the end of the entire Unit as usual. We suggest that you read each article, translate it and learn the new vocabulary before listening to the tape.

There are no practices in Unit 16. Instead we suggest the following work projects:

1. *After studying one of the essays, find a supplementary newspaper article on the same subject (assuming that you have access to Swedish newspapers), read it, and prepare a short talk (one to three minutes) on the topic.*

2. *Initiate a classroom discussion based on one of the essays and any additional reading on the same subject.*

3. *Select one essay and make a comparison between its content and a corresponding aspect of the United States; prepare a short briefing on this comparison.*

As you begin, let us point out a few characteristics of Swedish newspaper style:

a. *A richer vocabulary than we have introduced, and characterized by formal words and expressions not used in spoken Swedish.*

b. *An abundance of compound nouns and verbs.*

c. *The use of supine verb forms without the auxiliaries* har, hade.

d. Denna, den *instead of* den här, den där.

e. *Frequent use of the passive voice.*

f. *Frequent use of long, embedded sentences.*

UNIT 16

Glimtar från Sverige av idag

Geografi

1. Sverige är det största av de fem nor-
2. diska länderna och det fjärde i yt-
3. storlek i Europa. Landet är långt
4. och smalt, närmare bestämt 160 (svens-
5. ka) mil från Treriksröset i norr till
6. Smygehuk i söder. Trots att Sverige
7. ligger på samma breddgrad som Alaska
8. och Grönland har det ett mildare kli-
9. mat tack vare Golfströmmen i Atlanten.

10. * Så sent som 15.000 år f.Kr. (före Kristus) var hela Sverige fortfarande täckt
11. av is. Isen efterlämnade 96.000 sjöar, ett rikt varierande landskap och stora
12. skärgårdar utanför de långa kusterna. Enbart i Stockholms skärgård finns det
13. cirka 26.000 öar.

14. * Sverige har 8,3 miljoner invånare. Folktätheten är dock mycket ojämn. Ungefär
15. 90 procent av befolkningen är bosatt i den södra hälften av landet. Etniskt
16. * sett var Sverige länge ett av Europas mest enhetliga länder. Den situationen
17. * har emellertid kraftigt förändrats under senare år. Under högkonjunkturen
18. * på 1960-talet tog Sverige emot ett stort antal invandrare. Idag utgör de
19. omkring tio procent av befolkningssiffran. Enligt statistiken är föräldrarna
20. * till vart tredje barn som föds invandrare.

Glossary (Geografi)

antal -et -∅	number, quantity
Atlanten	the Atlantic (ocean)
(att) bestämma, 2a	(to) decide, determine
närmare bestämt	more precisely
bosatt -∅ -a	
(att) vara bosatt -∅ -a	(to) live, reside
breddgrad -en -er	latitude
dock	however, nevertheless
(att) efterlämna, 1	(to) leave behind
emellertid	however, nevertheless
enbart	solely, alone
enhetlig -t -a	uniform, homogenous
etnisk -t -a	ethnic
folktäthet -en ∅	population density
(att) födas, 2a	(to) be born
(att) förändra, 1	(to) change (transitive)
(att) förändras, 1	(to) change (intransitive)
geografi -n ∅	geography
glimt -en -ar	glimpse
Golfströmmen	the Gulf Stream
hälft -en -er	half
högkonjunktur -en -er	boom, prosperity
invandrare -n -∅	immigrant
invånare -n -∅	inhabitant
jämn -t -a	even
konjunktur -en -er	state of the market, economic situation
kraftig -t -a	powerful, substantial
Kristus	Christ
kust -en -er	coast
mil -n -∅	Swedish mile (10 kilometers, approx. six miles)
mild, milt, milda	mild
nordisk -t -a	Nordic
närmare bestämt	more precisely
ojämn -t -a	uneven
rik -t -a	rich
siffr/a -an -or	figure, number
situation -en -er	situation
smal -t -a	narrow, thin
statistik -en -er	statistics
storlek -en -ar	size
så ... som	as ... as
tack vare	thanks (be) to
trots	in spite of
(att) täcka, 2b	(to) cover
tät -t -a	dense, tight
täthet -en -er	density
utanför	outside
(att) utgöra, -gör, -gjorde, -gjort, 4	(to) constitute
var -t ∅	each, every
(att) variera, 1	(to) vary, diversify
yt/a -an -or	surface

Näringsliv och ekonomi

21. Sverige har rika naturtillgångar. Skog, järnmalm och vatten har i alla tider
22. varit grunden i den svenska ekonomin och är det fortfarande. Exporten är av
23. stor betydelse. Den uppgår till 25 procent av Sveriges BNP (bruttonational-
24. produkt). Numera exporteras betydligt fler färdiga produkter än tidigare.
25. Man exporterar bl.a. maskiner, flygplan, bilar, instrument, elektriska och
26. kemiska produkter och tekniskt kunnande. Sveriges största kunder är Norden
27. och EG-länderna (EG - europagemenskapen). Sverige har varken olja eller kol
28. och måste importera 75 procent av sitt bränsle. Vattenkraften svarar för
29. 15 procent av energikonsumtionen. Sveriges kärnkraftprogram omfattar 12
30. * reaktorer, 8 färdiga och 4 under byggnad. Efter en folkomröstning beträffande
31. kärnkraften 1980 beslöt regeringen, att programmet inte skall utbyggas vidare,
32. och att all kärnkraft skall vara avvecklad år 2010.

33. Sveriges ekonomi brukar ibland kallas en blandekonomi. Industrin är huvud-
34. * sakligen privatägd. Av alla industrianställda arbetar 90 procent i den pri-
35. vata sektorn. Staten ingriper i form av lagstiftning, krediter och stödåt-
36. gärder.

37. Målsättningen i den ekonomiska politiken är full sysselsättning, regional
38. balans och handelsbalans. Staten deltar aktivt i arbetsmarknadspolitiken,
39. * speciellt sedan lågkonjunktur och oljekriser skapat problem för den svenska
40. industrin. Man håller nere arbetslösheten med olika metoder: genom statliga
41. beredskapsarbeten, genom att omskola eller vidareutbilda anställda eller genom
42. stöd till företag med ekonomiska problem. Staten blandar sig däremot inte i
43. löneförhandlingarna på arbetsmarknaden mellan arbetstagare och arbetsgivare.
44. En lag om de anställdas medbestämmanderätt på arbetsplatsen (MBL - medbestäm-
45. * mandelagen) antogs år 1977.

Glossary (Näringsliv och ekonomi)

aktiv -t -a	active
(att) anställa, 2a	(to) employ
en anställd, två anställda	employee
(att) an/ta, -tar, -tog, -tagit, 4	(to) adopt; assume
arbetsgivare -n -Ø	employer
arbetslöshet -en Ø	unemployment
arbetsmarknad -en -er	labor market
arbetsplats -en -er	place of work
arbetstagare -n -Ø	employee
(att) avveckla, 1	(to) discontinue, wind down
balans -en -er	balance
beredskapsarbete -t -n	relief work
(att) be/sluta, -sluter, -slöt, -slutit, 4	(to) decide
(att) bestämma, 2a	(to) decide
beträffande -Ø -Ø	concerning, with regard to
betydelse -n -r	meaning, significance
betydligt	significantly, considerably
(att) blanda, 1	(to) mix, blend
(att) blanda sig i; 1	(to) interfere, intervene
blandekonomi -n -er	mixed economy
brutto	gross
bruttonationalprodukten (BNP)	gross national product (GNP)
bränsle -t -n	fuel
(att) bygga, 2a	(to) build
(att) bygga ut; 2a	(to) expand
byggnad -en -er	building
under byggnad	under construction
ekonomisk -t -a	economic
elektrisk -t -a	electric
energi -n Ø	energy
europagemenskapen (EG)	European Economic Community (EEC)
flygplan -et -Ø	airplane
folkomröstning -en -ar	referendum
form -en -er	form, shape
i form av	in the form of
företag -et -Ø	corporation
genom att	by
grund -en -er	foundation, basis
handel -n Ø	trade
huvudsak -en -er	main thing
huvudsakligen	mainly
industri -n -er	industry
(att) in/gripa, -griper, -grep, -gripit, 4	(to) interfere, intervene
instrument -et -Ø	instrument
järn -el Ø	iron
järnmalm -en Ø	iron ore
kemisk -t -a	chemical
kol -et -Ø	coal
konsumtion -en Ø	consumption

Swedish	English
kraft -en -er	power, force
kredit -en -er	credit
kund -en -er	customer
kunnande -t ∅	know-how
kärnkraft -en ∅	nuclear power
lag -en -ar	law
lagstiftning -en -ar	legislation
lågkonjunktur -en -er	depression, slump
lön -en -er	wage, salary
maskin -en -er	machine, machinery
medbestämmanderätt -en -er	workers' participation right
metod -en -er	method
mål -et -∅	goal, purpose
målsättning -en -ar	aim, objective
naturtillgång -en -ar	natural resource
Norden	the Nordic countries
numera	nowadays
näring -en -ar	nourishment, sustenance
näringsliv -et -∅	trade and industry, economy
olika *(plural form)*	various
(att) omfatta, 1	(to) include, comprise
(att) omskola (att skola om); 1	(to) retrain
politik -en ∅	politics, policy
privatäg/d -t -da	privately owned
problem -et -∅	problem
produkt -en -er	product
program -met -∅	program
reaktor -n reaktorer	reactor
regering -en -ar	government
regional -t -a	regional
sedan *(conjunction)*	after, when
sektor -n, sektorer	sector
(att) skapa, 1	(to) create
(att) skola om; 1	(to) retrain
stat -en -er	state, government
statlig -t -a	(adj.) state, government
(att) stifta, 1	(to) establish, found
stöd -et -∅	support
(att) svara, 1	(to) answer
(att) svara för; 1	(to) account for
sysselsättning -en -ar	work, employment
teknisk -t -a	technical
(att) upp/gå, -går, -gick, -gått, 4	(to) amount to, reach
(att) utbilda, 1	(to) educate, train
(att) utbygga (att bygga ut); 2a	(to) expand
varken ... eller	neither ... nor
vattenkraft -en ∅	hydroelectric power
åtgärd -en -er	measure, step
(att) äga, 2a	(to) own

Statsskick och politik

46. Sverige har ett <u>parlamentariskt</u> och <u>representativt</u> statsskick med ett en<u>kammar-</u>
47. <u>system</u>. <u>Kungen</u> har <u>endast</u> representativa <u>plikter</u>.

48. * <u>Allmänna</u> <u>val</u> <u>äger</u> <u>rum</u> vart tredje år. Ledaren för <u>majoritetspartiet</u> blir
49. vanligtvis <u>statsminister</u> och <u>bildar</u> regering. Regeringens <u>medlemmar</u> <u>kallas</u>
50. <u>statsråd</u> och är <u>chefer</u> för <u>relativt</u> små <u>departement</u>, varifrån den <u>politiska</u>
51. <u>ledningen</u> <u>utgår</u>. De <u>verkställande</u> <u>funktionerna</u> däremot <u>utövas</u> av stora <u>centrala</u>
52. <u>ämbetsverk</u>.

53. Typiskt för svensk politik är att svenskarna <u>röstar</u> <u>på</u> ett politiskt parti,
54. inte på en <u>enskild</u> person. Valkampanjen är helt <u>oberoende</u> av ekonomisk <u>hjälp</u>
55. från den privata sektorn. Partierna får statliga <u>bidrag</u> i form av en <u>bassumma</u>
56. för varje parti, <u>plus</u> ett <u>tillägg</u> för varje <u>mandat</u> partiet har i <u>riksdagen</u>.

57. Sverige har idag fem politiska partier <u>representerade</u> i riksdagen:

58. <u>Socialdemokratiska</u> arbetarpartiet (s) } det <u>socialistiska</u> <u>blocket</u>
59. <u>Vänsterpartiet</u> <u>kommunisterna</u> (vpk)

60. <u>Centern</u> (c)
61. <u>Moderata samlingspartiet</u> (m) } det <u>borgerliga</u> blocket
62. <u>Folkpartiet</u> (fp)

Glossary (Statsskick och politik)

allmän -t -na	*general*
bas -en -er	*base, basis, foundation*
bidrag -et -ø	*subsidy; contribution*
(att) bilda, I	*(to) form, establish*
block -et -ø	*bloc*
borgerlig -t -a	*non-socialist; bourgeois, middle class*
centern	*the center party*
central -t -a	*central*
chef -en -er	*chief, boss*
departement -et -ø	*(government) department*
endast	*only (adverb)*
enskil/d -t -da	*individual, private, separate*
folkpartiet	*the liberal party*
funktion -en -er	*function*
hjälp -en ø	*help, assistance*
(att) kalla, I	*(to) call*
kammare -n, kamrar	*chamber*
kampanj -en -er	*campaign*
kommunist -en -er	*communist (noun)*

kung -en -ar	*king*
ledning -en -ar	*leadership, management*
majoritet -en -er	*majority*
mandat -et -Ø	*(parliament) seat*
medlem -men -mar	*member*
moderat -Ø -a	*moderate*
moderata samlingspartiet	*conservative party*
oberoende -Ø -Ø	*independent*
parlamentarisk -t -a	*parliamentary*
parti -et -er	*(political) party*
plikt -en -er	*duty*
plus	*plus*
politisk -t -a	*political*
relativt	*relatively*
representant -en -er	*representative (noun)*
representativ -t -a	*representative (adjective)*
(att) representera, 1	*(to) represent*
riksdag -en -ar	*Swedish parliament*
(att) rösta på; 1	*(to) vote for*
samling -en -ar	*coalition; collection, gathering*
socialdemokratisk -t -a	*social democratic*
socialistisk -t -a	*socialistic*
statsminister -n, statsministrar	*prime minister*
statsråd -et -Ø	*(equivalent to) member of the cabinet*
statsskick -et -Ø	*constitution*
summ/a -an -or	*amount*
system -et -Ø	*system*
tillägg -et -Ø	*additional amount, supplement; surcharge*
(att) ut/gå (gå ut); -går, -gick, -gått, 4	*(to) originate, proceed, emanate*
(att) utöva, 1	*(to) carry out, exercise*
val -et -Ø	*election, choice*
verkställande -Ø -Ø	*executive (adjective)*
vänsterpartiet	*left-wing party*
(att) äga rum; 2a	*(to) take place*
ämbetsverk -et -Ø	*government agency or bureau*

Neutralitet och försvar

63. Kort före första världskriget proklamerade Sverige sin neutralitet. Sverige
64. hade då inte deltagit i något krig sedan Napoleonkrigen 1814 och hållit sig
65. utanför samtliga allianser med andra länder. Denna "alliansfrihet i fred med
66. syfte till neutralitet i krig" har sedan dess förblivit en grundprincip i
67. svensk utrikespolitik, omfattad av alla politiska partier.

68. Sveriges neutralitetspolitik har traditionellt varit förbunden med ett starkt
69. försvar. Landet har allmän värnplikt och hög beredskap. I krigstid skulle
70. * armén kunna mobilisera 700.000 man och civilförsvaret 200.000. År 1980 gick
71. ungefär tio procent av BNP till försvaret.

72. * Största delen av den militära utrustningen tillverkas i Sverige, men den alltmer
73. avancerade vapenteknologin börjar ställa nästan omöjliga krav på landets ekonomi.

74. Sveriges neutralitetspolitik betyder emellertid inte åsiktsneutralitet. Sverige

75. deltar mycket aktivt i internationella organisationer, t.ex. FN, även i frågor
76. som inte direkt berör svenska intressen. Nedrustning, koloniernas frigörelse,
77. * staternas självbestämmanderätt och mänskliga rättigheter är några av de frågor
78. som speciellt intresserar Sverige.
79. Svenska trupper har flera gånger deltagit i FN:s fredsbevarande uppgifter,
80. t.ex. i Kongo, Cypern och Sinai.

Glossary (Neutralitet och försvar)

allians -en -er	alliance
alltmer	more and more
armé -n -er	army
avancer/ad -at -ade	advanced
beredskap -en Ø	preparedness
(att) beröra, 2a	(to) concern, touch (upon), affect
(att) bevara, 1	(to) preserve, keep, protect
civil -t -a	civil, civilian
Cypern	Cyprus
fred -en -er	peace, peace time
frigörelse -n Ø	liberation
frihet -en -er	freedom, liberty
fråg/a -an -or	question, issue, matter
(att) för/binda, -binder, -band, -bundit, 4	(to) associate
(att) för/bli -blir, -blev, -blivit, 4	(to) remain
internationell -t -a	international
intresse -t -n	interest
(att) intressera, 1	(to) interest
koloni -n -er	colony
Kongo	the Congo
krav -et -Ø	demand
(att) ställa krav; 2a	(to) make demands
krig -et -Ø	war
militär -t -a	military
(att) mobilisera, 1	(to) mobilize
mänsklig -t -a	human
nedrustning -en Ø	disarmament
neutralitet -en Ø	neutrality
(att) omfatta, 1	(to) embrace, espouse; include, comprise
organisation -en -er	organization, institution
princip -en -er	principle
(att) proklamera, 1	(to) proclaim
rättighet -en -er	right
samtliga (plural)	all (the ...)
sedan dess	since then
självbestämmanderätt -en Ø	right to self-determination
stark -t -a	strong
syfte -t -n	purpose, aim, objective
med syfte till (att)	with the purpose of ...
teknologi -n Ø	technology
(att) tillverka, 1	(to) manufacture
trupp -en -er	troop
uppgift -en -er	task, assignment; information, statement
utrikespolitik -en Ø	foreign policy
utrustning -en -ar	equipment; arms
vapen, vapnet, vapen	weapon
värld -en -ar	world
värnplikt -en Ø	military service
allmän värnplikt	compulsory military service
åsikt -en -er	opinion, view
även	also

Socialpolitik

81. Utomlands kallas Sverige ibland "Välfärdssverige." Svenskarna själva talar
82. * lite skämtsamt om "folkhemmet." Vad man än kallar det, är det uppenbart att
83. Sverige på alla sätt försöker att ge trygghet åt sina medborgare och strävar
84. mot en social utjämning.

85. Det svenska folket betalar höga skatter, speciellt kommunalskatt och mervärdes-
86. skatt på varor och tjänster ("moms"). Skatterna "återbetalas" till skatte-
87. * betalarna i form av ett enormt socialförsäkringsprogram. Detta omfattar folk-
88. pension, sjukförsäkring (även tandvård), föräldraförsäkring, arbetsskadeför-
89. säkring och arbetslöshetsförsäkring m.m. (med mera). Socialpolitiken, såväl
90. som skattepolitiken, bidrar till en inkomstutjämning genom bostadsbidrag,
91. studiebidrag, o.s.v. (och så vidare). År 1978 gick 33,1% av BNP till social-
92. programmet.

Glossary (Socialpolitik)

(att) bi/dra, -drar, -drog, -dragit, 4	(to) contribute
bostadsbidrag -et -Ø	housing allowance
enorm -t -a	enormous
folkpension -en -er	old age pension
försäkring -en -ar	insurance
föräldraförsäkring -en -ar	parental insurance
inkomst -en -er	income
kommunal -t -a	local, municipal
med mera (m.m.)	etcetera
medborgare -n -Ø	citizen
mervärdesskatt -en -er	value added tax
och så vidare (o.s.v.)	etcetera, and so on
sjukförsäkring -en -ar	health insurance
skad/a -an -or	injury, damage
skatt -en -er	tax
skattebetalare -n -Ø	taxpayer
skämtsamt	jokingly, in jest
socialpolitik -en Ø	social policy
(att) sträva mot; 1	(to) strive for
studiebidrag -et -Ø	study grant
såväl som	as well as
sätt -et -Ø	way, manner
på alla sätt	in every way (possible)
tandvård -en Ø	dental care
tjänst -en -er	service, favor, job
trygghet -en Ø	security
uppenbar -t -a	obvious, evident
utjämning -en -ar	equalization
utomlands	abroad, overseas
vad (...) än	no matter what, whatever
välfärd -en Ø	welfare
(att) återbetala, 1	(to) pay back

Religion

93. Sverige har en lutherssk statskyrka. Alla medborgare föds och registreras inom
94. kyrkan. Prästerna är statsanställda. Svenskarna är kulturellt bundna till
95. kyrkan men deltar sällan aktivt i det kyrkliga livet.

96. Det finns naturligtvis andra kyrkliga samfund i Sverige, de s.k. (så kallade)
97. * frikyrkorna (andra protestantiska kyrkor), de katolska kyrkorna och de
98. * religiösa församlingar som etablerats av invandrarna.

Glossary (Religion)

(att) etablera, I	(to) establish
församling -en -ar	parish, congregation
inom	within
katolsk -t -a	Catholic (adjective)
kultur -en -er	culture
kulturell -t -a	cultural
kyrklig -t -a	church (adjective)
liv -et -Ø	life
luthersk -t -a	Lutheran
protestant -en -er	Protestant
protestantisk -t -a	Protestant (adjective)
präst -en -er	priest, clergyman
(att) registrera, I	(to) register
religion -en -er	religion
religiös -t -a	religious
samfund -et -Ø	denomination
så kall/ad -at -ade (s.k.)	so called
sällan	seldom

Skolor och utbildning

99. * I Sverige är det riksdagen och regeringen som utformar skol- och högskole-
100. politiken. På 1950-talet antogs en omfattande skolreform, som inte bara med-
101. förde förändringar inom skolans struktur utan också demokratiserade ett tidi-
102. * gare elitistiskt inriktat skolsystem. Sedan dess har det följt en rad vidare
103. reformer.

104. Skolavgifter, skolböcker och skolluncher är gratis. Även universitetsavgifterna
105. * är gratis och studenterna kan få årliga statliga studielån.

Glossary (Skolor och utbildning)

avgift -en -er	fee, tuition
(att) demokratisera, 1	democratize, make more democratic
elit -en -er	elite
elitistisk -t -a	elitist
förändring -en -ar	change
högskol/a -an -or	university
inrikt/ad -at -ade	aimed at, bent on, directed towards
lån -et -Ø	loan
(att) medföra (föra med); 2a	(to) involve, bring about, lead to
omfattande -Ø -Ø	comprehensive, extensive
rad -en -er	row, line; series
reform -en -er	reform
struktur -en -er	structure, framework
student -en -er	(university) student
studielån -et -Ø	student loan
utbildning -en Ø	education, training
(att) utforma, 1	(to) formulate, design, shape
årlig -t -a	yearly

Massmedia

106. I en statistisk undersökning som företogs år 1979 visade det sig att svenskarna
107. var världens mest tidningsläsande folk. Det finns 150 dagstidningar med en
108. sammanlagd upplaga på omkring 4,8 miljoner exemplar. Ett statligt presstöd
109. till de mindre tidningarna på en ort gör det möjligt för dem att klara kon-
110. * kurrensen, vilket innebär en mer pluralistisk press. Få tidningar är parti-
111. anknutna men flera representerar en viss politisk inriktning, de flesta en
112. borgerlig sådan.

113. Sveriges Radio AB (aktiebolag) har monopol på radio och TV-sändingar. Detta
114. bolag ägs gemensamt av fackföreningarna, industrin och pressen. Chefen och
115. halva styrelsen utses dock av regeringen. Alla TV- och radioägare måste betala
116. * årliga licenser, med vilka programmen finansieras. Vill svensken titta på
117. TV har han bara två kanaler att välja på, men i gengäld slipper han reklam!

Glossary (Massmedia)

aktie -n -r	*share, stock*
anknut/en -et -na (till)	*tied to, linked up with*
(att) an/knyta, -knyter, -knöt, -knutit, 4	*(to) connect, attach*
bolag -et -Ø	*company, corporation*
exemplar -et -Ø	*copy*
(att) finansiera, 1	*(to) finance*
(att) före/ta, -tar, -tog, -tagit, 4	*(to) undertake, perform, carry out*
gemensam -t -ma	*common, mutual*
gemensamt	*jointly*
gengäld; i gengäld	*in return*
inriktning -en -ar	*direction, trend*
kanal -en -er	*channel; canal*
(att) klara, 1	*(to) cope with, manage*
konkurrens -en Ø	*competition*
licens -en -er	*license (fee)*
massmedi/um -et -a	*mass medium*
monopol -et -Ø	*monopoly*
ort -en -er	*(geographical) place*
pluralistisk -t -a	*pluralistic*
press -en Ø	*press, news*
radio -n, radioapparater	*radio*
reklam -en -er	*advertising*
sammanlag/d -t -da	*combined*
statistisk -t -a	*statistical*
styrelse -n -r	*management, board of directors*
sådan -t -a	*one, such*
sändning -en -ar	*transmission, broadcast*
undersökning -en -ar	*examination, study, analysis*
upplag/a -an -or	*edition*
(att) ut/se, -ser, -såg, -sett, 4	*(to) choose, appoint*
(att) visa sig; 1	*(to) show, become evident, turn out*
viss -t -a	*certain*
(att) välja på; väljer, valde, valt, 4	*(to) choose from*
ägare -n -Ø	*owner*

UNIT 16

Notes on Basic Sentences

10. 15.000. *For numbers Swedish uses a period when English uses a comma, and a comma when English uses a period.*

    Examples: Det finns ungefär 15.000 (femton tusen) samer i norra Sverige.
    There are approximately 15,000 Lapps in northern Sweden.

    Sverige har omkring 8,3 (åtta komma tre) miljoner invånare.
    Sweden has about 8.3 million people.

14a. 8,3 miljoner. *See Note 10.*

14b. Dock. *The translation of* dock *is "however," but like* emellertid *it is used almost exclusively in written language. The closest spoken Swedish equivalents to English "however, but" are* men, i alla fall, i vilket fall som helst.

    Examples: Dörren var låst så vi kunde först inte komma in. Men George hittade en nyckel till köksdörren så vi kom in på det viset.
    The door was locked so we couldn't get in at first. However (but), George found a key to the back door so we got in that way.

    Jag tycker inte att det är nödvändigt att du kommer. I vilket fall som helst behöver du inte vara där förrän klockan åtta.
    I don't think it's necessary for you to come. However (anyway), you don't have to be there until eight o'clock.

16. Den situationen. *In written Swedish, the demonstrative adjectives* den (det, de) *and* denna (detta, dessa) *are more commonly used than* den där (det där, de där) *and* den här (det här, de här). *The meaning of* den (det, de) *as a demonstrative adjective is the same as* den där (det där, de där) *-- "that." The meaning of* denna (detta, dessa) *is the same as* den här (det här, de här) *-- "this."*

    Notice that when den (det, de) *functions as a demonstrative adjective the definite ending is added to the noun. (Cf. Unit 13, Note 27.)*

17. Emellertid. *See Note 14b.*

18. 1960-talet. *Adding* -talet *to a decade or a century corresponds to the English "s" added to the same numbers.*

    Examples: På 1800-talet.
    In (during) the eighteen hundreds (the 19th century).

    På 50-talet.
    In (during) the fifties.

    Notice the use of the preposition på *for "in" or "during." (Cf. Unit 11, Point II.)*

20. Vart tredje barn. *The word* varje (every) *may not be used before an ordinal number. Instead* var (vart) *is used.*

    Examples: Vi far på landet varje sommar.
    We go to the country every summer.

    Var tredje månad betalar jag min försäkring.
    Every three months (every third month) I pay my insurance.

Notice that the English "every + cardinal number + noun in the plural has to *be expressed in Swedish with* var(t) + ordinal number + noun in the singular.

The expression "every two ... (every other)" is varannan (vartannat).

Examples: Jag arbetar varannan vecka.   Vi åker till Sverige vartannat år.
 I work every other week.   *We go to Sweden every other year.*

30a. Reaktorer. *There is a change of stress in the plural form of multi-syllable third declension nouns ending in* -or.

Examples: reaktor   reaktorer   *reactor*
           doktor   doktorer   *doctor*
           professor   professorer   *professor*
           motor   motorer   *motor, engine*

30b. Färdiga. *See Unit 15, Note 13.*

34. Industrianställda. Anställd *is a past participle used as a noun and therefore takes the same endings as an adjective:*

	Singular	*Plural*
Indef. form	en anställd	(två) anställda
Def. form	den anställda	de anställda

Cf. Unit 15, Note 15.

39. Skapat problem. *In a subordinate clause, written Swedish often leaves out the auxiliaries* har *and* hade *in the present perfect and past perfect tenses, using only the supine form of the main verb. This is a usage that you should become familiar with since it may otherwise create difficulty in translations. Note, however, that* har *and* hade *may* not *be left out in a* main clause.

45. År 1977. *Written Swedish often uses the word* år *before numbers indicating a year. In spoken Swedish years are usually expressed without the word* år *and* always without a preposition.

Examples: Ulf är född 1945.
          Ulf was born in *1945.*

          (År) 1969 landade människan på månen.
          In *1969 man landed on the moon.*

          Lena kom till Amerika i januari 1981.
          Lena came to America in January of *1981.*

48. Vart tredje år. *See Note 20.*

70. 700.000 man. *The plural form of* man *is* män *in most cases. However, the plural form* man *is found in the context of military manpower, or labor force.*

Example: Besättningen består av 300 man.
         The crew consists of 300 men (and women).

72. Alltmer. *The word* allt *is sometimes used before the comparative form of an adjective or an adverb with the meaning "more and more."*

Examples: Bilarna blir allt mindre med åren.
          The cars get smaller and smaller over the years.

Den vetenskapliga utvecklingen går allt fortare framåt.
Scientific development advances more and more rapidly.

Allt is separated from the comparative form of the adjective or adverb except for in the combination with the adverb mer.

77. De frågor som ... *See Unit 15, Note 65.*

82. Vad man än kallar det. Vad än *has the meaning "whatever, no matter what," and should not be confused with* vad som helst *(anything at all).*

    Vem än = *no matter who, whoever*   Vem som helst = *anyone (at all)*
    Vad än = *no matter what, whatever*   Vad som helst = *anything (at all)*
    Var än = *no matter where, wherever*   Var som helst = *anywhere (at all)*

Note that inte *before* vem (vad, var) som helst *conveys the meaning "not* just *anybody (anything, anywhere)."*

87. Detta. *See Note 16.*

98a. De religiösa församlingar som ... *See Unit 15, Note 65.*

98b. Som etablerats. *See Note 39.*

99. Högskolepolitiken. *It is important to note that* högskola *means "university" and not "high school," which is best translated as Swedish* gymnasi/um -et -er.

102. Har det följt. *Se Unit 14, Note 32.*

105. Studenterna. *The Swedish word* student *usually refers to one studying at a university. More generally a person pursuing some kind of non-university study is referred to as* elev -en -er.

110. Vilket innebär. *The relative pronoun* vilket *must be used when it refers to a whole clause. The relative pronoun* som *can only refer to nouns, proper names, and pronouns.*

116a. Med vilka. *In this relative clause* vilka *has replaced* som, *because a preposition precedes the relative pronoun and* som *can* never *be preceded by a preposition.* Som *must* always *introduce the relative clause. When a preposition precedes the relative pronoun,* vilket (vilket, vilka) *must be used. However, in spoken Swedish it is much more common to use* som *with the preposition at the end of the clause.*

    Examples: Gatan som jag bor på är mycket smal.
                Gatan på vilken jag bor är mycket smal.
                The street which I live on is very narrow.

                Dessa problem, som de har talat så mycket om, måste lösas.
                Dessa problem, om vilka de har talat så mycket, måste lösas.
                These problems, which they have spoken so much about, must be solved.

116b. Vill svensken titta på TV (Om svensken vill titta på TV - *If the Swede wants to watch TV*). *In this conditional clause the conjunction* om *(if) has been left out and the subject-verb order is reversed. This is a sentence structure you should try to become familiar with since it is used to a great extent in newspaper writing and since it may present some difficulty in the translation unless you are aware of it.*

Example: Ska TV-programmen förbättras mäste licenserna höjas.
If the TV programs are to be improved the license fees must be raised.

Word List — SWEDISH

Swedish	English	Unit
A		
absolut	absolutely	8
accent -en -er	stress, stress marker	11
adjektiv -et -Ø	adjective	11
adjö	good-bye	1
adress -en -er	address	2
advokat -en -er	lawyer	3
affär -en -er	store, shop	8
Afrika	Africa	11
afton -en, aftnar	evening, eve	15
aftonklänning -en -ar	evening gown	8
aktie -n -r	share, stock	16
aktiv -t -a	active	16
aldrig	never	3
all, allt, alla	all	5
all -t -a möjlig -t -a	all possible, all kinds of	11
alldeles	completely	5
allemansrätt -en Ø	right to access	14
allians -en -er	alliance	16
allmän -t -na	general	16
allra	very (in front of the superl. form of an adj.)	9
alls	at all	1
alltid	always	3
allting	everything	13
alltmer	more and more	16
almanack/a -an -or	calendar	12
ambassad -en -er	embassy	1
ambassadör -en -er	ambassador	7
Amerika	America, the United States	2
amerikan -en -er	American (man)	9
amerikanare -n -Ø	American (man)	11
amerikansk -t -a	American (adj.)	3
amerikansk/a -an -or	American (woman)	11
amerikanska ambassaden	the American Embassy	1

Swedish	English	Unit
andra	(the) other, others; second See annan	4, 7
(att) anförtro, 3	(to) confide, entrust	15
anknut/en -et -na (till)	tied to, linked up with	16
(att) an/knyta, -knyter, -knöt, -knutit, -knut/en -et -na; 4	(to) connect, attach	
ankomst -en -er	arrival	13
(att) anlända, 2a	(to) arrive	12
annan, annat, andra	other; else	2, 8
annandag -en -ar	second day (of Christmas and Easter)	15
annars	otherwise	13
annons -en -er	advertisement	5
(att) an/se, -ser, -såg, -sett, -sedd, -sett, -sedda; 4	(to) think, be of the opinion, regard	9
(att) anställa, 2a	(to) employ	
en anställd, två anställda	employee	16
ansvar -et -Ø	responsibility	14
(att) an/ta, -tar, -tog, -tagit, -tag/en -et -na; 4	(to) adopt; assume	16
antagligen	probably	12
antal -et -Ø	number, quantity	16
antingen ... eller	either ... or	4
(att) använda, 2a	(to) use	8
april	April	5
apropå (det)	by the way	10
arabiska -n Ø	Arabic (language)	11
(att) arbeta, 1	(to) work	3
arbetare -n -Ø	worker	15
arbete -t -n	work	10
arbetsgivare -n -Ø	employer	16
arbetskamrat -en -er	colleague	12
arbetslöshet -en Ø	unemployment	16
arbetsmarknad -en -er	labor market	16
arbetsmarknadsstyrelsen (AMS)	Labor Market Board	15
arbetsplats -en -er	place of work	16
arbetstagare -n -Ø	employee	16
arg -t -a	angry	Pron. Guide

Swedish	English	Unit
armé -n -er	army	16
artig -t -a	polite	12
artikel -n, artiklar	article	15
arton	eighteen	1
artonde	eighteenth	7
ask -en -ar	box	12
askfat -et -Ø	ashtray	7
Atlanten	The Atlantic (ocean)	16
att	to (inf. marker); that (conj.)	1, 2
attaché -n -er	attache	12
augusti	August	5
(att) avancera, 1	(to) advance	
avancer/ad -at -ade	advanced	16
av	of	2
(att) av/bryta, -bryter, -bröt, -brutit -brut/en -et -na; 4	(to) interrupt, break off	15
avdelning -en -ar	department	8
avgift -en -er	fee, tuition	16
avgång -en Ø	departure (time)	13
(att) avveckla, 1	(to) discontinue, wind down	16

Swedish	English	Unit
B		
(att) bada, 1	(to) bathe, take a bath, go swimming	12
(att) bada bastu; 1	(to) take a sauna	12
badrum -met -Ø	bathroom	5
bagage -t Ø	baggage, luggage	13
(att) baka, 1	(to) bake	5
bakom	behind	12
bal -en -er	ball (dance)	15
balans -en -er	balance	16
bank -en -er	bank	4
bar -en -er	bar	10
bara	just, only	1

barn -et -ø	child	5
barnvakt -en -er	baby-sitter	15
bas -en -er	base, basis, foundation	16
bastu -n -r	sauna	12
(att) bada bastu; 1	(to) take a sauna	12
(att) be, ber, bad, bett, 4	(to) ask, request	9
befolkning -en -ar	population	13
begåv/ad -at -ade	gifted	11
språkbegåv/ad -at -ade	(to) have a gift for languages	11
(att) be/hålla, -håller, -höll, -hållit, -håll/en -et -na; 4	(to) keep	11
(att) behöva, 2a	(to) need	5
beige -t -a	beige	8
bekväm -t -a	comfortable	5
belgier -n -ø	Belgian (man)	3
ben -et -ø	bone; leg	Pron. Guide
(att) bereda, 2a	(to) prepare	
beredskap -en -er	preparedness, readiness	16
beredskapsarbete -t -n	relief work	16
berg -et -ø	mountain	Pron. Guide
beroende -ø -ø	dependent	
(att) berätta, 1	(to) tell	3
beröm/d -t -da	famous	4
(att) beröra, 2a	(to) concern, affect	16
(att) be/skriva, -skriver, -skrev, -skrivit, -skriv/en -et -na; 4	(to) describe	5
beskrivning -en -ar	description	15
(att) be/sluta, -sluter, -slöt, -slutit, -slut/en -et -na; 4	(to) decide	16
(att) be/stå (av); -står, -stod, -stått, -stådd, -stått, -stådda; 4	(to) consist (of)	16
(att) beställa, 2a	(to) order, reserve	2
(att) bestämma, 2a	(to) decide, determine	16
närmare bestämt	more precisely	16
besvik/en -et -na	disappointed	13
besvärlig -t -a	troublesome	14
besättning -en -ar	crew	16
besök -et -ø	visit	14

Swedish	English	Unit
(att) betala, 1	(to) pay	8
beträffande -Ø -Ø	concerning, with regard to	16
(att) betyda, 2a	(to) mean	15
betydelse -n -r	meaning, significance	16
betydligt	significantly, considerably	16
(att) beundra, 1	(to) admire	15
(att) bevara, 1	(to) preserve, keep, protect	
bibliotek -et -Ø	library	4
(att) bi/dra, -drar, -drog, -dragit, -drag/en -et -na; 4	(to) contribute	16
bidrag -et -Ø	subsidy; contribution	16
bil -en -ar	car, automobile; cab	2
(att) bilda, 1	(to) form; establish	16
biljett -en -er	ticket	10
biljon -en -er	trillion	1
billig -t -a	inexpensive, cheap	11
(att) binda, binder, band, bundit, bund/en -et -na; 4	(to) bind, tie	13, 15
bio -n Ø	movies	12
(att) bita, biter, bet, bitit, bit/en -et -na; 4	(to) bite	13
bitti	early (in the morning)	7
(att) bjuda, bjuder, bjöd, bjudit, bjud/en -et -na; 4	(to) invite invited	12 13
(att) bjuda på; 4	(to) offer	12
bjudning -en -ar	party	12
bland	among	14
bland andra (bl.a.)	among others	15
bland annat (bl.a.)	among other things	15
(att) blanda, 1	(to) mix, blend	
(att) blanda sig i; 1	(to) interfere, intervene	16
blandekonomi -n -er	mixed economy	16
blankett -en -er	form	13
(att) bli, blir, blev, blivit, 4	(to) become, be	1
block -et -Ø	bloc	16
blombukett -en -er	bouquet of flowers	12

Swedish	English	Unit
blomm/a -an -or	flower	12
(att) blomma, 1	(to) blossom	14
blå, blått, blåa	blue	4
(att) bo, 3	(to) live, reside	2
bok -en, böcker	book	3
bokhyll/a -an -or	bookcase	7
bolag -et -ø	company, corporation	16
bomull -en ø	cotton	8
bonde -n, bönder	farmer	Pron. Guide
bord -et -ø	table	5
till bords	to the table, at the table	12
bordsdam -en -er	table partner (lady)	12
bordsplacering -en -ar	seating arrangement	12
borgerlig -t -a	non-socialist; bourgeois, middle class	16
(att) borsta, 1	(to) brush	9
borst/e -en -ar	brush	
bort; borta	away (motion); away (stationary)	8
bosatt -ø -a; (att) vara bosatt	(to) live, reside	16
bostad -en, bostäder	residence	15
bostadsbidrag -et -ø	housing allowance	16
bostadsområde -t -n	residential area	15
bra -ø -ø ; bättre, bäst	fine, good, well; better, best	1 / 9
bras/a -an -or	(open) fire	12
bred, brett, breda	wide	4
breddgrad -en -er	latitude	16
bredvid	beside, next to	12
brev -et -ø	letter	Pron. Guide
(att) brinna, brinner, brann, brunnit, 4	(to) burn (intr.)	13
(att) brista, brister, brast, brustit, brust/en -et -na; 4	(to) burst (intr.)	13
bror, brodern, bröder	brother	2
(att) bruka, 1	(to) usually (do something), be in the habit of	3, 7
brun -t -a	brown	8

Swedish	English	Unit
bruna bönor	baked beans	9
brunn -en -ar	well	Pron. Guide
brutto	gross	16
bruttonationalprodukt -en -er (BNP)	gross national product (GNP)	16
(att) bry sig om; 3	(to) care about	10
brygg/a -an -or	dock	14
(att) bryta, bryter, bröt, brutit, brut/en -et -na; 4	(to) break	13
brytning -en -ar	accent	11
brådsk/a -an ∅	rush, hurry	9
bränsle -t -n	fuel	16
bröd -et ∅	bread	1
bukett -en -er	bouquet	12
bull/e -en -ar	bun	9
buss -en -ar	bus	1
by -n -ar	village	11
(att) bygga, 2a	(to) build	
(att) bygga ut; 2a	(to) expand	16
byggnad -en -er under byggnad	building under construction	9 16
(att) byta, 2b	(to) change	13
byte -t -n	change	13
bytt/a -an -or	jar	Pron. Guide
byxor (plur.)	pants	8
båda	both	8
både ... och	both ... and	11
båt -en -ar	boat	2
bänk -en -ar	bench; row of seats	5, 10
bär -et -∅	berry	14
(att) bära, bär, bar, burit, bur/en -et -na; 4	(to) carry, wear	13, 15
(att) bära sig åt; **4**	(to) behave	14
bäst (att) tycka bäst om; 2b	best; See bra (to) prefer	3 3
bättre	better; See bra	9

Swedish	English	Unit
bön/a -an -or	bean	9
bruna bönor	baked beans	9
bör, borde, bort, 4	ought to	10, 13
(att) börja, 1	(to) begin	3

C

Swedish	English	Unit
(att) campa, 1	(to) camp	Pron. Guide
cancer -n Ø	cancer	Pron. Guide
cape -n -r	cape	Pron. Guide
cell -en -er	cell	Pron. Guide
Celsius	centigrade	11
centern	the center party	16
central -t -a	central	
Centralen (C)	Central station	13
centrum -et, centra	center (of town)	8
champagne -n Ø	champagne	Pron. Guide
chans -en -er	chance	9
charmant -Ø -a	excellent	12
charmig -t -a	charming, quaint	4
charter	charter	11
check -en -ar	check	15
chef -en -er	chief, boss	16
choklad -en Ø	chocolate	12
chokladask -en -ar	box of candy	12
cigarr -en -er	cigar	3
cigarrett -en -er	cigarette	3
cirka	circa, about	16
citron -en -er	lemon	Pron. Guide
civil -t -a	civil, civilian	16
cocktail -en -s	cocktail	12
college -t -Ø	college	12
Cypern	Cyprus	16
cykel -n, cyklar	bicycle	Pron. Guide
(att) cykla, 1	(to) ride a bike, bicycle	12

Swedish	English	Unit
D		
dag -en -ar	day	1, 2
om dagen	a day	7
Dagens Nyheter	Daily News (Sw. newspaper)	1
dagg -en Ø	dew	Pron. Guide
dags; hur dags	at what time	12
det är dags	it is time	15
dam -en -er	lady	8
Danmark	Denmark	11
dans -en -er	dance, dancing	15
(att) dansa, 1	(to) dance	
dansk -en -ar	Dane (man)	11
dansk -t -a	Danish (adj.)	11
dansk/a -n Ø	Danish (lang.)	11
dansk/a -an -or	Dane (woman)	11
de	they; the (modif. plur. words)	2, 7
december	December	5
dekoration -en -er	decoration	15
(att) dekorera, 1	(to) decorate	15
del -en -ar	part	4
en del	some, a few	15
(att) del/ta, -tar, tog, -tagit, 4	(to) participate	15
delvis	partially	5
dem	them	2
(att) demokratisera, 1	(to) democratize, make democratic	16
demonstration -en -er	demonstration	15
den	it (ref. to en words); the (modif. en words)	2
den där, det där; de där	that; those	4
den här, det här; de här	this; these	2
denna, detta, dessa	this; these	9
densamma, detsamma, desamma	the same	8
departement -et -Ø	(government) department	16
deras -Ø -Ø	their, theirs	5
dessförinnan	before then	12

Swedish	English	Unit
dessutom	besides	5
det	it; the (modif. ett words)	1
detalj -en -er	detail	15
dig	you (sing. obj. form)	1
din, ditt, dina	your, yours (sing.)	2
direkt -ø -a	direct	2
diskmaskin -en -er	dishwasher	5
(att) diskutera, 1	(to) discuss, have a discussion	12
dit; där	there (motion); there (stationary)	8
djur -et -ø	animal	14
dock	however	16
doktor -n, doktorer	doctor, physician	12, 16
domkyrk/a -an -or	cathedral	4
dotter -n, döttrar	daughter	2
(att) dra(ga), drar, drog, dragit, drag/en -et -na; 4	(to) draw, pull	13
dramatisk -t -a	dramatic	10
(att) dricka, dricker, drack, druckit, druck/en -et -na; 4	(to) drink	1
dricks -en ø	tip	9
(att) driva, driver, drev, drivit, driv/en -et -na; 4	(to) drive (not a vehicle)	13
(att) dröja, 2a	(to) last, linger	13
du	you (sing.)	1
(att) duga, duger, dög, dugit, 4	(to) do, serve, be suitable	13
(att) duka, 1	(to) set the table	12
duk/ad -at -ade	set (past part.)	12
duktig -t -a	good, effective, competent	7
dygn -et -ø	24 hours	11
dyr -t -a	expensive	5
då	then, at that time; since; when	2, 12
dålig -t -a, sämre, sämst	bad; less good, least good	9
dålig -t -a, värre, värst	bad, worse, worst	9
där	where (rel.)	13

Swedish	English	Unit
där; dit	there (stationary) there (motion)	1, 8
däremellan	in between	15
däremot	on the other hand	12
därför att	because	8
(att) dö, dör, dog, dött, död, dött, döda; 4	(to) die	13
(att) dölja, döljer, dolde, dolt, dol/d -t -da; 4	(to) conceal	13
dörr -en -ar	door	7

Swedish	English	Unit
E		
efter	after	10
(att) efterlämna, 1	(to) leave behind	16
eftermiddag -en -ar i eftermiddag i eftermiddags	afternoon this afternoon this afternoon (past)	4 4 11
efterrätt -en -er	dessert	9
eftersom	since	8
efterträdare -n -Ø	successor	7
efteråt	afterwards	14
egen, eget, egna	own	11
egentligen	really, actually	3
ekonomi -n Ø	economy	14, 16
ekonomisk -t -a	economic	16
eld -en -ar	fire, bonfire	15
elektricitet -en Ø	electricity	5
elektrisk -t -a	electric	16
elev -en -er	student, pupil	9, 16
elfte	eleventh	7
elit -en -er	elite	16
elitistisk -t -a	elitist	16
eller	or	3
eller hur	don't you, isn't it, etc.	8
elva	eleven	1

Swedish	English	Unit
emedan	because	8
emellertid	however, nevertheless	16
en	a, an, one	1
enbart	solely, alone	16
enda	only (adj.)	3
endast	only (adv.)	16
energi -n ∅	energy	16
energisk -t -a	energetic	9
engelsk -t -a	English (adj.)	11
engelsk/a -an ∅	English (lang.)	11
engelsk/a -an -or	Englishwoman	11
engelsman -nen, engelsmän	Englishman	11
England	England	11
enhetlig -t -a	uniform, homogenous	16
enkel -t, enkla	simple	9
enkelhet -en ∅	simplicity	12
i all enkelhet	nothing fancy	12
enligt	according to	11
enorm -t -a	enormous	16
enskil/d -t -da	individual, private, separate	16
entusiastisk -t -a	enthusiastic	15
er	you (plur. obj. form)	2
er, ert, era	your, yours (plur.)	5
(att) etablera, I	(to) establish	16
etnisk -t -a	ethnic	16
ett	a, an, one	1
Europa	Europe	11
Europagemenskapen (EG)	the European Economic Community (EEC)	16
exempel, exemplet, -∅	example	15
till exempel (t.ex.)	for example	15
exemplar -et -∅	copy	16
expedit -en -er	clerk, salesperson	8
export -en -er	export	11
(att) exportera, I	(to) export	11

Swedish	English	Unit
F		
fackförening -en -ar	union	15
fall -et -Ø	case	14
i alla fall	in any case	14
i så fall	in such a case, if so	15
(att) falla, faller, föll, fallit, fall/en -et -na; 4	(to) fall	13
familj -en -er	family	3
fantastisk -t -a	fantastic	9
far, fadern, fäder	father	3
(att) fara, far, for, farit, 4	(to) go, travel	3
farbror, -n, farbröder	uncle (paternal)	3
farfar, farfadern, farfäder	grandfather (paternal)	3
farlig -t -a	dangerous	14
det är inte så farligt	it's not too bad	14
fartyg -et -Ø	ship	3
fast/a -an -or	fast, Lent	15
faster -n, fastrar	aunt (paternal)	3
fast(än)	although	12
(att) fatta, I	(to) grasp, understand	11
februari	February	5
felstav/ad -at -ade	misspelled	15
fem	five	1
femte	fifth	7
femtio	fifty	1
femton	fifteen	1
femtonde	fifteenth	7
fest -en -er	party	12
fick/a -an -or	pocket	13
filé -n -er	filet	9
film -en -er	film, movie	10
fin -t -a	fine	4
(att) finansiera, I	(to) finance	16
finger, fingret, fingrar	finger	Pron. Guide
Finland	Finland	11
finländare -n -Ø	Finn	11

Swedish	English	Unit
(att) finna, finner, fann, funnit, funn/en -et -a; 4	(to) find	12
(att) finna varandra; 4	(to) hit it off (together)	12
(att) finnas, finns, fanns, funnits; 4 det finns	(to) be found, exist there is (are)	1 1
finsk -t -a	Finnish (adj.)	11
finsk/a -an ∅	Finnish (lang.)	11
finsk/a -an -or	Finn (woman)	11
(att) fira, 1	(to) celebrate	15
fisk -en -ar	fish	9
fjorton	fourteen	1
fjortonde	fourteenth	7
fjärde	fourth	7
flagg/a -an -or	flag	14
flask/a -an -or	bottle	14
fler(a), flest	more, most; See många	9
flera	several	3
flick/a -an -or	girl	2
flyg -et -∅	plane, flight	2
(att) flyga, flyger, flög, flugit, 4	(to) fly	8
flygplan -et -∅	airplane	16
(att) flyta, flyter, flöt, flutit, 4	(to) float	13, 14
flytande -∅ -∅	floating, fluently	14
(att) flytta, 1	(to) move	5
folk -et -∅	people	11
folkdräkt -en -er	national costume	15
folkomröstning -en -ar	referendum	16
folkpartiet	the liberal party	16
folkpension -en -er	old age pension	16
folktäthet -en ∅	population density	16
form -en -er i form av	form, shape in the form of	16 16
formell -t -a	formal	12
fort	fast (adv.)	9

Swedish	English	Unit
fortfarande	still	3
(att) fort/sätta, -sätter, -satte, -satt, -satt, -satt, -satta; 4	(to) continue	13
fot -en, fötter	foot	Pron. Guide
till fots	on foot	12
fotografi -et -er	photo	3
fram; framme	there (motion)	8
	there (stationary)	8
(att) gå fram till; 4	(to) go (walk) up to	12
framför	in front of	
framme; fram	there (stationary)	8
	there (motion)	8
framåt	forward	16
Frankrike	France	11
fransk -t -a	French (adj.)	11
fransk/a -an Ø	French (lang.)	11
fransman -nen, fransmän	Frenchman	11
fransysk/a -an -or	Frenchwoman	11
fred -en -er	peace, peace time	16
fredag	Friday	3
fri -tt -a	free	8
frigörelse -n -r	liberation	16
frihet -en -er	freedom, liberty	16
frisk -t -a	fresh, healthy, well	9
fru -n -ar	Mrs; wife	1
frukost -en -ar	breakfast	1
(att) frysa, fryser, frös, frusit, frus/en -et -na; 4	(to) be cold, freeze	13
frysbox -en -ar	freezer	5
fråg/a -an -or	question, issue, matter	9, 16
(att) fråga, 1	(to) ask	4
från	from	2
främst	foremost	12
först och främst	first of all	12
frök/en -en -nar	Miss; (address to waitress or salesgirl)	1
full -t -a	full	13

Swedish	English	Unit
fullsatt -ø -a	filled, all seats taken	13
(att) fungera, 1	(to) function, work	
funktion -en -er	function	16
(att) fylla, 2a	(to) fill	15
(att) fylla i; 2a	(to) fill out	13
(att) fylla år; 2a	(to) become older in years	2
fyra	four	1
fyrtio	forty	1
få, färre	few, fewer	9
(att) få, får, fick, fått, 4	(to) be allowed to, may; get, receive; have to	1, 10
(att) få iväg; 4	(to) get (someone) to leave	12
(att) få syn på; 4	(to) catch sight of, spot	14
fåtölj -en -er	armchair	5
färdig -t -a	ready	8, 10
färdig/sydd, -sytt, -sydda	ready-made	8
färg -en -er	color	8
färggrann -t -a	colorful	15
färj/a -an -or	ferry	4
färsk -t -a	fresh	9
(att) födas, 2a	(to) be born	16
född, fött, födda	born	11
(att) följa, 2a	(to) follow	2
(att) följa med; 2a	(to) go (come) along, aacompany	2
fönster, fönstret, -ø	window	7
för	for (prep.); because, for (conj.); too	5, 8, 12
för att	to, in order to	4
för ... sedan	ago	3
(att) föra, 2a	(to) escort	12
(att) förbereda, 2a	(to) prepare	15
förberedelse -n -r	preparation	15
förbi	by, past	10
(att) förbi/gå, -går, -gick, -gått, -gång/en -et -na; 4	(to) pass over, skip, neglect	15

SWEDISH

Swedish	English	Unit
(att) för/binda, -binder, -band, -bundit, -bund/en -et -na; 4	(to) associate	16
(att) för/bli, -blir, -blev, -blivit, 4	(to) remain	16
(att) förbättra, 1	(to) improve	16
före	before (prep.)	10
(att) före/dra, -drar, -drog, -dragit, -drag/en -et -na; 4	(to) prefer	7
föredrag -et -∅	lecture	9
(att) förena, 1	(to) unite	
participation -at -ade	united	11
Förenta Nationerna (FN)	the United Nations (U.N.)	11
Förenta Staterna	the United States	11
(att) före/slå, -slår, -slog, -slagit, -slag/en -et -na	(to) suggest	14
föreställning -en -ar	performance, show	10
(att) före/ta, -tar, -tog, -tagit, -tag/en -et -na; 4	(to) undertake, perform, carry out	16
företag -et -∅	corporation, business	12, 16
förhandling -en -ar	negotiation	15
(att) förklara, 1	(to) explain	15
(att) förlova sig (med); 1	(to) get engaged (to)	10
förlåt	pardon, excuse me	2
(att) för/låta, -låter, -lät, -låtit, -låt-en -et -na; 4	(to) forgive	13
förmiddag -en -ar	morning (10-12 a.m.)	11
i förmiddags	this morning (past)	11
förort -en -er	suburb	Pron. Guide
förr	before, earlier	Pron. Guide
förra	last	
förresten	anyway, besides	12
förrgår; i förrgår	the day before yesterday	10
förrän; inte förrän	not until	9
församling -en -ar	parish, congregation	16
försen/ad -at -ade	late, delayed	12
förslag -et -∅	suggestion, proposition	9
först	first	4

Swedish	English	Unit
först och främst	first of all	12
(att) för/stå, -står, -stod, -stått, -stå/dd -tt -dda; 4	(to) understand	1
förstås	of course	12
försvar -et -Ø	defense	12
(att) försvinna, försvinner, försvann, försvunnit, försvunn/en -et -a; 4	(to) disappear	13
försäkring -en -ar	insurance	16
försök -et -Ø	attempt	Pron. Guide
(att) försöka, 2b	(to) try	10
förtjusande -Ø -Ø	lovely, delightful	12
förtjust -Ø -a	delighted	15
förälder -n, föräldrar	parent	3
föräldraförsäkring -en -ar	parental insurance	16
(att) förändra, 1	(to) change (trans.)	16
(att) förändras, 1	(to) change (intr.)	16
förändring -en -ar	change	16

Swedish	English	Unit
G		
gaffel -n, gafflar	fork	9
gammal -t, gamla; äldre; äldst (att) bli gammal; 4	old; older; oldest (to) get old	3, 9 / 3
ganska	rather, quite	4
(att) garantera, 1	(to) guarantee	9
garderob -en -er	closet	5
gas -en -er	gas (not gasoline)	5
gat/a -an -or	street	4
gatuhörn -et -Ø	street corner	15
(att) ge, ger, gav, gett, 4	(to) give	1
gemensam -t -ma	common, mutual	16
gemensamt	jointly	16
genast	right away	9
generation -en -er	generation	13
generös -t -a	generous	Pron. Guide

Swedish	English	Unit
gengäld; i gengäld	in return	16
genom	through	4
genom att	by	16
geografi -n ∅	geography	16
(att) gifta sig (med); 2b	(to) marry	10
(att) gilla, 1	(to) like	Pron. Guide
glad, glatt, glada	glad, happy, merry	14
glas -et -∅	glass	1
glass -en ∅	ice cream	13
(att) glida, glider, gled, glidit, 4	(to) glide, slide	13
glimt -en -ar	glimpse	16
(att) glädja, gläder, gladde, glatt, 4	(to) make happy, please	13
(att) glädja sig åt; 4	(to) look forward to, be happy about	10
glögg -en ∅	hot, spiced wine served at Christmas	15
(att) glömma, 2a	(to) forget	10
(att) gnata, 1	(to) nag	Pron. Guide
(att) gnida, gnider, gned, gnidit, gnid/en -et -na; 4	(to) rub	13
gnist/a -an -or	spark	Pron. Guide
(att) gnola, 1	(to) hum	Pron. Guide
(att) gnägga, 1	(to) neigh	Pron. Guide
god, gott, goda; bättre; bäst godare; godast	good; better; best	1, 9
var så god(a)	here you are	1
goddag	hello	1
godhjärt/ad -at -ade	good-hearted	12
godsak -en -er	sweets, "goodies"	15
Golfströmmen	the Gulf Stream	16
golv -et -∅	floor	5
goss/e -en -ar	young boy	15
grad -en -er	degree	11
gran -en -ar	spruce	15
grann/e -en -ar	neighbor	13

Swedish	English	Unit
gratis -Ø -Ø	free of charge	11
grej -en -er	thing, gadget	13
grek -en -er	Greek (man)	11
grekisk -t -a	Greek (adj.)	11
grekisk/a -an Ø	Greek (lang.)	11
grekisk/a -an -or	Greek (woman)	11
Grekland	Greece	11
(att) gripa, griper, grep, gripit, grip/en -et -na; 4	(to) seize, grasp	13
grund -en -er	foundation, basis	16
grupp -en -er	group	15
gryn -et -Ø	grain	15
grå, grått, gråa	gray	4
(att) gråta, gråter, grät, gråtit, 4	(to) cry, weep	13
grädde -n Ø	cream	15
grön -t -a	green	8
Grönland	Greenland	16
grönsak -en -er	vegetable	9
gröt -en Ø	porridge, hot cereal	15
gubb/e -en -ar lilla gubben	old man sweetie, dear	7 7
gul -t -a	yellow	8
gumm/a -an -or lilla gumman	old lady sweetie, dear	7 7
gummi -t Ø	rubber	13
gymnasi/um -et -er	Swedish high school	16
gymnastik -en Ø	gymnastics	Pron. Guide
(att) gå, går, gick, gått, 4	(to) walk, go; leave; be possible, work out	1, 9, 11
(att) gå fram till; 4	(to) go (walk) up to	12
(att) gå förbi; 4	(to) pass, walk past	15
en gående, två gående	pedestrian	3
gång -en -er	time, occasion	2
gård -en -ar	farm; yard	3, 15
gås -en, gäss	goose	Pron. Guide

SWEDISH

Swedish	English	Unit
(att) gälla, 2a	(to) apply, be the case	12
gärna; hellre; helst	gladly, with pleasure; rather; preferably	2, 9
gäst -en -er	guest	9
(att) gömma sig; 2a	(to) hide (oneself)	10
(att) göra, gör, gjorde, gjort, gjord, gjort, gjorda; 4	(to) do, make	2
det gör detsamma	it doesn't matter	12

Swedish	English	Unit
H		
(att) ha, har, hade, haft, 4	(to) have	1
(att) ha lust att; 4	(to) feel like	2
hal -t -a	slippery	Pron. Guide
hall -en -ar	hall	5
hallå	hello (only on the phone)	3
halv -t -a	half	9
hamn -en -ar	harbor	3
han	he	2
hand -en, händer	hand	9
(att) ta hand om; 4	(to) take care of	9
(att) ta i hand; 4	(to) shake hands	12
handel -n Ø	trade	16
(att) handla, 1	(to) shop	8
handsk/e -en -ar	glove	8
hans -Ø -Ø	his	5
hatt -en -ar	hat	8
hav -et -Ø	sea, ocean	12
till havs	at sea	12
hedersgäst -en -er	most honored guest, highest ranking guest, guest of honor	12
hej	hi	1
hel -t -a	whole	3
helg -en -er	holiday, weekend	11
helgdag -en -ar	holiday	15
heller; inte heller	not ... either, nor	13
hellre; helst	rather; preferably See gärna	9

Swedish	English	Unit
hem -met -ø	home	12
hem; hemma	home (motion) home (stationary)	5, 8
hemsk -t -a	terrible	12
hemskt gärna	(I'd) love to	12
hemvägen; på hemvägen	on the way home	10
henne	her (obj. form)	2
hennes -ø -ø	her, hers	5
herr	Mr.	1
herr/e -en -ar	gentleman	1
(att) heta, 2b	(to) be named	2
hetta -n ø	heat	11
(att) hinna, hinner, hann, hunnit, hunn/en -et -a; 4	(to) have time to	8
hiss -en -ar	elevator	4
(att) hissa, 1	(to) hoist	14
histori/a -en -er	story; history	12
hit; här	here (motion) here (stationary)	2, 8 8
(att) hitta, 1	(to) find	4
hjälp -en ø	help, assistance	11
(att) hjälpa 2b	(to) help	1
(att) hjälpa till med; 2b	(to) help out with	15
hjärtlig -t -a	hearty	12
Holland	Holland	11
holländare -n -ø	Dutchman	11
holländsk -t -a	Dutch (adj.)	11
holländsk/a -an ø	Dutch (lang.)	11
holländsk/a -an -or	Dutch woman	11
hon	she	2
honom	him	2
(att) hoppa, 1	(to) jump, hop, skip	14
(att) hoppas, 1	(to) hope	2
hos	at, with	7

SWEDISH

Swedish	English	Unit
hotell -et -ø	hotel	1
hovmästare -n -ø	headwaiter	9
(att) hugga, hugger, högg, huggit, hugg/en -et -na; 4	(to) cut, hew	13
hund -en -ar	dog	5
(ett) hundra	one (a) hundred	1
hundratals	hundreds	14
hungrig -t -a	hungry	4
hur	how	1
eller hur	don't you, isn't it, etc.	8
hur dags	at what time	2
hus -et -ø	house	5
hustru -n -r	wife	2
huvud -et, huvuden	head	10
huvudingång -en -ar	main entrance	10
huvudsak -en -er	main thing	16
huvudsakligen	mainly	16
huvudstad -en, huvudstäder	capital	11
hyr/a -an -or	rent	5
(att) hyra, 2a	(to) rent	5
hyresgäst -en -er	tenant	5
hål -et -ø	hole	Pron. Guide
(att) hålla, håller, höll, hållit, håll/en -et -na; 4	(to) hold, keep	14
(att) hålla med om; 4	(to) agree	2
(att) hålla på (att göra något); 4	(to) be busy (doing something)	13
(att) hålla tal; 4	(to) give a speech	9
hållplats -en -er	(bus, subway) stop	1
hår -et ø	hair (collective)	10
hårfrisörsk/a -an -or	beauty parlor, hairdresser	10
hälft -en -er	half	16
(att) hälsa, 1	(to) greet	11
(att) hälsa på; 1	(to) visit	11
(att) hälsa på; 1	(to) greet (somebody), to say hello	11

Swedish	English	Unit
(att) hälsa (till); 1	(to) say hello to, greet, give regards to	12
(att) hämta, 1	(to) get, pick up	2
(att) hänga, 2a	(to) hang	7
här; hit	here (stationary) here (motion)	1, 8 8
härifrån	from here	4
häromdagen	the other day	13
häx/a -an -or	witch	15
hög -t -a; högre; högst	high; higher; highest	5, 9
höger till höger om	right to the right of	1 1
höghus -et -Ø	highrise	12
högkonjunktur -en -er	boom, prosperity	16
högskol/a -an -or	university	16
högtid -en -er	festive day	15
(att) höja, 2a	(to) raise, increase	16
hör	listen (imperative)	8
(att) höra, 2a	(to) hear	8
(att) höra av sig; 2a	(to) get in touch	12
hörn -et -Ø	corner	4

höst -en -ar
    i höst
    i höstas
	fall, autumn
	this fall
	last fall
		2
		2
		11

Swedish	English	Unit
I		
i	in	1
i förrgår	the day before yesterday	10
i morse	this morning (past)	10
i år	this year	11
i övermorgon	the day after tomorrow	11
ibland	sometimes	8
icke	not (formal; used mainly in public notices)	13
idag	today	5

Swedish	English	Unit
ifjol	last year	11
ifjor	last year	11
ifrån	from	15
igen	again	3
igår	yesterday	5
ihopkrup/en -et -na	curled up (only for animate subjects)	13
ikväll	this evening, tonight	2
iland	ashore	14
imorgon	tomorrow	3
import -en -er	import, importation	
(att) importera, 1	(to) import	11
in; inne	in (motion)	5, 8
	in, inside (stationary)	8
Indien	India	11
industri -n -er	industry	16
ingen, inget, inga	no; no one, nobody, none	1, 8
ingenjör -en -er	engineer	3
ingenting	nothing	8
(att) in/gripa, -griper, -grep, -gripit, 4	(to) interfere, intervene	16
(att) ingå, ingår, ingick, ingått, 4	(to) be included	5
ingång -en -ar	entrance	9
inkomst -en -er	income	16
innan	before (conj.)	10
inne; in	in, inside (stationary)	8
	in (motion)	5, 8
inneboende -n -Ø	boarder	14
(att) inne/bära, -bär, -bar, -burit, 4	(to) imply, mean	14
inom	within	16
inrikt/ad -at -ade	aimed at, directed towards	16
inriktning -en -ar	direction, trend	16
instrument -et -Ø	instrument	16
(att) inställa, 2a	(to) cancel	15
inte	not	1
inte alls	not at all	1

Swedish	English	Unit
inte förrän	not until	9
inte heller	not ... either, nor	13
intelligent -Ø -a	intelligent	9
intensiv -t -a	intensive	15
internationell -t -a	international	16
intressant -Ø -a	interesting	3
intresse -t -n	interest	16
(att) intressera, 1	(to) interest	16
invandrare -n -Ø	immigrant	11, 16
invånare -n -Ø	inhabitant	16
is -en Ø	ice	14
istället för	instead of	10
isvatten, isvattnet Ø	ice water	9
Italien	Italy	11
italienare -n -Ø	Italian (man)	11
italiensk -t -a	Italian (adj.)	11
italiensk/a -an Ø	Italian (lang.)	11
italiensk/a -an -or	Italian (woman)	11
iväg; (att) få iväg; 4	(to) get (someone) to leave	12

Swedish	English	Unit
J		
ja	yes	1
jadå	yes, indeed	3
jag	I	1
jaha	yes	5
januari	January	5
Japan	Japan	11
japan -en -er	Japanese (man)	11
japansk -t -a	Japanese (adj.)	11
japansk/a -an Ø	Japanese (lang.)	11
japansk/a -an -or	Japanese (woman)	11
jaså	oh	2

Word List   SWEDISH

Swedish	English	Unit
javisst	certainly, of course, yes indeed	2, 3
jeans -en (plur.)	blue jeans	14
jo	yes (in answer to a negative question)	3
jobb -et -ø	job (colloq.)	13
(att) jobba, 1	(to) work (colloq.)	12
(att) jogga, 1	(to) jog	5
journalist -en -er	journalist	3
ju	as you know, of course	8
jubel, jublet ø	cheering	15
jugoslav -en -er	Yugoslav	11
jul -en -ar	Christmas	11
i julas	last Christmas	11
julgran -en -ar	Christmas tree	15
juli	July	5
julklapp -en -ar	Christmas gift	15
julott/a -an -or	early church service on Christmas Day morning	15
jultomt/e -en -ar	Santa Claus	15
juni	June	5
just	just	Pron. Guide
just nu	just now	3
Justitieombudsmannaämbetet (JO)	Office of the National Ombudsman	15
(att) jäkta, 1	(to) rush	10
jämn -t -a	even	9, 16
järn -et ø	iron	16
järnmalm -en ø	iron ore	16
järnväg -en -ar	railroad	13
järnvägsstation -en -er	train station	1
jätt/e -en -ar	giant	12
jättetrevlig -t -a	super, great	12

Swedish	English	Unit
K		
kaffe -t ∅	coffee	1
kak/a -an -or	cake, cookie	5, 13
kalender -n, kalendrar	calendar	Pron. Guide
kall -t -a	cold	8
(att) kalla, I	(to) call	16
så kall/ad -at -ade (s.k.)	so called	16
kalv -en -ar	veal, calf	9
kam -men -mar	comb	
(att) kamma sig; I	(to) comb (one's hair)	10
kammare -n, kamrar	chamber	16
kampanj -en -er	campaign	16
kamrat -en -er	friend	12
kanal -en -er	channel; canal	16
kanske	maybe, perhaps	4
kart/a -an -or	map	4
kartong -en -er	cardboard box	14
(att) kasta, I	(to) throw	
(att) kasta bort; I	(to) throw away	15
katolik -en -er	Catholic	15
katolsk -t -a	Catholic (adj.)	16
kedj/a -an -or	chain	Pron. Guide
kemisk -t -a	chemical	16
kemtvätt -en -ar	dry cleaning, dry cleaner's	10
kilometer -n -∅	kilometer (0.62 miles)	11
Kina	China	11
kines -en -er	Chinese (man)	11
kinesisk -t -a	Chinese (adj.)	11
kinesisk/a -an ∅	Chinese (lang.)	11
kinesisk/a -an -or	Chinese (woman)	11
kiosk -en -er	kiosk	13
kjol -en -ar	skirt	Pron. Guide
klar -t -a	clear, obvious; ready	3, 10
det är klart	of course	3

Swedish	English	Unit
(att) klara, 1	(to) cope with, manage	16
klass -en -er	class	9
klimat -et -Ø	climate	11
(att) kliva, kliver, klev, klivit, 4	(to) step, climb	13
klock/a -an -or	clock, watch	2
klok -t -a	wise	13
du är inte klok	you are crazy	13
(att) klä, 3	(to) trim, decorate, dress	15
(att) klä av sig; 3	(to) undress	10
(att) klä om sig; 3	(to) change (clothing)	10
(att) klä på sig; 3	(to) dress (oneself)	10
(att) klä sig; 3	(to) dress (oneself)	8
(att) klä ut sig; 3	(to) dress up	15
klädd, klätt, klädda	dressed	14
kläder -na (plur.)	clothes, clothing, wear	8
klänning -en -ar	dress	8
(att) knacka, 1	(to) tap, knock	12
knapp -en -ar	button	Pron. Guide
knappast	hardly	12, 14
kniv -en -ar	knife	9
knut -en -ar	knot	Pron. Guide
(att) knyta, knyter, knöt, knutit, knut/en -et -na; 4	(to) tie	Pron. Guide
(att) knäppa, 2b	(to) button	Pron. Guide
(att) koka, 1	(to) boil	
kokt -Ø -a	boiled	9
kol -en (-et) Ø	coal	16
(att) kolla, 1	(to) check	12
koloni -n -er	colony	16
komma -t -n	comma	16
(att) komma, kommer, kom, kommit, 4	(to) come	2
(att) komma att; 4	will, (to) be going to	2
(att) komma ihåg; 4	(to) remember	3
kommunal -t -a	local, municipal	16

Swedish	English	Unit
kommunist -en -er	communist	16
konduktör -en -er	conductor	13
Kongo	the Congo	16
konjunktur -en -er	state of the market	16
konkurrens -en ø	competition	16
konsert -en -er	concert	4
konst -en -er	art; trick	
konstnär -en -er	artist	10
konsulat -et -ø	consulate	9
konsumtion -en ø	consumption	16
kontor -et -ø	office	7
kopp -en -ar	cup	1
korrekt -ø -a	proper, correct	12
korridor -en -er	hall, corridor	7
kors -et -ø	cross	Pron. Guide
kort -et -ø	card	12
kort, kort, korta	short	4
korv -en -ar	sausage	13
varm korv	hot dogs	13
(att) kosta, 1	(to) cost	1
kostym -en -er	man's suit	8
kotlett -en -er	cutlet, chop	9
kraft -en -er	power, force	16
kraftig -t -a	powerful, substantial	16
krans -en -ar	wreath	15
krav -et -ø	demand	16
(att) ställa krav på; 2a	(to) make demands on	16
kredit -en -er	credit	16
krig -et -ø	war	16
kring	around	15
kris -en -er	crisis	15
kristallkron/a -an -or	chandelier	12
Kristi Himmelfärdsdag	Ascension Day	15
Kristus	Christ	16

Swedish	English	Unit
kron/a -an -or	crown (Sw. currency)	1
krypa, kryper, kröp, krupit, 4	(to) creep, crawl	13
kräft/a -an -or	crayfish	12
kul -ø -ø	fun (adj.)	3
kultur -en -er	culture	16
kulturell -t -a	cultural	16
kund -en -er	customer	16
kung -en -ar	king	16
kunglig -t -a	royal	10
(att) kunna, kan, kunde, kunnat, 4	(to) be able to, can; know (have learned)	1, 15
kunnande -t ø	know-how	16
kupé -n -er	compartment	13
kurs -en -er	course	11
kust -en -er	coast	16
kvalité -n -er	quality	8
kvar	still, left, remaining	2
kvarlev/a -an -or	remnant	15
kvart -en -er	quarter of an hour (15 mins.)	2
kvarter -et -ø	block	12
kvick -t -a	quick	
kvicktänkt -ø -a	sharp	12
kvinn/a -an -or	woman	11
kvinnlig -t -a	female (adj.)	12
kväll -en -ar ikväll	evening this evening, tonight	2 2
kyckling -en -ar	chicken	15
kylskåp -et -ø	refrigerator	5
kypare -n -ø	waiter	9
kyrk/a -an -or	church	4
kyrklig -t -a	church (adj.)	16
kyrkogård -en -ar	cemetery	15
kyss -en -ar	kiss	10
kål -en ø	cabbage	15

Swedish	English	Unit
källare -n -Ø	basement	5
(att) känna, 2a	(to) know; feel	2, 15
(att) känna igen; 2a	(to) recognize	14
(att) känna sig; 2a	(to) feel	10
(att) känna till; 2a	(to) know (of), be familiar with	13
käring -en -ar	old lady, witch (derogatory)	15
kärlek -en Ø	love	Pron. Guide
kärnkraft -en Ø	nuclear power	16
kö -n -er	line, queue	13
kök -et -Ø	kitchen	5
(att) köpa, 2b	(to) buy	1
Köpenhamn	Copenhagen	11
(att) köra, 2a	(to) drive	8
kött -et Ø	meat	9
köttbull/e -en -ar	meatball	9

Swedish	English	Unit
L		
lag -en -ar	law	16
(att) laga, 1	(to) mend, repair, fix	
(att) laga mat; 1	(to) cook	12
lagstiftning -en -ar	legislation	16
lamp/a -an -or	lamp	5
lampskärm -on -ar	lamp shade	15
land -et, länder	country, country side	11, 13
(att) landa, 1	(to) land	16
landskap -et -Ø	province, scenery, landscape	13
lapp -en -ar	Lapp; piece of paper; patch	11
lappby -n -ar	Lapp village	11
lapska -n Ø	Lapp (lang.)	11
lat -Ø -a	lazy	Pron. Guide
(att) le, ler, log, lett, 4	(to) smile	13, 15

SWEDISH

Swedish	English	Unit
ledig -t -a	free, available	2
(att) leda, 2a	(to) lead, conduct	15
ledare -n -Ø	leader	15
ledning -en Ø	leadership, management	16
leende -t -n	smile	14
leende -Ø -Ø	smiling	14
lek -en -ar	game	15
(att) leka, 2b	(to) play	15
leksak -en -er	toy	5
(att) leta (efter något); 1	(to) look (for something)	13
(att) leva, 2a	(to) live	3
levande -Ø -Ø	live, real	15
licens -en -er	license (fee)	16
(att) lida, lider, led, lidit, 4	(to) suffer	13
(att) ligga, ligger, låg, legat, 4	(to) lie (lay, lain), be located	3, 4
(att) ligga mot; 4	(to) face	5
liksom	like	15
lila -Ø -Ø	purple	8
lilla (def. form sing.)	little, small; See liten	7
lingon -et -Ø	lingonberry	9
linneskåp -et -Ø	linen closet	5
list/a -an -or	list	9
lite	a little, some	1
lite grann	a little bit	1
liten, litet, små; mindre; minst	small, little; less, least	4, 9
liv -et -Ø	life	11
(att) ljuga, ljuger, ljög, ljugit, 4	(to) lied (lied, lied)	13
ljus -t -a	light, bright	5
ljus -et -Ø	light, candle	12
ljusblå -tt -a	light blue	8
ljusgrön -t -a	light green	8
lov -et -Ø	(school) vacation	15
(att) lova, 1	(to) promise	10

Swedish	English	Unit
luck/a -an -or	window, opening	13
luft -en ∅	air	Pron. Guide
lugn -t -a	calm	Pron. Guide
(att) lugna, 1	(to) calm	Pron. Guide
lunch -en -er	luch	1
lussekatt -en -er	special saffron buns served at Lucia and Christmas time	15
lust -en ∅	interest	2
(att) ha lust att; 4	(to) like, feel like	2
lustig -t -a	funny, peculiar	15
lutfisk -en ∅	specially prepared fish served at Christmas	15
luthersk -t -a	Lutheran	16
lyck/ad -at -ade	successful	11
(att) lyckas, 1	(to) succeed	9
lycklig -t -a	happy	9
lyckligtvis	fortunately	9
(att) lyda, lyder, löd (lydde), lytt, 4 (2a)	(to) obey; be worded	13
(att) lyssna, 1	(to) listen	14
låd/a -an -or	drawer	12
låg -t -a; lägre; lägst	low; lower; lowest	9
lågkonjunktur -en -er	depression, slump	16
lån -et -∅	loan	16
(att) låna, 1	(to) borrow, lend	13
lång -t -a; längre, längst	far, long; tall; farther; farthest	4, 9, 12
långsamt	slowly	1
lås -et -∅	lock	
(att) låsa, 2b	(to) lock	13
(att) låta, låter, lät, låtit, 4	(to) sound; to let, make (someone do something)	5, 10
läger, lägret, -∅	camp	13
(att) lägga, lägger, lade, lagt, lagd, lagt, lagda; 4	(to) lay, put	7
(att) lägga fram; 4	(to) display, put out	12
(att) lägga sig; 4	(to) lie down, go to bed	10

Swedish	English	Unit
(att) lägga till; 4	(to) dock	14
läggning -en -ar	(hair) set	10
läkare -n -Ø	physician, doctor	3
(att) lämna, 1	(to) leave	9
(att) lämna tillbaka; 1	(to) return (trans.)	15
längd -en -er	length	8
länge; längre; längst	long (time); longer, longest	2
länge sedan	long time since	3
länge sedan sist	long time since (we saw each other) last time	3
längre; längst	farther; farthest; See lång, länge	9
lär, lärde, lärt, 4	is said to, is supposed to	4
(att) lära, 2a	(to) teach	Pron. Guide
(att) lära sig; 2a	(to) learn	10
lärare -n -Ø	teacher	11
lärarinn/a -an -or	teacher (woman)	3
(att) läsa, 2b	(to) read	8
läskedryck -en -er	soda pop, soft drink	14
lätt -Ø -a	easy, simple; light	13
läx/a -an -or	homework	11
lön -en -er	wage, salary	16
lönn -en -ar	maple tree	Pron. Guide
lördag	Saturday	3
(att) lösa, 2b	(to) solve	16

Swedish	English	Unit
M		
maj	May	5
major -en -er	major	12
majoritet -en -er	majority	16
maj/stång, -stången, -stänger	maypole	15
mamm/a -an -or	mother, mama	Pron. Guide
man	one, you	1

Swedish	English	Unit
man -nen, män	gentleman, man, husband	7, 12
mandat -et -Ø	parliament seat	16
mandel -n, mandlar	almond	15
mandelmassa -n Ø	almond paste	15
manlig -t -a	male (adj.)	12
marinblå -tt -a	navy blue	8
(att) markera, 1	(to) mark	15
mars	March	5
(att) marschera, 1	(to) march	15
maskin -en -er	machine, machinery	16
mass/a -an -or	lot, mass	11
massmedi/um -et -a	mass medium	16
mat -en Ø	food	9
(att) mata, 1	(to) feed	Pron. Guide
matsal -en -ar	dining room	5
matsedel -n, matsedlar	menu	1
matt -Ø -a	weak	Pron. Guide
matt/a -an -or	rug, carpet	5
matvrå -n -r	breakfast nook	5
med	with, by, along	2
med mera (m.m.)	etcetera	16
medan	while	11
medbestämmanderätt -en -er	right of being consulted, right of control, co-decision right	16
medborgare -n -Ø	citizen	16
(att) meddela, 1	(to) inform, announce	
meddelande -t -n	message	7
meddetsamma	right away	14
(att) medföra, 2a	(to) involve, bring about, lead to	16

SWEDISH

Swedish	English	Unit
medicin -en -er	medicine	11
medlem -men -mar	member	16
mellan	between	3
men	but	2
(att) mena, 1	(to) mean, refer to	11
mer(a); mest	more, else; most See mycket	8, 9, 10
mer(a) än	more than	8
mervärdesskatt -en -er	value added tax	16
metod -en -er	method	16
middag -en -ar	dinner	1
midsommar -en, midsomrar	Midsummer	11
i midsomras	last Midsummer	11
midsommarafton	Midsummer's eve	15
mig	me	1
mil -en -Ø	Swedish mile (10 kms., approx. 6.2 English miles)	16
mild, milt, milda	mild	16
militär -t -a	military	16
miljard -en -er	billion	1
miljon -en -er	million	1
miljö -n -er	environment	14
miljövård -en Ø	environmental protection	14
min, mitt, mina	my, mine	2
mindre; minst	smaller, less; smallest, least; See liten	9
(att) minnas, 2a	(to) remember	3
minne -t -n	memory	10
minoritet -en -er	minority	11
minut -en -er	minute	2
(att) missa, 1	(to) miss, fail	5
(att) missbruka, 1	(to) abuse	15
(att) misstänka, 2b	(to) suspect	15
mitt emot	(straight) across	12
mitt framför	right in front of	14

Swedish	English	Unit
mjölk -en ∅	milk	1
mobil -en -er	mobile	12
(att) mobilisera, 1	(to) mobilize	16
moderat -∅ -a	moderate	16
moderata samlingspartiet	the conservative party	16
modern -t -a	modern	
(att) modernisera, 1	(to) modernize	5
moderniser/ad -at -ade	modernized	5
monopol -et -∅	monopoly	16
mor, modern, mödrar	mother	3
morbror -n, morbröder	uncle (maternal)	3
morfar, morfadern, morfäder	grandfather (maternal)	3
morgon -en, mor(g)nar	morning	1
mormor, mormodern, mormödrar	grandmother (maternal)	3
moster -n, mostrar	aunt (maternal)	3
mot	against, toward(s)	5
motor -n, motorer	motor, engine	16
mottagning -en -ar	reception	7
multiplikationstabell -en -er	multiplication tables	11
mun -nen -nar	mouth	Pron. Guide
museum, muséet, muséer	museum	4
musik -en ∅	music	
musiker -n -∅	musician	3
mycket; mer(a); mest	much, very; more; most	1, 8, 9
(att) må, 3	(to) feel	1
mål -et -∅	goal	Pron. Guide
(att) måla, 1	(to) paint	15
målsättning -en -ar	aim, objective	16
måltid -en -er	meal	12
månad -en -er	month	2
måndag	Monday	3
mån/e -en -ar	moon	16
många; fler(a); flest	many; more; most	1, 9

Swedish	English	Unit
måste, måste, 4	must, have (has) to	3
mått -et -Ø	measure	Pron. Guide
människ/a -an -or	person	14
mänsklig -t -a	human	16
(att) märka, 2b	(to) notice	11
möbel -n, möbler	furniture	5
(att) möblera, 1	(to) furnish	5
möbler/ad -at -ade	furnished	5
möjlig -t -a	possible	9
all -t -a möjlig -t -a	all possible, all kinds of	11
möjligen	possibly	9
möjligtvis	possibly	9
mörk -t -a	dark	7
mörkblå -tt -a	dark blue	8
(att) möta, 2b	(to) meet	2

Swedish	English	Unit
N		
namn -et -Ø	name	2
nation -en -er	nation	11
Förenta Nationerna (FN)	United Nations (U.N.)	11
nationalitet -en -er	nationality	11
natt -en, nätter	night	1
nattklubb -en -ar	nightclub	12
natur -en Ø	nature	14
naturlig -t -a	natural	9
naturligtvis	naturally	7
naturtillgång -en -ar	natural resource	16
nedgång -en -ar	way down, stairs, entrance	4
nedrustning -en Ø	disarmament	16
nej	no	1
nej, men ...	well, I'll be ...	8
ner; nere	down (motion); down, downstairs (stationary)	8; 8
nervös -t -a	nervous	11
neutralitet -en Ø	neutrality	16

Swedish	English	Unit
ni	you (plur. + polite form sing.)	1
(att) niga, niger, neg, nigit, 4	(to) curtsy	13
nio	nine	1
nionde	ninth	7
nittio	ninety	1
nitton	nineteen	1
nittonde	nineteenth	7
(att) njuta, njuter, njöt, njutit, 4	(to) enjoy	13, 14
nog	probably; enough	5, 14
noll	zero	
Norden	the Nordic countries	16
nordisk -t -a	Nordic	16
Norge	Norway	11
norr	north	5
Norrland	northern part of Sweden	11
norrman -nen, norrmän	Norwegian (man)	11
norrut	north(ward), towards the north	15
norsk -t -a	Norwegian (adj.)	11
norsk/a -an Ø	Norwegian (lang.)	11
norsk/a -an -or	Norwegian (woman)	11
not/a -an -or	check (in a restaurant)	9
november	November	5
nu	now	1
nu för tiden	now, these days	3
numera	nowadays	16
nummer, numret -Ø	size, number	8
ny, nytt, nya	new	4
nyckel -n, nycklar	key	13
nyhet -en -er	news	1, 14
(att) nysa, nyser, nös, nysit, 4	(to) sneeze	13
nyss	recently	Pron. Guide
nyttig -t -a	useful, good	14
någon, något, några	some, any; somebody, anybody	1, 8

Swedish	English	Unit
någonsin	ever	3
någonstans	somewhere	10
någonting	something, anything	8
när	when	2
när som helst	any time	11
nära; närmare; närmast	near; closer; closest	3, 7
närhet; i närheten	in the vicinity, nearby	1
näring -en -ar	nourishment, sustenance	16
näringsliv -et -Ø	trade and industry, economy	16
närmare; närmast	closer; closest; See nära	3, 7
närmare bestämt	more precisely	16
näs/a -an -or	nose	Pron. Guide
nästa	next	9
nästan	almost	8
nödvändig -t -a	necessary	12
nöje -t -n	pleasure	11
nöt -en -ter	nut	Pron. Guide
(att) nöta, 2b	(to) wear out	
nött -Ø -a	worn	Pron. Guide

Swedish	English	Unit
O		
oberoende -Ø -Ø	independent	16
och	and	1
och så vidare (o.s.v.)	etcetera, and so on	16
också	too, also	1
officer -n -are	officer (only military)	3
ofta	often	3
ojämn -t -a	uneven	16
oktober	October	5
olika (plur. form)	various	16
olj/a -an -or	oil	15
oljekris -en -er	oil crisis	15

Swedish	English	Unit
om	about, in, within (prep.); if (conj.)	2, 3
ombord	aboard	3
(att) omfatta, I	(to) include, comprise, espouse	16
omfattande -Ø -Ø	comprehensive, extensive	16
(att) omge, omger, omgav, omgivit, omgiv/en -et -na; 4	(to) surround	15
omkring	about, around, approximately	11, 15
område -t -n	area	15
(att) omskola (skola om); I	(to) retrain	16
omöjlig -t -a	impossible	9
ond, ont, onda (adj.)	evil	Pron. Guide
onsdag	Wednesday	3
oper/a -an -or	opera	12
ord -et -Ø	word	11
ordentlig -t -a	orderly, careful, thorough	13
ordförande -n -Ø	chairman	3
(att) ordna, I	(to) arrange	12
organisation -en -er	organization	16
(att) organisera, I	(to) organize	5
(att) orka, I	(to) have the strength (to)	10
orsak -en -er	cause, reason	1
ort -en -er	(geographical) place	16
oss	us	2
ost -en -ar	cheese	1
otrevlig -t -a	unpleasant	9
otrolig -t -a	incredible	9
otroligt	incredibly	9
ovanlig -t -a	unusual	
ovanligt	unusually	9
ovänlig -t -a	unfriendly	9

Swedish	English	Unit
P		
(att) packa, 1	(to) pack	13
paket -et -Ø	pack, package	7
papp -en Ø	cardboard	15
papp/a -an -or	father, papa, daddy	Pron. Guide
papper, pappret, -Ø	(piece of) paper	Pron. Guide
papperskorg -en -ar	waste basket	7
par -et -Ø	couple, pair	1
park -en -er	park	4
parkett -en -er	orchestra section	10
parlamentarisk -t -a	parliamentary	16
parti -et -er	(political) party	16
(att) passa, 1	(to) suit, be convenient	2
passagerare -n -Ø	passenger	13
patient -en -er	patient	11
paus -en -er	break, pause	15
(att) peka (på)	(to) point (to, at)	15
pengar -na (plur.)	money	4
peppar -n Ø	pepper	9, 15
pepparkak/a -an -or	spicy cookies served at Christmas time	15
perfekt -Ø -a	perfect	11
persisk -t -a	Persian	5
person -en -er	person, people	5
pingst -en Ø	Pentecost	11, 15
i pingstas	last Pentecost	11
pip/a -an -or	pipe	3
(att) pipa, piper, pep, pipit, 4	(to) squeak	13
pjäs -en -er	play	10
(att) placera, 1	(to) place	
placeringskort -et -Ø	place card	12
plan -en -er	plan, chart	12
plats -en -er	space, room, place; seat	5, 13
platsbiljett -en -er	reserved seat ticket	13

Swedish	English	Unit
plikt -en -er	duty	16
(att) plocka, 1	(to) pick	14
pluralistisk -t -a	pluralistic	16
plus	plus	16
plötslig -t -a	sudden	14
pojk/e -en -ar	boy	3
polack -en -er	Pole	11
Polen	Poland	11
polis -en -er	policeman	4
politik -en ∅	politics, policy	16
politiker -n -∅	politician	15
politisk -t -a	political	16
polsk -t -a	Polish (adj.)	11
polsk/a -an ∅	Polish (lang.)	11
polsk/a -an -or	Pole (woman)	11
populär -t -a	popular	15
portier -n, portiéer	hotel clerk (at reception desk)	4
porträtt -et -∅	portrait	12
post -en ∅	mail, mail service	14
potatis -en -ar	potato	9
potatismos -et ∅	mashed potatoes	9
praktisk -t -a	practical	15
(att) prata, 1	(to) chat	9, 15
premiärminist/er -ern -rar	prime minister	15
present -en -er	gift	12
(att) presentera, 1	(to) introduce, present	2
president -en -er	president	11
press -en ∅	press, news	16
pressattaché -n -er	press attache	12
princip -en -er	principle	16
privat -∅ -a	private	14
privatäg/d -t -da	privately owned	16
problem -et -∅	problem	8, 16

Swedish	English	Unit
procent -en -Ø	percent	9
produkt -en -er	product	16
professor -n, professorer	professor	16
program -met -Ø	program	16
(att) proklamera, 1	(to) proclaim	16
promenad -en -er	walk	4
(att) promenera, 1	(to) walk	4
protestant -en -er	Protestant	16
protestantisk -t -a	Protestant (adj.)	16
(att) prova, 1	(to) try on	8
prydlig -t -a	neat	14
präst -en -er	priest, clergyman	16
punktlig -t -a	punctual	10
(att) putsa, 1	(to) polish	15
på	on, at, in	1, 11
(att) påminna, 2a	(to) remind	10
(att) påpeka, 1	(to) indicate, point out	15
påsk -en Ø i påskas	Easter last Easter	11, 15 11
påskris -et -Ø	branches brought into the house and decorated with dyed feathers (for Lenten and Easter decoration)	15
päls -en -ar	fur, furcoat	8
pälsaffär -en -er	furrier	8

Swedish	English	Unit
R		
rad -en -er	row, line; series	16
radio -n, radioapparater	radio	16
rak -t -a	straight (adj.)	1
(att) raka sig; 1	(to) shave	10
rakt	straight (adv.)	1
rakt fram	straight ahead	1
rea (realisation -en -er)	sale	8

Swedish	English	Unit
reaktor -n, reaktorer	reactor	16
receptionist -en -er	receptionist	7
redan	already	3
reform -en -er	reform	16
regel -n, regler	rule	11
regering -en -ar	government	16
(att) registrera, 1	(to) register	16
regional -t -a	regional	16
regn -et ∅	rain	10
(att) regna, 1	(to) rain	10
reklam -en -er	advertising	12, 16
(att) rekommendera, 1	(to) recommend	9
relativt	relatively	16
religion -en -er	religion	16
religiös -t -a	religious	16
ren -t -a	pure, clean	8
representant -en -er	representative (noun)	16
representativ -t -a	representative (adj.)	16
(att) representera, 1	(to) represent	16
res/a -an -or	trip, journey, tour	10, 11
(att) resa, 2b	(to) travel; raise	2, 15
resecheck -en -ar	travelers' check	15
residens -et -er	residence	7
rest -en -er	rest, remainder	11
restaurang -en -er	restaurant	1
(att) rida, rider, red, ridit, rid/en -et -na; 4	(to) ride (on horseback)	13
rik -t -a	rich	15
riksdag -en -ar	Swedish parliament	16
riktig -t -a	correct, real	
riktigt	really	9
ring -en -ar	ring	Pron. Guide
(att) ringa, 2a	(to) call (on the telephone)	3
(att) rinna, rinner, rann, runnit, 4	(to) run, flow	13

Swedish	English	Unit
ris -et ∅	greens, twigs; rice	15
(att) riva, river, rev, rivit, riv/en -et -na; 4	(to) scratch, tear	13
(att) ro, 3	(to) row	Pron. Guide
rock -en -ar	coat, robe	13
rolig -t -a	amusing, fun, nice, pleasant	3
(att) ropa, 1	(to) call (out)	13
rosa -∅ -∅	pink, rose-colored	8
rulltrapp/a -an -or	escalator	8
rum -met -∅	room	1
rund, runt, runda	round	4
runt	around	15
rygg -en -ar	back	15
rymlig -t -a	spacious	5
rysk -t -a	Russian (adj.)	11
rysk/a -an -∅	Russian (lang.)	11
rysk/a -an -or	Russian (woman)	11
ryss -en -ar	Russian (man)	11
Ryssland	Russia	
(att) ryta, ryter, röt, rutit (rytit), 4	(to) roar	13
råd; (att) ha råd med; 4	(to) afford	8
rädd ∅ -a	afraid	12
(att) räkna, 1	(to) count	
räkning -en -ar	bill	11
rätt -en ∅ (att) ha rätt (i något); 4	right (to) be right (about something)	12, 14 12, 13
rätt -en -er	dish, food	15
rättegång -en -ar	trial	15
rättighet -en -er	right	16
röd, rött, röda	red	4
(att) röka, 2b	(to) smoke	3
rökare -n -∅	smoker	13

Swedish	English	Unit
(att) röra sig; 2a	(to) move	14
röst -en -er	vote, voice	
(att) rösta (på); 1	(to) vote (for)	16

Swedish	English	Unit
S		
saffran -en ∅	saffron	15
sak -en -er	thing	5
sallad -en -er	salad, lettuce	9
salt -et ∅	salt	9
(att) samarbeta, 1	(to) cooperate	15
same -n -r	Lapp	
samfund -et -∅	denomination	16
(att) samla, 1	(to) gather, collect (trans.)	15
(att) samlas, 1	(to) gather (intrans.)	15
samling -en -ar	coalition; collection; gathering	16
samma	same	9
samma som	same as	8
sammanlag/d -t -da	combined	16
sammanträde -t -n	meeting	7
samtal -et -∅	conversation	11
samtliga (plur.)	all (the ...)	16
samvaro -n ∅	company	12
sand -en ∅	sand	14
sann, sant, sanna	true	3
inte sant	isn't that so	3
sanning -en -ar	truth	
schampo -t -n	shampoo	10
schism -en -er	schism	Pron. Guide
Schweiz	Switzerland	11
schweizare -n -∅	Swiss (man)	11
schweizisk -t -a	Swiss (adj.)	11
schweizisk/a -an -or	Swiss (woman)	11
(att) se, ser, såg, sett, sedd, sett, sedda; 4	(to) see, look	1, 3

Word List — SWEDISH

Swedish	English	Unit
(att) se efter; 4	(to) check	10
(att) se på; 4	(to) look at	
(att) se till att; 4	(to) make sure, see to it that	12
(att) se ut;	(to) look like, appear, seem	2
sed -en -er	custom	12
sedan	then, later, afterwards (adv.); after, when (conj.)	4, 16
sedan dess	since then	16
(att) segla, 1	(to) sail	12
sekreterare -n -Ø	secretary	3
sektor -n, sektorer	sector	16
sekund -en -er	second	11
semester -n, semestrar	vacation, leave	11
seml/a -an -or	pastry served during Lent	15
sen -t -a	late	10
senast	latest	12
tack för senast	thanks for an enjoyable time	12
september	September	5
(att) servera, 1	(to) serve	12
server/ad -at -ade	served	12
serveringshjälp -en -ar	maid	12
serveringsrum -met -Ø	pantry	5
servett -en -er	napkin	9
servitris -en -er	waitress	1
(att) ses, ses, sågs, setts, 4	(to) see each other	12
sevärdhet -en -er	sight, point of interest	4
sex	six	1
sextio	sixty	1
sexton	sixteen	1
sextonde	sixteenth	7
sherry -n Ø	sherry	12
(att) shoppa, 1	(to) shop	8
shorts -en (plur.)	shorts	15
Sibirien	Siberia	11

335

Swedish	English	Unit
sid/a -an -or	side	4
siffr/a -an -or	figure, number	16
sig	oneself, themselves, etc. (refl. pron.)	10
sill -en -ar	herring	15
sillsallad -en -er	herring salad	15
(att) simma, 1	(to) swim	14
sin, sitt, sina	his, her, their	5
sist	last time	3
länge sedan sist	long time since we saw each other last time	3
på sista tiden	lately	10
(att) sitta, sitter, satt, suttit, 4	(to) sit, fit	7, 8
situation -en -er	situation	16
sju	seven	1
sjuk -t -a	sick, ill	Pron. Guide
sjukförsäkring -en -ar	health insurance	16
sjukhus -et -Ø	hospital	12
(att) ligga på sjukhus; 4	(to) be in the hospital, be hospitalized	12
sjuksköstersk/a -an -or	nurse	3
sjunde	seventh	7
(att) sjunga, sjunger, sjöng, sjungit, sjung/en -et -na; 4	(to) sing	12
(att) sjunka, sjunker, sjönk, sjunkit, sjunk/en -et -na; 4	(to) sink	13
sjuttio	seventy	1
sjutton	seventeen	1
sjuttonde	seventeenth	7
själv	self	1
självbestämmanderätt -en Ø	right to selfdetermination	16
sjätte	sixth	7
sjö -n -ar	lake	12, 13
till sjöss	at sea	12
sjöman -nen, sjömän	sailor	3

Swedish	English	Unit
sjötung/a -an -or	sole	12
sjötungsfilé -n -er	filet of sole	12
ska(ll), skulle	shall, will; should, would	2
skad/a -an -or	injury, damage	16
(att) skaffa, 1	(to) get, obtain	2
Skandinavien	Scandinavia	11
(att) skapa, 1	(to) create	16
skatt -en -er	tax	16
skattebetalare -n -Ø	taxpayer	16
sked -en -ar	spoon	9
(att) skicka, 1	(to) send	11
skid/a -an -or (att) åka skidor; 2b	ski (to) ski	14 14
skillnad -en -er till skillnad mot	difference unlike, in contrast to	12 12
(att) skina, skiner, sken, skinit, 4	(to) shine	13, 14
skink/a -an -or	ham	15
skjort/a -an -or	shirt	8
(att) skjuta, skjuter, sköt, skjutit, skjut/en -et -na; 4	(to) shoot	13
sko -n -r	shoe	8
skoavdelning -en -ar	shoe department	8
skog -en -ar till skogs	forest, woods to the woods	12, 13 12
skol/a -an -or	school	2
(att) skola om; 1	(to) retrain	16
skolkamrat -en -er	schoolmate	12
(att) skratta, 1	(to) laugh	14
(att) skrida, skrider, skred, skridit, 4	(to) glide, proceed	13
(att) skrika, skriker, skrek, skrikit, 4	(to) scream, shout	13
(att) skriva, skriver, skrev, skrivit, 4	(to) write	3, 13
skrivbord -et -Ø	desk	7
skrivmaskin -en -er	typewriter	7
(att) skryta, skryter, skröt, skrutit, 4	(to) brag, boast	13
skräddare -n -Ø	tailor	8
(att) skydda, 1	(to) protect	Pron. Guide

Swedish	English	Unit
skylt -en -ar	sign	13
(att) skynda sig; 1	(to) hurry	10
skål	cheers, here's to you	9
(att) skåla, 1	(to) toast	12
skåp -et -Ø	cabinet, cupboard	12
(att) skämmas, 2a	(to) be ashamed, embarrassed	12
skämtsamt	jokingly, in jest	16
skär -t -a	pink	8
(att) skära, skär, skar, skurit, skur/en -et -na; 4	(to) cut	13
skärgård -en -ar	archipelago, skerries	13
skärm -en -ar	(lamp) shade; screen	15
skärp -et -Ø	belt	14
skön -t -a	comfortable, nice, enjoyable	10
slag -et -Ø	kind, sort, type	9
vad för slags	what kind of	9
(att) slippa, slipper, slapp, sluppit, 4	(to) not have to (do something)	10
slips -en -ar	tie	8
(att) slita, sliter, slet, slitit, slit/en -et -na; 4	(to) tear, wear out	13
slott -et -Ø	palace	4
slut -et -Ø	end	12
(att) sluta, 1	(to) finish, stop	2
slutlig -t -a	final	9
slutligen	finally	9
(att) slå, slår, slog, slagit, slag/en -et -na; 4	(to) beat, strike, hit	13
(att) slåss, slåss, slogs, slagits, 4	(to) fight	13
släkt -en -er	extended family, relatives	13
(att) smaka, 1	(to) taste	9
smal -t -a	narrow, thin	16
smoking -en -ar	tuxedo	10
(att) smyga, smyger, smög, smugit, 4	(to) sneak, tip-toe	13
små (plur. form); mindre; minst	small, little; smaller; smallest; See liten	4, 9

SWEDISH

Swedish	English	Unit
smör -et ∅	butter	1
smörgås -en -ar	sandwich (open faced)	1
smörgåsbord -et -∅	smorgasbord	9
snaps -en -ar	drink of aquavit	9
snart	soon	2
så snart som	as soon as	12
snygg -t -a	good-looking	8
(att) snyta, snyter, snöt, snutit, snut/en -et -na; 4	(to) blow the nose	13
snäll -t -a	kind	1
var snäll och	please	1
snö -n ∅	snow	14
socialdemokratisk -t -a	social democratic	16
socialistisk -t -a	socialistic	16
socialpolitik -en ∅	social policy	16
soff/a -an -or	sofa	5
sol -en -ar	sun	14
(att) sola sig; 1	(to) sunbathe	14
solig -t -a	sunny	5
soluppgång -en -ar	sunrise	15
som	who, that, which (rel. pron.); as; like	2, 8
samma som	same as	8
sommar -en, somrar	summer	8
i somras	last summer	11
sommargäst -en -er	non-permanent resident in summer resort area	15
sommarställe -t -na	summer place	15
(att) somna, 1	(to) fall asleep	13
son -n, söner	son	3
(att) sova, sover, sov, sovit, 4	(to) sleep	13
Sovjetunionen	the Soviet Union	11
sovrum -met -∅	bedroom	5
Spanien	Spain	11
spanjor -en -er	Spaniard (man)	11
spanjorsk/a -an -or	Spaniard (woman)	11
spansk -t -a	Spanish (adj.)	11

Swedish	English	Unit
spansk/a -an Ø	Spanish (lang.)	11
speciell -t -a	special	15
(att) spinna, spinner, spann, spunnit, spunn/en -et -a; 4	(to) spin	13
sport -en -er	sports	Pron. Guide
(att) spricka, spricker, sprack, spruckit, spruck/en -et -na; 4	(to) crack, burst	13
(att) sprida, sprider, spred, spritt, spridd, spritt, spridda; 4	(to) spread	13
(att) springa, springer, sprang, sprungit, 4	(to) run	8, 13
språk -et -Ø	language	11
språkbegåv/ad -at -ade	(to) have a gift for languages	11
stad -en, städer	city, town	2
(att) stanna, 1	(to) stay, remain	2
stark -t -a	strong	16
stat -en -er	state, government	16
station -en -er	station	1
statistik -en -er	statistics	16
statistisk -t -a	statistical	16
statlig -t -a	state, government (adj.)	16
statsminister -n, statsministrar	prime minister	16
statsråd -et -Ø	(equivalent to) member of the cabinet	16
statsskick -et -Ø	constitution	16
staty -n -er	statue	12
(att) stava, 1	(to) spell	15
(att) stava fel; 1	(to) misspell	15
(att) steka, 2b	(to) fry	
stekt -Ø -a	fried	9
(att) sticka, sticker, stack, stuckit, stuck/en -et -na; 4	(to) stick, put; sting	13
(att) stifta, 1	(to) establish, found	16
(att) stiga, stiger, steg, stigit, 4	(to) step	13
(att) stiga av; 4	(to) get off	13
(att) stiga in;	(to) enter, come in	13

Swedish	English	Unit
(att) stiga på; 4	(to) get on, board	13
stilig -t -a	good-looking, handsome	3
(att) stjäla, stjäl, stal, stulit, stul/en -et -na; 4	(to) steal	13
stjärn/a -an -or	star	15
stol -en -ar	chair	5
stor -t -a; större; störst	big, grown-up; bigger; biggest	2, 9
storlek -en -ar	size	16
strand -en, stränder	beach	14
strax	soon	14
(att) strida, strider, stred, stridit, 4	(to) fight	13
struktur -en -er	structure, framework	16
strump/a -an -or	sock, stocking	8
(att) stryka, stryker, strök, strukit, struk/en -et -na; 4	(to) iron	8
strykfri -tt -a	non-iron, permanent press	8
(att) stråla, 1	(to) shine	14
strålande -Ø -Ø	glorious	14
(att) sträva mot; 1	(to) strive for	16
strömming -en -ar	small herring from the Baltic	10
student -en -er	(university) student	16
(att) studera, 1	(to) study	11
studiebidrag -et -Ø	study grant	16
studielån -et -Ø	student loan	16
stug/a -an -or	cottage	12
stund -en -er	while, moment	12
stycke -t -n	piece	12
styrelse -n -r	management, board of directors	16
(att) stå, står, stod, stått, 4	(to) stand; say (in print or writing)	1, 7, 13
hur står det till; 4	how are you	1
vad kan jag stå till tjänst med; 4	what can I do for you	7

Swedish	English	Unit
(att) stå ut (med någonting); 4	(to) tolerate, put up (with something)	11
(att) städa, 1	(to) clean	15
städning -en ∅	cleaning	15
(att) ställa, 2a	(to) place, put (upright)	7
(att) stänga, 2a	(to) close	10
stöd -et -∅	support	16
(att) stödja, stöder, stödde, stött, stödd, stött, stödda; 4	(to) support	13
(att) störa, 2a	(to) disturb	Pron. Guide
större; störst	bigger; biggest; See stor	9
stövel -n, stövlar	boot	13
(att) suga, suger, sög, sugit, sug/en -et -na; 4	(to) suck	13
summ/a -an -or	amount, sum	16
(att) supa, super, söp, supit, 4	(to) drink liquor (excessively)	13
svalg -et -∅	throat, pharynx	Pron. Guide
svamp -en -ar	mushroom	14
(att) svara, 1	(to) answer	16
(att) svara för; 1	(to) account for	16
svart, svart, svarta	black	4
svensk -en -ar	Swede (man)	11
svensk -t -a	Swedish (adj.)	3
svensk/a -an ∅	Swedish (lang.)	1
svensk/a -an -or	Swede (woman)	11
Sverige	Sweden	2
(att) svida, svider, sved, svidit, 4	(to) smart, burn	13
(att) svika, sviker, svek, svikit, 4	(to) fail, disappoint	13
svår -t -a	difficult	11
(att) svälta, svälter, svalt, svultit, svult/en -et -na; 4	(to) starve	13
(att) svära, svär, svor, svurit, svur/en -et -na; 4	(to) swear	13
(att) sy, 3	(to) sew	8
färdig/sydd -sytt -sydda	ready-made	8

Swedish	English	Unit
syfte -t -n	purpose, aim, objective	16
med syfte till (att)	with the purpose of	16
sylt -en -er	jam, preserves	9
symaskin -en -er	sewing machine	8
sympatisk -t -a	likeable	9
syn -en -er	sight, vision	14
(att) få syn på; 4	(to) catch a glimpse of, spot	14
synd -en -er	sin; shame, pity	2
det är synd	it's a shame	2
syskon -et -Ø	sibling, brothers and sisters	3
sysselsättning -en -ar	work, employment	16
system -et -Ø	system	16
syster -n, systrar	sister	3
så	so, very; how; so (conj.)	1, 2, 5
så att	so that	12
så här	like this	9
så här års	at this time of year	7
så kall/ad -at -ade (s.k.)	so called	16
så ... som	as ... as	16
sådan -t -a	such (a), one, such	2, 16
sådär	approximately, about (colloq.)	12
sång -en -er	song	Pron. Guide
såvitt	as far as	12
såväl som	as well as	16
säck -en -ar	sack, bag	15
(att) säga, säger, sade, sagt, sagd, sagt, sagda; 4	(to) say	1
säker -t, säkra	sure	12
säkert	certainly, surely	2
(att) sälja, säljer, sålde, sålt, såld, sålt, sålda; 4	(to) sell	11
sällan	seldom	12, 16
sällskap -et -Ø	company	3
(att) göra sällskap; 4	(to) go (come) together	12
sämre; sämst	less good; least good; See dålig	9

Swedish	English	Unit
sänding -en -ar	transmission, broadcast	16
säng -en -ar	bed	5
till sängs	in bed	12
särskil/d -t -da	special	
särskilt	especially	5
sätt -et -Ø	way, manner	16
på alla sätt	in every way (possible)	16
(att) sätta, sätter, satte, satt, satt, satt, satta; 4	(to) set, put	7, 13
(att) sätta sig; 4	(to) sit down	10
söder	south	5
söderut	south(ward), towards the south	
söndag	Sunday	3
söt, sött, söta	pretty, cute, sweet	8

Swedish	English	Unit
T		
(att) ta, tar, tog, tagit, tag/en -et -na; 4	(to) take	2
(att) ta av sig; 4	(to) take off, undress	10
(att) ta emot; 4	(to) receive	12
(att) ta hand om; 4	(to) take care of	9
(att) ta i hand; 4	(to) shake hands	12
(att) ta med; 4	(to) bring	5
(att) ta på sig; 4	(to) put on (clothing)	10
(att) ta reda på; 4	(to) check, find out	10
tablett -en -er	tablet	11
tack	thank you	1
tack vare	thanks (be) to	16
(att) tacka, 1	(to) thank	12
tackkort -et -Ø	thank you note	12
tacktal -et -Ø	thank you speech	12
tak -et -Ø	roof, ceiling	Pron. Guide
tal -et -Ø	speech	9

SWEDISH

Swedish	English	Unit
(att) tala, 1	(to) speak, talk	1
(att) tala om; 1	(to) announce, tell	12
(att) tala om (något); 1	(to) talk about (something)	
tall -en -ar	pine tree	Pron. Guide
tallrik -en -ar	plate	9
tand -en, tänder	tooth	9
tandläkare -n -Ø	dentist	3
tandvård -en Ø	dental care	16
tavl/a -an -or	picture, painting	12
taxi -n -Ø	taxi	2
te -et Ø	tea	1
teater -n, teatrar	theater	10
teknisk -t -a	technical	16
teknologi -n Ø	technology	16
telefon -en -er	telephone	1
telefon/nummer -numret -Ø	telephone number	12
tennis -en Ø	tennis	15
teve -n, teveapparater (TV)	television (set)	5, 10
tid -en -er	time	2
nu för tiden	now, these days	2
på sista tiden	lately	10
tidig -t -a	early	7
tidning -en -ar	newspaper	3
tidnings/artikel -artikeln -artiklar	newspaper article	15
tidtabell -en -er	timetable	13
(att) tiga, tiger, teg, tigit, 4	(to) be quiet	13
(att) tigga, 2a	(to) beg	Pron. Guide
till	to (prep.)	1
en (ett) till	another	11
till och med (t.o.m.)	even, not only that but	11
tillbaka	back	2
tillfälle -t -n	opportunity	9
(att) tillhöra, 2a	(to) belong	13
tillräckligt	enough	8
tills	until, till	12

Swedish	English	Unit
tillsammans	together	3
tillstånd -et -ø	permit, permission	14
(att) tillverka, 1	(to) manufacture	16
(att) tillåta, tillåter, tillät, tillåtit, tillåt/en -et -na; 4	(to) permit, allow	14
tillägg -et -ø	additional amount, supplement; surcharge	16
(att) til/lägga, -lägger, -lade, -lagt, tillag/d -t -da; 4	(to) add	
timm/e -en -ar	hour	5
tio	ten	1
tionde	tenth	7
tisdag	Tuesday	3
(att) titta, 1	(to) look	4
(att) titta fram; 1	(to) look out, stick up, appear	15
(att) titta på; 1	(to) look at	4
(att) tjata, 1	(to) nag	Pron. Guide
tjock -t -a	thick, fat	Pron. Guide
tjugo	twenty	1
tjugondag Knut	twentieth day after Christmas	15
tjugonde	twentieth	7
tjuv -en -ar	thief	Pron. Guide
tjänst -en -er	service, favor; job	7, 16
vad kan jag stå till tjänst med; 4	what can I do for you	7
tjänste/man -mannen -män	salaried employee	14
(att) tjänst/göra, -gör, -gjorde, -gjort, 4	(to) serve, be on duty	3
toalett -en -er	restroom	1
tolfte	twelfth	7
tolv	twelve	1
tom -t -ma	empty	Pron. Guide
torg -et -ø	square	8
(att) torka, 1	(to) dry	
torkskåp -et -ø	drying cabinet	5
torktumlare -n -ø	dryer	5
torn -et -ø	tower	9

Swedish	English	Unit
torsdag	Thursday	3
tradition -en -er	tradition, custom	12
traditionell -t -a	traditional	15
trapp/a -an -or	stair, flight of stairs	5
tre	three	1
tredje	third	7
trettio	thirty	1
tretton	thirteen	1
trettondagen	Epiphany (thirteenth day)	15
trettonde	thirteenth	7
trevlig -t -a	nice, pleasant	2
(att) trivas, 2a	(to) be happy, be comfortable	2
(att) tro, 3	(to) think, believe	3
trolig -t -a	probable, credible	9
troligen	probably	9
troligtvis	probably	9
trots	in spite of	16
trots att	in spite of (the fact that)	12
trupp -en -er	troop	16
trygg -t -a	secure	Pron. Guide
trygghet -en Ø	security	16
tråd -en -ar	thread	Pron. Guide
tråkig -t -a	annoying, boring, sad	10
träd -et -Ø	tree	12
trädgård -en -ar	garden	12
(att) träffa, 1	(to) see, meet	3
(att) träffas, 1	(to) meet (each other)	3
trött, trött, trötta	tired	14
tung -t -a; tyngre; tyngst	heavy; heavier; heaviest	9
tunn, tunt, tunna	thin	Pron. Guide
tunnelban/a -an -or	subway	1
tunnelbanestation -en -er	subway station	1
tur och retur	round trip	13

Swedish	English	Unit
(ett) tusen	one (a) thousand	1
tusentals	thousands	11
två	two	1
tvärs över	straight across	14
tvätt -en -ar	wash, laundry	10
(att) tvätta sig; 1	(to) wash (oneself)	10
tvättmaskin -en -er	washing machine	5
tvättning -en -ar	shampoo	10
tvättstug/a -an -or	laundry room	5
(att) tycka, 2b	(to) think, have an opinion	4
(att) tycka bäst om; 2b	(to) prefer	3
(att) tycka om; 2b	(to) like	2
tydlig -t -a	obvious	9
tydligen	obviously, apparently	11
tyg -et -er	fabric	Pron. Guide
typisk -t -a	typical	9
tysk -en -ar	German (man)	11
tysk -t -a	German (adj.)	11
tysk/a -an ∅	German (lang.)	11
tysk/a -an -or	German (woman)	11
Tyskland	Germany	11
(Öst-, Väst-) Tyskland	(East, West) Germany	11
tyvärr	unfortunately	2
tåg -et -∅	train; march, marching	4, 15
tårt/a -an -or	cake, torte	12
(att) täcka, 2b	(to) cover	16
(att) tälta, 1	(to) camp	14
(att) tända, 2a	(to) turn on, light	7
(att) tänka, 2b	(to) think, plan	3
(att) tänka sig; 2b	(to) have in mind, imagine	8
tärn/a -an -or	attendant (for weddings and Lucia)	15
tät -t -a	tight, dense	16

Swedish	English	Unit
täthet -n -er	density	16
(att) tävla, 1	(to) compete	Pron. Guide

Swedish	English	Unit
U		
uggl/a -an -or	owl	Pron. Guide
ugn -en -ar	oven	Pron. Guide
under	under, below, during	7, 11
underbar -t -a	wonderful	10
(att) under/hålla, -håller, -höll, -hållit, underhåll/en -et -na; 4	(to) entertain, maintain	
underhållande -ø -ø	entertaining	12
underkläder (plur.)	underwear	8
undersökning -en -ar	examination, study, analysis	16
(att) undra, 1	(to) wonder	11
ung -t -a; yngre; yngst	young; younger; youngest	9
ungdomar -na (plur.)	young people	15
ungefär	about, approximately	3
universitet -et -ø	university	4
upp; uppe	up (motion)	5, 8
	up, upstairs (stationary)	8
uppenbar -t -a	obvious, evident	16
uppgift -en -er	task, assignment; information, statement	16
(att) upp/gå, -går, -gick, -gått, 4	(to) amount to, reach	16
upplag/a -an -or	edition	16
(att) uppleva, 2a	(to) experience	15
(att) uppskatta, 1	(to) appreciate	12
uppskatt/ad -at -ade	appreciated	12
upptag/en -et -na	busy	8
(att) upptäcka, 2b	(to) discover	12
ursäkta	excuse (me)	1
usch	ugh	7
ut; ute	out (motion); out, outside (stationary)	5, 8 / 8

Swedish	English	Unit
utan	but (conj.); without (prep.)	12
utanför	outside	16
(att) utbilda, 1	(to) educate, train	16
utbildning -en Ø	education	16
(att) ut/brista, -brister, -brast, -brustit, 4	(to) exclaim	15
(att) utbygga (bygga ut); 2a	(to) expand	16
ute; ut	out, outside (stationary); out (motion)	8; 5, 8
(att) utforma, 1	(to) formulate, design, shape	16
(att) ut/gå (gå ut), -går, -gick, -gått; 4	(to) originate, proceed, emanate	16
utgång -en -ar	exit	9
(att) ut/göra, -gör, -gjorde, -gjort, 4	(to) constitute	16
utjämning -en -ar	equalization	16
utlandet	abroad	11
utlänning -en -ar	foreigner	11
utmärkt -Ø -a	excellent	4
utomlands	abroad, overseas	16
utrikesdepartementet (UD)	the Foreign Office	7
utrikesminist/er -ern -rar	secretary of state, foreign minister	16
utrikespolitik -en Ø	foreign policy	16
utrustning -en -ar	equipment, arms	16
(att) ut/se, -ser, -såg, -sett, ut/sedd -sett -sedda; 4	(to) choose, appoint	16
utsikt -en -er	view	4
utsökt -Ø -a	superb, excellent	13
utveckling -en -ar	development	16
(att) ut/välja (välja ut) -väljer, -valde, -valt; ut/vald, -valt -valda; 4	(to) choose, select	15
(att) utöva, 1	(to) carry out, exercise	16

Swedish	English	Unit
V		
vacker -t, vackra	beautiful	4, 9
vad	what	1
vad för	what kind of	4, 9
vad för slags	what kind of	9
vad som helst	anything	11
vad än	no matter what, whatever	16
vagn -en -ar	(railroad) car	13
(att) vakna, 1	(to) wake up	13
vakt -en -er	guard	15
vaktmästare -n -Ø	waiter	9
val -et -Ø	election, choice	16
valborgsmässoafton	Walpurgis night	15
van -t -a (vid)	used to	14
(att) vandra, 1	(to) wander	12
vandrande -Ø -Ø	wandering, roaming	12
vanlig -t -a	usual	9
vanligen	usually	9
vanligtvis	usually	9
vapen, vapnet, vapen	weapon	16
var -t Ø	each, every	16
var god	please	13
var snäll	please	1
var så god(a)	here you are	1
var än	no matter where, wherever	16
var; vart	where (stationary); where to (motion)	1, 8
var(t) som helst	anywhere	11
var/a -an -or	piece of merchandise	15
(att) vara, är, var, varit, 4	(to) be	1
(att) vara, 1	(to) last	15
varandra (varann)	each other, one another	11
varanna/n -t	every other	16
vardag -en -ar	weekday	

Swedish	English	Unit
vardagsklädsel -n ∅	informal dress	7
vardagsrum -met -∅	livingroom	5
varför	why	13
varg -en -ar	wolf	Pron. Guide
(att) variera, 1	(to) vary, diversify	16
varje	every	5
varken ... eller	neither ... nor	16
varm -t -a	warm	8
varmrätt -en -er	main course	9
varsågod(a)	here you are, please	1, 13
vart; var	where to (motion); where (stationary)	1, 8
varuhus -et -∅	department store	8
vatten, vattnet ∅	water	1
vattenkraft -en ∅	hydroelectric power	16
veck/a -an -or	week	3
veckodag -en -ar	day of the week	15
veckoslut -et -∅	weekend	13
vem	who	2
vem som helst	anyone	11
vem än	no matter who, whoever	16
verklig -t -a	real	9
verkligen	really	9
verkställande -∅ -∅	executive	16
(att) veta, vet, visste, vetat, 4	(to) know (have the knowledge about)	4
vetenskap -en -er	science	16
vetenskaplig -t -a	scientific	16
vi	we	2
vid	by	7
vidare	further	15
viktig -t -a	important	15
(att) vila, 1	(to) rest	Pron. Guide
(att) vila sig; 1	(to) rest (oneself)	15

Word List   **SWEDISH**

Swedish	English	Unit
(att) vilja, vill, ville, velat, 4	(to) want	1
vilken, vilket, vilka	what (a); which (interrog.), what	3, 5
vill/a -an -or	house, villa	14
vin -et -er	wine	1
vinlist/a -an -or	wine list	9
(att) vinna, vinner, vann, vunnit, vunn/en -et -a; 4	(to) win	Pron. Guide
vinter -n, vintrar	winter	3
i vintras	last winter	11
vis -t -a	wise	14
vis/a -an -or	song	12
(att) visa, 1	(to) show	8
(att) visa sig; 1	(to) show (up), become evident, turn out	16
vision -en -er	vision	Pron. Guide
(att) vispa, 1	(to) whip, beat (food)	15
vispgrädde -n Ø	whipping cream	15
viss -t -a	certain	16
visst	surely	9
vit, vitt, vita	white	4
vux/en -et -na	adult, grown-up (adj.)	15
en vuxen, två vuxna	adult (noun)	15
vykort -et -Ø	postcard	1
(att) våga, 1	(to) dare, have the courage to	10
våning -en -ar	apartment	5
vår -t -a	our	2
vår -en -ar	spring	8
i våras	last spring	11
vård -en Ø	care	14
våt -t -a	wet	Pron. Guide
(att) väcka, 2b	(to) wake up (trans.)	13
väckarklock/a -an -or	alarm clock	13
väder, vädret Ø	weather	2
väg -en -ar	road	9
vägg -en -ar	wall	7

Swedish	English	Unit
vägnar; på ... vägnar	on behalf of ...	12
väl	probably	8
väldigt	very, awfully	3
välfärd -en ∅	welfare	16
(att) välja, väljer, valde, valt, vald, valt, valda; 4	(to) choose	13, 15
(att) välja på; 4	(to) choose from	16
(att) välja ut; 4	(to) choose, select	15
välkom/men -met -na	welcome	2
välkän/d -t -da	well-known, famous	12
vän -nen -ner	friend	2
(att) vända, 2a	(to) turn	12
vänlig -t -a	kind, nice, friendly	2
vänster	left	1
till vänster	to the left	1
vänsterpartiet	left-wing party	16
(att) vänta, 1	(to) wait, expect	2
värd -en -ar	host	12
värdfolk -et -∅	host and hostess	12
värdinn/a -an -or	hostess	12
värld -en -ar	world	16
värnplikt -en ∅	military service	16
allmän värnplikt	compulsory military service	16
värre; värst	worse; worst; See dålig	9
väsk/a -an -or	suitcase, bag, purse	2
västerut	west(ward), towards the west	
väster	west	5
Väst-Tyskland	West Germany	11
(att) växa, 2b	(to) grow	14
(att) växla, 1	(to) alternate, change (money)	4
växling -en -ar	change	15

Swedish	English	Unit
Y		
yt/a -an -or	surface	16
ytterkläder -na *(plur.)*	outer wear (overcoats, etc.)	9

Swedish	English	Unit
Å		
(att) åka, 2b	(to) go, travel	8
ålder -n, åldrar	age	Pron. Guide
ång/a -an -or	steam	Pron. Guide
(att) ångra sig; 1	(to) regret, change one's mind	10
år -et -Ø	year	2
i år	this year	11
så här års	at this time of the year	7
året om	the year round	14
årlig -t -a	yearly	16
årstid -en -er	season	11
åsikt -en -er	opinion	16
åt	for	2
(att) återbetala, 1	(to) pay back	16
åtgärd -en -er	measure, step	16
åtminstone	at least	12
åtta	eight	1
åttio	eighty	1
åttonde	eighth	7
(att) äga, 2a	(to) own	16
(att) äga rum; 2a	(to) take place	16
ägare -n -Ø	owner	16
ägg -et -Ø	egg	15
äldre; äldst	older; oldest; See gammal	9
älg -en -ar	moose	Pron. Guide
(att) älska, 1	(to) love	12

Swedish	English	Unit
Ä		
älskling -en -ar	darling	8
älsklingsfärg -en -er	favorite color	8
ämbetsverk -et -Ø	government agency (bureau)	16
än	still, yet; than	3, 8
mer än	more than	8
ända till	all the way to, right up to	15
ändhållplats -en -er	end of the line	13
(att) ändra, 1	(to) alter, change	8
ändå	yet, nevertheless	11
äng -en -ar	meadow, field	15
ännu	yet, still	12
är	See (att) vara	
är/a -an Ø	honor	12, 14
till (någons) ära	in (someone's) honor	14
ärm -en -ar	sleeve	8
ärr -et -Ø	scar	Pron. Guide
(att) ärva, 2a	(to) inherit	13
(att) äta, äter, åt, ätit, 4	(to) eat	1
(att) äta upp; 4	(to) finish (eating)	12
även	also	16
även om	even if	11

Swedish	English	Unit
ö		
ö -n -ar	island	12
öga -t, ögon	eye	Pron. Guide
ögonblick -et -Ø	moment	5
öl -et Ø	beer	1
(att) önska, 1	(to) wish	15
öpp/en -et -na	open	14
(att) öppna, 1	(to) open	8
öra -t, öron	ear	Pron. Guide
öre -t -n (-Ø)	ore (Sw. currency)	1
öster	east	5
österut	east(ward), towards the east	
Öst-Tyskland	East Germany	11
över	of, over, via	4
överbliv/en -et -na	left over	13
övermorgon; i övermorgon	the day after tomorrow	11

Grammar Index

(Numbers refer to pages)

Adjectival phrases, 246

Adjectives*,* 68
   indefinite form, 68
   definite form, 103
   predicate adjective, 69, 72
   comparison of the adjective, 144, 149-50, 284-5
   irregular adjectives, 68, 105-6, 145
      liten, 105
      egen, 182
   e-form of adjective, 246
   adjectives before nouns (three different patterns), 156
   demonstrative adjectives, 226, 283   *see also "demonstratives"*
   determinative adjective, 263
   indefinite adjectives, 120
      någon (något, några), 120
      ingen (inget, inga), 120
      någon (något, några) *instead of indefinite article,* 122
      varje, var(t), 283-4
   interrogative adjectives, 118
      vad ... för, 67, 100, 142-3
      vilken (vilket, vilka), 100, 118
   possessive adjectives, 35, 81, 83
   adjectives as nouns, 263
   adjectival phrases, 246

Adjectives as nouns, 263

Adjectives before nouns, 156

Adverbs*,* 152
   comparison of adverbs, 154
   placement of adverbs, 61, 62-3, 164, 215
   adverbs indicating location and motion, 36, 127
   time adverbials, 184
   place adverbials, 208
   roaming adverbs, 215, 217
   relative adverbs där-dit, 240
   då-sedan, 174

Adverbs indicating location and motion, 36, 127

Annan-Till, 182

Article omitted with indefinite noun form, 51, 80

Article omitted, 51, 80, 142-3, 144, 158, 181, 227

Articles*,* 23, 38, 101
   indefinite, 23
   definite singular, 38
     dropping of last vowel before definite article, 41
   definite plural, 101
   article omitted, 51, 80, 142-3, 144, 158, 181, 227

Att - *That,* 60

Auxiliary Verbs*,* 29, 168, 234
   present tense form, 26
   vill, 22-3, 29
   ska, 29, 36
   kan jag få, 22-3, 30
   (att) tänka *as an auxiliary,* 51, 239

Grammar Index

Because - för, 117

Capitalization, 51, 52, 80

Cardinal numbers, 21

Collective nouns, 142-3

Colors, 116

Commands, see Imperative

Comparison of adjectives, 144, 150

Comparison of adverbs, 154

Comparison of past participle, 249

Compound nouns, 264

Compound passive, 252

Compound verbs, 164, 181, 232, 265

Conditional, 285-286

Conjugation of verbs, 86, 131, 136, 228

Conjunctions, 216
    that - att, 60
    för - *because*, 117
    innan, 175
    dock, emellertid, 283

Days of the week, 52

Declensions of nouns, 53-55

Definite article instead of possessive, 143

Definite form of adjectives, 103

Definite form of nouns preceded by adjectives, 103, 156

Definite form of nouns, 38, 41, 226

Definite plural article, 101

Definite plural noun forms, 101

Definite singular article, 38

Deletion of preposition, 23

Demonstrative adjectives, 226

Demonstrative pronouns, see "Demonstratives"

Demonstratives, 70, 283

Den (det, de), 117

Densamma (detsamma, desamma), 117

Deponent verbs, 22, 25, 36-7, 70

Det *(without equivalent in English)*, 246
    det är det, 51, 107
    det finns, 22, 25, 70, 116
    det hänger, *etc.*, 116

Determinative adjectives, 263

Determinative pronouns, 263

Dock, emellertid, 283

Dropping of last vowel before definite article, 41

Du-Ni *(informal and formal pronouns)*, 22

Då-Sedan, 174

Där-Dit, 240

E-*form of adjectives*, 246

Egen, 182

Emellertid, dock, 283

En *and* ett *nouns*, 23

Fifth noun declension, 55

First conjugation, 86

First noun declension, 53-4

Formal and informal pronouns, 22

Formation of questions, 26

Fourth conjugation, 228

Fourth noun declension, 55

Future tense, 29, 36-7

För - *because*, 117

Före, 175

Före-Innan, 175

Imperative, 172

Indefinite adjectives, 120

Indefinite articles, 23

Indefinite form of adjectives, 68

Indefinite form of nouns, 23, 156

Indefinite plural noun forms, 53

Indefinite pronouns någon (något, några), ingen (inget, inga), 120

Infinitives, 169

Informal and formal pronouns, 22

-ing forms, 25, 86-7, 142

Ingen (inget, inga), 120

Innan, 175

Interrogative adjectives, 118

Interrogative pronouns, 74, 118

Irregular adjectives, 68, 105, 145

Irregular nouns, 56

Irregular verbs, 51, 228

Ju, 117

Kan jag få, 22, 31

(att) Kunna, 181

(to) Leave (translation), 142

Ligga-Lägga; Sitta-Sätta, 109

Liten, 105

Lägga-Ligga; Sätta-Sitta, 109

Man, 67, 183

Months of the year, 80

Nations, Nationalities, and Languages, 192

Nog, 116

<u>Nouns</u>
    en *and* ett *nouns*, 23
    declensions, 53-55
        first, 53
        second, 54
        third, 55
        fourth, 55
        fifth, 55
    indefinite form, 23, 156
        indefinite plural forms, 53
        article omitted, 51, 80
    definite form, 38, 41, 226
        definite plural forms, 101
        definite form of nouns preceded by adjectives, 103, 156
    possessive form, 51, 81
    irregular nouns, 56
    collective nouns, 142
    compound nouns, 264

<u>Numbers</u>
    cardinal numbers, 21
    ordinal numbers, 111
    stycken *added to numerals*, 205

Någon (något, några), 120

Någon *instead of the indefinite article*, 122

O-, 142

Objective pronouns, 42

Om, 164

Ordinal numbers, 111

Participles, 86, 150, 247, 249, 256

Particle in separable compound verbs, 267

<u>*Particles*</u>, 267
   om, 164

Passive voice, 252, 253-4

Past participle, 86-7, 150, 247

Past tense uses, 52, 80

Personal pronouns, 42

Place adverbials, 208

Place prepositions, 208

Placement of adverbs, 61, 62-3, 164, 215

Please (translation), 22, 226

Possessive adjectives, 35, 81, 83

Possessive form of nouns, 51, 81

Possessive pronouns, 83

Predicate adjectives, 69, 72

<u>*Prefixes*</u>, 265
   o-, 142

<u>*Prepositions*</u>
   time, 35, 184-5
   place, 208
   på, 52, 182, 212
   före, 175
   deletion of preposition, 23
   till bords, *etc.*, 206

Present participle, 256

Present tense of auxiliary verbs, 29, 168, 234

Present tense of verbs, 25, 86-7

Present tense uses, 22, 25, 36, 181

<u>*Pronouns*</u>
   personal pronouns, 42
     subjective pronouns, 42
      du-ni *(informal and formal)*, 22
      den (det, de), 72
     objective pronouns, 42
   man, 67, 183
   possessive pronouns, 83
     reflexive possessives (sin, sitt, sina), 83

Pronouns (cont.)

    definite article instead of possessive, 142-3
relative pronoun som, 59-60
       vilken (vilket, vilka), 285
reflexive pronouns, 165
demonstrative pronouns, see "demonstratives"
determinative pronouns, 263
indefinite pronouns någon (något, några), ingen (inget, inga), 120
       vem som helst, vem än, *etc.*, 284-5
interrogative pronouns, 74, 118
interrogative vad ... för, 67, 100, 246
       vad *followed by adjective,* 164
densamma (detsamma, desamma), 117

Punctuation, 283

På, 52, 182, 212

Question word order

Question words, 74, 118, 130

Questions
   forming questions, 26
   question words, 74, 118, 130

Reciprocal verb forms, 52

Reflexive possessives (sin, sitt, sina), 83

Reflexive pronouns, 165

Reflexive verbs, 116, 165

Relative adverbs där-dit, 240

Relative pronoun som, 59-60

Relative pronoun vilken (vilket, vilka), 285

Reversed word order, 90-1

Roaming adverbs, 215, 217

S-forms with reciprocal meaning, 52

Second conjugation, 131

Second noun declension, 54

Sedan-Då, 174

Sin (sitt, sina), 83-4

Sitta-Sätta; Ligga-Lägga, 109

Ska, 29

Som, 59-60

Spelling
   capitalization, 51, 52, 80
   punctuation, 283

Straight word order, 26

Stycken *added to numerals,* 205

Subjective pronouns, 42

Supine, 86

Telling time, 44

That - att, 60

Third conjugation, 136

Tid-Gång, 51

Till tords, *etc.,* 206

Till-Annan, 182

<u>Time</u>
   telling time, 44
   "time" (translation tid-gång), 51

Time adverbials, 184

Time prepositions, 35, 184-5

Tro, Tycka, Tänka, 239

(att) Tänka *as an auxiliary,* 51, 239

Vad ... för, 67, 100, 246

Vad *followed by adjective,* 164

Varsågod, 22, 206, 226

Vem som helst, vem än, *etc.,* 285

<u>Verbs</u>
   conjugations
     first, 86
     second, 131
     third, 136
     fourth, 228
   infinitive, 169
   present tense, 25, 86-7
   future tense, 29, 36
   supine, 86
   imperative, 172
   use of present tense, 22, 25, 36, 181
   use of past tense, 52, 80
   use of future tense, 36
   translation of English -ing forms, 25, 87, 142
   irregular verbs, 51, 228
   -s forms with reciprocal meaning, 52
   *deponent (*finns, hoppas, trivas*),* 22, 25, 36, 70
   reflexive, 116, 165
   compound verbs (verb + particle), 164, 181, 232, 265
   participles
     past participle, 86-7, 150, 247
       comparision of past participle, 249
     present participle, 256
   passive voice, 252
     compound passive, 252
     s- form, 253-4
   (to) leave (translation), 142
   tycka, tänka, tro, 239

Vilken (vilket, vilka), 100, 118, 285

Vill, 22, 29

Väl, 116

Välkommen, välkomna, 35, 80

Where (translation), 240

Word Order
    straight, 26
    questions, 26
    reversed, 36, 67, 90-1
    placement of particle in separable compound verbs, 267
    placement of adverbs, 61, 62-3

Bibliography

Beite, A.-M., and G. Englund, S. Higelin, N.-G. Hildeman, <u>Basic Swedish Grammar</u>, A.W. Läromedel, Stockholm, 1975;

Engbrant, E., and G. Hintz, M. Wohlert, <u>Svenska för Nybörjare</u>, Del I, Del II, Svenska Institutet, 1976;

Frank M., <u>Modern English - A Practical Reference Guide</u>, Prentice-Hall, Inc. 1972;

Hartmann, R.R.K., and F.C. Stork, <u>Dictionary of Language and Linguistics</u>, John Wiley & Sons, New York-Toronto, 1972;

Hildeman, N.-G., and A.-M. Beite, <u>Learn Swedish</u>, Almqvist & Wiksell, Stockholm, 1959;

Holm, B., and E. Nylund Lindgren, <u>Deskriptiv Svensk Grammatik</u>, Språkförlaget Skriptor, 1977;

Kjellin, O., <u>Svensk Prosodi i Praktiken</u>, Studieförlaget, 1978;

Svenska Institutet, <u>Fact Sheets on Sweden</u>;

Svenska Turistföreningen, <u>Sverigefakta 80</u>, Svenska Turistföreningens Förlag;

Wadensjö, G., <u>Sverigekunskap</u>, Liber Hermods, 1979.